古代歷史文化研究輯刊

二四編

王明蓀 主編

第11冊

元代的士人與政治（修訂版）

王明蓀 著

國家圖書館出版品預行編目資料

元代的士人與政治（修訂版）／王明蓀 著 -- 修訂一版 -- 新

北市：花木蘭文化事業有限公司，2020〔民 109〕

序 2+ 目 2+220 面；19×26 公分

（古代歷史文化研究輯刊 二四編；第 11 冊）

ISBN 978-986-518-261-8（精裝）

1. 元史

618   109011127

ISBN-978-986-518-261-8

9 789865 182618

古代歷史文化研究輯刊

二四編　第十一冊　　　　　　ISBN：978-986-518-261-8

元代的士人與政治（修訂版）

作　　者　王明蓀

主　　編　王明蓀

總 編 輯　杜潔祥

副總編輯　楊嘉樂

編　　輯　許郁翎、張雅淋　美術編輯　陳逸婷

出　　版　花木蘭文化事業有限公司

發 行 人　高小娟

聯絡地址　235 新北市中和區中安街七二號十三樓

　　　　　電話：02-2923-1455／傳真：02-2923-1452

網　　址　http://www.huamulan.tw 信箱 hml810518@gmail.com

印　　刷　普羅文化出版廣告事業

修訂一版　2020 年 9 月

全書字數　203049 字

定　　價　二四編 21 冊（精裝）台幣 62,000 元　　　版權所有・請勿翻印

元代的士人與政治（修訂版）

王明蓀　著

作者簡介

王明蓀，生於 1947 年。中國文化大學國家文學博士，曾任教於淡江、佛光、中興等大學，並曾兼任系所主任、教務長等職。現任中國文化大學史學系兼任教授。發表學術論著七十餘篇，專書十餘種。

重刊新版序

　　本書原為作者博士論文修訂後的成果，完成博士論文是在民國七十一年底。次年通過國家博士後，已作了初步修訂，但未曾出版成書。民國八十一年始由學生書局初版成書而流通於市面，迄今已二十年之久，距論文完成則有三十年的歲月。

　　初在研究所碩士論文寫作階段是在於探討蒙元史前期，以成吉思汗時代為核心，而後繼之博士論文寫作時，則以元代整體的觀察作研究，提出複合皇朝的概念，論其政治結構，漢族士人參與的過程，士人的心態及思想文化的關係等等，大體上論證都有其成果，相信在蒙元史的研究上有一定的助益。蒙元史的研究不止考慮到漢人因素，同時須考慮到蒙古的北族因素，雙重的考慮自增加研究面的廣度與難度，如何克服這問題遂成為研究者基本學習上的課題，這也是複合皇朝如同魏、遼、金、清等朝代所面臨的課題。複合皇朝的特色應在於其複合體制與多元族群的社會、文化，也是筆者近三十年來仍繼續研習的目標。

　　自本書初版以來，歷經多年，書已絕版而未能流通，於交友論學之際，常詢及應再版以便讀者。因原出版書局未有規劃及此，筆者又倥傯於教研工作，以致延宕於今年暑期，始應邀重刊新版並略作校訂。

　　當年論文寫作時得到札奇斯欽、宋晞、蔣復璁先生的教導，至今銘記於心，而諸位先生業已前後作古，此際作序時更倍感念，唯有本諸初衷，努力於學術文化，庶幾可以無愧！

王明蓀　2012 月秋季

于中國文化大學

目
次

第一章　緒　論

　　元代是外族第一次統治全中國的朝代，在此前國史中的外族，或佔領部份中國地區，或與漢族朝廷對立於中原地區之外。在中國正史上的朝代中，由外族所建者，皆為北亞民族，也有稱之為阿爾泰語系民族；其與漢族或中國之別，可以農業與游牧、半游牧來區分。這些北亞民族在古代歷史中即為外族，就在夷狄之類的傳記之中；於正史裏很容易看出這種區別。可知外族之分，並非今人有意強分，古人之史書即已為之區別矣！而在古史中視為外族者，也即是今稱為邊疆民族者；仍不失為融合後的中華族裔。

　　在國史中外族與漢族間的對立關係，以及彼此興衰之大勢，前輩學者已有專書論及，有些是屬於通論性之研究，有些是就某一時、地或朝代，來討論其間外交、戰爭、貿易、文化等等方面，以及分別討論各自內部之間彼此各層面的關係等。這種專題或細部的研究，與上述通論性研究，都屬於圍繞著所謂「胡漢」關係的一種研究方式；理想的研究是著重於將兩族不同的角度加以融合的觀察，照顧到彼此不同的立場而作討論。由於雙軌的研究與比較性的討論，頗能顯示出其客觀的結果，以及國史擴大綿延的發展性質，而在其中或許可以求得某種意義來。

　　古史中的外族與漢族早在上古時代就有「夷夏」之別，以之作為籠統的區分。自秦漢統一中國後，大體上又以長城一線作為分別，而此時在長城之外的北亞民族，也在匈奴王朝的統一之下，於是游牧與農業兩大帝國的對立，又可以看作「胡漢」對立關係的概念；兩者間勢力的消長與變化，也始終伴隨著國史的發展而進行。

　　「胡漢」對立的關係，不止如歐陽修所說：「自古夷狄之於中國，有道未

必服，無道未必不來」，〔註1〕甚且有入侵中原，佔領中國地區，而建立其政
權或王朝者。這些外族有的是由北亞入據中國地區，而喪失了原來生聚之地，
也就是當其在中國地區建立政權，但原據的北亞地區則成為權力真空狀態，
於是另一外族就填補進入，襲有其地，如鮮卑南移所建的北魏，而柔然則進
據舊鮮卑在北亞之領地。有的外族是擴張其勢力入中國，但仍兼有其舊土，
如本文所論蒙古建立的元代。還有的情形與第一類相似，就是逐漸移民入中
國，然後慢慢形成集團，以至乘機建立其各別朝廷的，如五胡十六國時許多
北方林立的政權。

　　在正史中外族建立的朝代有不同的典型，這些北亞民族何以要由生聚之
地而向南方發展？經過中外學者之研究，提出了幾種解釋：一、天性嗜利說，
二、氣候變遷說，三、人口膨脹說，四、貿易受阻說，五、掠奪為生產方式
說，六、建立帝國之手段說，七、獨立自主的政治意識說等。〔註2〕如果將上
述各種解說綜合觀之，至少可以提供出較完整的概念，實難僅取單一之說作
為定論。

　　至於外族朝廷在國史中不同的典型，有所謂「滲透王朝」與「征服王朝」
的說法較為人矚目，例如衛特福格（K. A. Wittfogel）的說法，這也為許多學
者所採用。他分為兩欄的表來作說明，第一欄為典型的中國朝代，第二欄為
征服王朝和滲透王朝。兩欄相對立排列，在第一欄內的朝代，是 1.秦漢，2.
魏晉南北朝時代的南朝與北方的中國漢族朝廷，4.隋唐，5.宋，9.明。在第二
欄內則為 3.北魏及其前後之北方外族朝廷，6.遼，7.金，8.元，10.清。〔註3〕
其所謂滲透王朝即指 3.項中所說之朝代，征服王朝又可分為兩個次級模式，
其一為漢化較淺的遼與元，其二為漢化較深的金與清。

　　這種區分法是著眼於朝廷建立的方式為主，雖然也討論了這些模式的內
容及其特性，倒不如就其性質來看，或許還可以用另外的模式來替代。如果
將所謂滲透與征服王朝皆名為「複合皇朝」，而其餘則為漢式傳統皇朝，可能

〔註1〕　見《五代史記》（臺北，藝文，本書所引正史皆此本）卷72，〈四夷附錄序〉，
　　　　頁1上。
〔註2〕　參見蕭啟慶，〈北亞遊牧民族南侵各種原因的檢討〉（《中國通史集論》，臺北，
　　　　長春樹書坊，民國61年），頁323～334。
〔註3〕　參見Karl A. Wittfogel and Feng Chia-sheng, History of Chinese Society: Liao（907
　　　　～1125），pp.24.（遼史彙編，第十冊影印本，臺北，鼎文）。另見田村實造，
　　　　《中國征服王朝の研究》（中）（日本，京都大學東洋史研究會，昭和四十六年），
　　　　頁625～655。

就其名即知它在國史中的性質了。滲透與征服是過分強調外來的手段以統治中國地區，見其名易有「壓迫」之感；而且不復視之為中華族系矣！而且就單純的「征服」而言，歷代建國立朝，絕多以武力征服來完成，「征服王朝」似乎意義不大。

　　提出作為參考的複合皇朝，要以下列幾點條件為主：一、朝廷之建立與統治終極之權力皆在於外族，但朝廷之建立不能根本排除漢族，有時甚或得自漢族大量的支持，且在統治階層之中，漢族佔有相當的比例。二、入仕任官之法，即在政治上統治階層流通之管道，其採用漢法與非漢法都有相當之比例，以維持一定之均衡，既不全用漢法，亦不全用非漢法，而在大部份時間裏皆可看到外族是享有特權者。三、在官方語文方面，「胡漢」兩者並行通用。四、社會上地位多與政治地位相配合，且以出身統治集團的閥閱家族為主。五、文化上涵化之程度雖有不同，大體上都不免成為「胡漢」之綜合體。

　　這些參考的條件，其中部份在外國學者們的討論中也可見及，如前述衛特福格，另外有研究社會史的艾柏華（W. Eberhard），從北魏拓跋氏之漢化問題到五代時的「胡漢」關係，他認為外族的滲透和征服政權並沒有完全接受漢化，雖然採用漢法，但外族本身亦對中國有所影響。〔註4〕拉鐵摩爾（O. Lattimore）研究亞洲內陸，認為北亞民族與農業民族之中國，雙方都不會被同化，而游牧民族入侵中國的成功，是因同時瞭解兩種社會之故，故而如成吉思汗者就處於較有利之地位。〔註5〕費正清（J. K. Fairbank）與賴世和（E. O. Reischauer）合著之書中，列出許多外族政權入侵中國之方式，以及其朝廷的二元統治政策，和漢化的問題。〔註6〕

　　除上述幾家外，還有一些專門研究外族在中國建立朝廷的問題，以及文化、制度上的相互影響等，其論說之重點與優缺之處，陶晉生先生有綜合之說明，可以參看。〔註7〕

〔註4〕　參見 Wolfram Eberhard., Conquerors and Rulers., pp.89～106，（臺北，宗青，民國 67 年）。

〔註5〕　參見 O. Lattimore., Inner Asian Frontiers of China. New York, Beacon Press. 1962, pp.542～549.

〔註6〕　參見 J. K. Fairbank and E. O. Reischauer, East Asia: The Great Tradition, pp.257～261.（臺北，虹橋，民國 64 年）。

〔註7〕　參見〈邊疆民族在中國歷史上的重要性〉，以及〈歷史上漢族與邊疆民族關係的幾種解釋〉兩文，皆收在氏著《邊疆史研究集──宋金時期》（臺北，商務，民國 60 年），頁 1～23。

外族及其政權之建立，可遠溯自上古時代，又與國史並行與重合發展，故而不可忽略其在國史中之重要性。這些又與其時實際政治情況，和文化之關係密切相合，如孔子曾說：「微管仲，吾其披髮左衽矣！」，這種文化的危機意識，是屬於中國的，也就是意識到中國的危機，是因革損益的「正統文化」所面臨的危機。

至於「胡漢」之間差異的重點何在？中國對外族之認識又如何？左傳中記載上古就有的一個觀念：「非我族類，其心必異。」〔註8〕這是種自我中心主義還帶有價值判斷的色彩。約在秦漢時大致已完成了傳統對外族之認識，以及對外政策之奠定，透過各種的討論與爭議，已可以整理出一些理論來，而成為後代相沿之基礎，這些都是其時士大夫們集合其知識與智慧之結晶，不再是籠統之概念可以涵蓋的了。〔註9〕在外族建立於中國之朝廷時期，士大夫們與其之關係，又成為另一種截然不同之形態，在「胡」勢興盛而凌架中國之際，他們的中國意識如何表示？這不只是在完全統一中國的元、清兩代，在其他的複合皇朝也必遭遇到此問題，政治環境之轉變與文化之危機，意識最為深刻者應在於知識階層，也就是本文所論及之士人。

在元代以前，中國即出現複合皇朝，如五胡與北朝以及遼、金等。在這種可稱為「胡漢雜糅」的局面中，士人階層所處的不再是以漢族為我的天下，而是「蠻夷滑夏」；在外族統治的政權之下。這些複合皇朝如何對待士人？士人又如何調適、自處？兩者間的關係在元代之前的歷史中已然發生，換言之，除去元代統一中國外，士人階層在政治上已有處於外族勢力下的歷史經驗，故而對於元代以前這兩者的關係，有略加敘述之必要，以作為參考。

當兩漢時外族已有內附入居者，許多外族都入居於長城之內的中國領土，華夷雜居的情形使外族在北方人口的比例漸重，生口蕃息後的「隱憂」宜是袁安、任隗徙戎之論的重點。漢末以來，不論是自動款附，或者被征服而強迫其移民者，外族之內徙有增無減而已，直到魏晉之時，外族有時被用之於邊境防衛，有時卻大量投入中國的內戰之中。江統的〈徙戎論〉對這些都有說明，不但分析了關中、沿邊州郡的外族數量，亦說明了漢末曹操「遂徙武都之種於秦川，欲以弱寇彊國，抒禦蜀虜」這種「權宜之計，一時之勢」的

〔註8〕《春秋左傳正義》（臺北，東昇書局影印十三經注疏本）卷26，頁7上。
〔註9〕參見刑義田，〈漢代的以夷制夷論〉，《史原》，第5期（臺大歷史研究所，民國63年），頁9～53。

用意。〔註10〕原來在「用夷」目的之下，以「國小權分」監督之制為主，亦即「建安制」。（東漢獻帝建安中，196～219 所定之制）保存其部落組織的自治權，擁有其權的是受命為帥、或都尉名號者，但受漢人派官來監督，其餘的單于、各王公等只是虛號，未必有實權。《晉書》中記載匈奴右賢王劉宣的話最可說明：

> 昔我先人與漢約為兄弟，憂泰同之，自漢亡以來，魏晉代興，
> 我單于雖有虛號，無復尺土之業，自諸王侯，降同編戶，今司馬氏
> 骨肉相殘，四海鼎沸，興邦復業，此其時矣。〔註11〕

這也說明了外族要脫離中國控制的意圖，及對天之驕子盛世的緬懷。另外「降同編戶」，這是魏晉對外族雙重統治的另一面，即有部份外族是不在其部落組織之中，直屬於州郡的。

受到雙重統治的外族自覺地位低落，而又備受壓迫，除了獨立的統治權喪失，其餘多在經濟上、兵役上、勞動力等的剝奪，不是強迫為義從、就後送入為士家，「其不從命者，興兵致討，斬首千數，降附者萬計，單于恭順，名王稽顙，部曲服事供職，同於編戶」，〔註12〕這裏至少可以印證劉宣所說也不是毫無根據的。

魏晉時期有所謂田客，以及奴婢買賣，這雖是不分夷夏民族都有可能淪落為此兩類，但對外族而言，這很容易給有志「興邦復業」者的藉口，劉宣勸劉淵舉事就說「晉為無道，奴隸御我」，並且提出前右賢王劉猛之起兵，即是因此而「不勝其忿」。〔註13〕外族受到侵侮最直接地應該是在於邊吏、邊將，或者強豪等，也因之最容易被激起民族間的衝突，這情形在漢代即可看到，例如羌人的作亂，東漢初班彪即指出：「羌胡被髮左袵而與漢人雜處，習俗既異，言語不通，數為小吏黠人所見侵奪，窮恚無聊，故致反叛，夫蠻夷寇亂，皆為此也。」〔註14〕這種情形到東漢中期似乎仍未改變：「時諸降羌布在郡縣，皆為吏人豪右所徭役，積以愁怨」。〔註15〕范曄對此的評論說是「朝規失綏御

〔註10〕見《晉書》，卷56，〈江統傳〉，頁3下。中國內戰中引外族兵，又見於東漢初，
　　　　隗囂引羌人以抗劉秀之事，見《後漢書》，卷117，〈西羌傳〉，頁6下。
〔註11〕見《晉書》，卷101，〈劉元海載記〉，頁7上。
〔註12〕見《三國志‧魏書》，卷15，〈梁習傳〉，頁10上。
〔註13〕見註11，頁8下。
〔註14〕見《後漢書》，卷117，〈西羌傳〉，頁6下。
〔註15〕同前註，頁13上。

之和，戎帥騫然諾之信，其內屬者，或倥偬於豪右之手，或屈折於奴僕之勤」，〔註16〕那麼反抗漢人之舉動，也並不是沒有原因的。

五胡亂華的前夕，外族已有舉事，劉猛只是其中之一，震驚晉初朝野的涼州之亂，是鮮卑、羌等族的公開叛亂，晉武帝特為此而召賢良策問，當時阮种對於這個「戎蠻滑夏」的策問是這樣說的：

> ……自魏氏以來，夷虜內附，鮮有桀悍侵漁之患，由是邊守遂
> 息，障塞不設，而今醜虜內居，與百姓雜處。邊吏擾習，人又忘戰。
> 受方任者又非其材；或以狙詐，侵侮邊夷，或干賞啗利，妄加討戮。
> 夫以微羈而御悍馬，又乃操以煩策，其不制者，固其理也。〔註17〕

這與東漢時的情形沒有兩樣，可知是個長期存在的狀況。晉書中又記載氐羌在惠帝時（290～306）的叛變，是鎮守關中的趙王倫「刑賞失中」所致。〔註18〕

如果再看看建立後趙（319～350）的石勒，他早年的經歷與生活，以史書中所載，還透露出許多外族也有與之類似的可能，如胡人常被販賣為奴，受到輕視與毆辱，或被召為田客力耕等等。〔註19〕

上面簡單的論證，說明胡漢間衝突有很長的潛伏期，胡人「積以愁怨」是容易被激發為叛亂的。普通百姓受到官府的壓迫，可以起而抗之，有野心之人的鼓煽百姓，也可能引起變亂，固不可全以民族鬥爭解說之，但胡漢間的關係對於動亂卻有重大的影響，這也是不容懷疑的事實。

胡漢關係是雙面的，漢人對於胡人的看法、所實施的政策、胡人受到的待遇，沒有必然地應當如此，也沒有無論如何都不能反抗的理由。當天下騷動之際，流民就穀，其中有胡有漢，他們很可能為自保淪為盜，或投靠勢家，不論如何，被號召來反對當時的朝廷應是極能符合他們的心理，但他們的生命與權益是否真正地為號召者所關心呢？還是被利用了？

胡人盡有華北天下後，漢人成為被統治者，當然北方的朝廷與各政權並非如此簡單即可處理。這只是站在以往漢家天下統治中國這一點來看，北朝可以說大都是外族在統治中國的北方。分裂與戰亂之世，刼掠、屠殺自易多見，嚴重的人口掠奪即是強迫移民的方式，這其中不止是漢人，但極多的漢人卻難逃此命運，包括士人衣冠之族在內。

〔註16〕同前註，頁23下。
〔註17〕見《晉書》，卷52，〈阮种傳〉，頁7下、8上。
〔註18〕見《晉書》，卷59，趙〈王倫傳〉，頁11下。
〔註19〕參見《晉書》，卷104，〈石勒載記上〉，頁2上。

　　漢人對外族有其政策與措施，在外族控制的天下中，自然也有他們對漢人的政策與措施；大體上是按照其部落貴族及軍人利益著眼，亦即征服的殖民性格為主。有的以部族封建制結合中國當時的部曲制，以軍事組織管理及分配人口，有的則與另外一些勢力結合，如高門大族、堡塢主，以及其他各族酋豪等，以取得其政權之鞏固與便於統治，當然也有有心採借漢化、漢法者，其程度多寡則不同，最知名者有如魏孝文帝。

　　在固有勢力中我較注重士大夫這一階層，他們除了本身有高度文化水準，熟諳吏治外，往往也兼而為地方武裝集團，成為文武合一的社會力量。他們這些知識份子在中國社會中是中堅力量，平時與政治結合為在朝的統治階層，在野的為社會的秀異份子。當朝廷傾亡，天下動亂的時代，都成為被爭取的對象，其爭取的是社會力量，亦即含有全民性的。不過在天下動亂之初，他們的遭遇卻有幸與不幸。

　　五胡初亂時期，士人被殘害屠殺者甚多，高門名士亦在所不免；在魏晉門第的社會中，這是不可解而令人恐懼的事。大致當時起事者具有民族、與統治階層雙重的衝突，故而未必認為固有社會勢力對他們是重要的，也或許認為摧毀要比爭取來得簡單些，尤其在外族的心目中是如此。史稱劉曜、王彌入京師（洛陽），除親王、大臣被害外，百官士庶死者達三萬餘人。〔註20〕石勒破東海王越之軍時，「勒以騎圍而射之，相踐如山，王公士庶死者十餘萬」。〔註21〕石勒、石虎虜得公卿人士多殺戮之，只除了少數十餘人而外；這是當時能列出各名單可見到的。〔註22〕石虎的淫虐殘暴是出名的，「至於降城隔壘，不復斷別善惡，坑斬士女，尟有遺類」〔註23〕這一類的血腥屠殺甚多。可知五胡初亂時只一味摧毀，打倒舊有一切勢力而並不爭取，以軍事征服手段造成的風暴之下，社會之殘破與人命之輕賤是不難了解的。尤其是與舊統治階層密切結合的士人之族。

　　為鞏固政權仍需要與舊勢力合作，並不是征服者收容或擢用了少數舊勢力者，就表示正視了舊勢力在其新政權中的地位。至少在征服者還沒有發現舊勢力（可擴及文物制度），有助於其政權之建立與穩固時，即使有容納的餘地，

〔註20〕見《晉書》，卷5，〈孝懷帝本紀〉，頁15下。
〔註21〕見《晉書》，卷59，〈東海王越傳〉，頁46下。
〔註22〕見《晉書》，卷62，〈劉群傳〉（劉琨附傳），頁17下。
〔註23〕見《晉書》，卷206，〈石季龍載記上〉，頁2下。又原注：「御覽四百九十二，〈晉中興書〉曰：石虎有所平克，不復料其善惡，或盡坑斬，使無子遺。」

也不會置之於其舊有的身份地位之中，而仍置於征服者他們一套的結構中去，如石勒曾分別士庶，集衣冠人物為「君子營」即是如此；〔註24〕士人地位仍未確定。又如滅前趙時，徙秦雍二州望族，他們「遂在戍役之例」。〔註25〕

石勒陷幽州後，開始用了幾個王浚幕下的士大夫；及稱趙王後，更用士族出任要職，且頒布不得侮易士族的法令。要到九品制度的恢復後，士族的地位才漸被置於舊時情形之中。舉賢良方正、秀異、直言、至孝、廉清等，設中央及地方學府，士人階層又要回復晉時衣冠了。大約在五胡與北朝時期，北方士族都依附了政治，保留舊有的社會地位。〔註26〕而在外族統治之下，五胡君主也都注重興學，文物禮樂並未遺失，他們本身也頗接受中國文化，尊重學術傳統不使之墜。士族的家教、門風等很能維持中華文化，他們本身與外族政權合作而出仕，有繁衍學術之功，亦有從政治世之功，這對後來隋唐時都有影響。但唐中葉至五代時，華北政權在外族藩將之手，唯有驕兵悍將之天下，而故家大族，自科舉以降，漸次衰微，文化之傳統亦上下無足以賴，殘於傾絕，華北地位日降，遼金以下，中華文化遂以華南為中心。〔註27〕

中原喪亂，衣冠人物為避亂而流離，這些是未遭屠殺與掠奪者。有的少數士族是「淪陷非所，雖俱顯於石（虎）氏，恆以為辱」，故而盧諶「每謂諸子曰：吾身沒之後，但稱晉司空從事中郎爾」，顯然看出他勉強的投靠與心中的羞辱感；在此前他還投過遼西的段氏，那時他應是恐懼於石氏初期大量屠殺之故。〔註28〕

石勒破幽州，訪問人才，有意延攬陽裕，但陽裕潛往遼西，投奔鮮卑人段眷，固因石勒起事殺戮太重，還因為段眷是晉臣（驃騎大將軍，遼西公），同時段氏「雅好人物，虛心延裕」。陽裕與其友人成泮的一段談話，很能說明當時士人的看法：

> 陽裕謂友人成泮曰：仲尼喜佛肸之召，以匏瓜自喻。伊尹亦稱：
> 何事非君，何使非民。聖賢尚如此，況吾曹乎，眷今召我，豈徒然
> 哉！泮曰：今華夏分崩，九州幅裂，軌迹所及，易水而已，欲偃塞

〔註24〕參見《晉書》，〈石勒載記上〉，頁7上。
〔註25〕參見《晉書》，〈石季龍載記上〉，頁14上。
〔註26〕參見唐長孺，〈晉代北境各族「變亂」的性質及五胡政權在中國的統治〉，《魏晉南北朝史論叢》（臺北，坊印本，民國71年），頁127～192。
〔註27〕參見錢穆，《中國通史參考材料》（臺北，東昇，民國69年），頁457。
〔註28〕參見《晉書》，卷44，〈盧諶傳〉（盧欽附傳），頁14上～15上。

考槃以待大通者，俟河之清也。人壽幾何，古人以為白駒之歎，少
游有云：郡掾足以蔭後，況國相乎，卿追蹤伊孔，亦知機其神也！
〔註29〕

陽裕當段氏將亡，乃降附石虎，石虎已開始延優士大夫，因受重用。他後來
又為慕容皝所俘，以其有名望，故再受重用；這大概是亂世士人常逢到的遭
遇。但他在史書上頗受好評，除了本身才能學養的優秀外，主要的還是「士
大夫亡羈絕者，莫不經營收葬，存恤孤遺」，故而「士無賢不肖，皆傾身待之，
是以所在推重」，與他遭遇相似的名士盧諶，對他即大加讚揚。〔註30〕同是天
涯淪落，自宜如此。

　　在北魏時期，中原士族也在征服者陰影籠罩下，尤其是初期三朝，稍令
統治者不滿與猜忌，輕者廢職還家，重者殺之；所謂優遇為官，只是一種妥
協、利用，並沒有真正的尊重，而且採用密察監視，以苛刻要求的方式來建
立其征服者之權威。〔註31〕對於士人沒有真正的尊重，固不限於外族朝廷，
但民族間隱藏的矛盾，更易於加強這種趨勢，除非統治者有意改變這種情勢。

　　士族的境遇可以下面這段話得到從旁的了解，也可以看出他們的心情。
這是一直要逃避拓跋珪（魏太祖）徵召的宋隱，他臨終對子姪遺言說：

苟能入順父兄，出悌鄉黨，仕郡幸至功曹吏，以清忠奉之則足
矣，不勞遠詣臺閣，恐汝不能富貴，而徒延門戶之累耳，若忘吾言
是為無若父也，使鬼而有知，吾不歸食矣！〔註32〕

這種不欲參加中央政權之核心的觀念，自然有其所見，他本人逃仕歸隱的作
法也並非只是在外族朝廷或亂世中才有的情形，在中國歷代朝廷都可發現，
有的並非純是政治因素。這出仕與退隱的問題，容下文再作討論。

　　宋隱這類見解最直接的問題是出仕參政的困難，不論何種因素的參政，
在當時的確不易。有名的崔宏、崔浩父子之參政可作為參考，他們非常小心
的去迎合拓跋政權，要恭勤不怠的努力表現，又能不忤旨。當崔浩得到信任
後，他本著其世族政治的理想，而藉北魏之政治力量來實現。維持門第之尊
嚴和傳統文化之延續，是其努力目標與職責所繫，為發揚這「漢及魏晉之舊

〔註29〕見《晉書》，卷109，〈陽裕傳〉（慕容皝載記附傳），頁17下、18上。
〔註30〕參見前註，頁18下。
〔註31〕參見逯耀東，《從平城到洛陽》（臺北，聯經，民國68年），頁53～60。
〔註32〕見《魏書》，卷33，〈宋隱傳〉，頁1下。

物」必須培植政治勢力，他遂成為中原世族集團的領袖，而與太子晃為首的代北大族集團有了衝突。最後以「國史之獄」致崔浩被殺，暫時中止了兩集團的激烈衝突，而牽連誅害異常廣泛，中原世族也至此消沈。〔註33〕

政治集團間的鬥爭在任何朝代都具有危險性，政治上的糾紛，傾軋更是常見。在外族政權中漢人不易表達他們的態度，固然有趨炎附勢，媚事外族者，但亦有其理想者。民族間的矛盾在言語中最容易看出，北齊政權中有關這類的記載就不少，且舉數例來看：

位至宰輔，極受寵幸的高阿那肱，他批評尚書郎中源師有賣弄「漢學」之意，因說：「漢兒強知星宿，其墻面如此」。〔註34〕齊後主（高緯，565～576）往晉陽的事件，侍中崔季舒、張雕等六人為首，上書進諫而被殺，這也是一次政治集團間的衝突；崔、張等人參政有其作為，引起敵對者疑忌，這批人正是以深受寵幸的胡人為主幹。當時首謀之一的韓鳳，他的奏詞是這樣說的：「漢兒文官，連名惣署，聲云諫止，向并其實，未必不反，宜加誅戮」〔註35〕如此，殺了不少「漢兒文官」，以及處置其家屬等。韓鳳他平常就「於權要中尤嫉人士」，同時「每朝士諮事，莫敢仰視，動致呵叱輒詈，云：狗漢大不可耐，唯須殺卻」，〔註36〕「人士」、「朝士」都是指的外族政權下的士人，他們被看作「狗漢」。不喜愛士人的還有大將斛律光，他本是治軍嚴肅之人，加上「鞭撻人士」，所以有暴虐之名，總之，北齊政權多不喜士人是相當明顯的。〔註37〕

另外還有楊愔事件，這也是激烈的政治集團衝突。楊愔是關中名士，初無意仕於亂世，後來的參政有其所為，因此捲入中央皇權與親貴諸侯之爭，此處不擬多述。總之，當事變後，楊愔等士人為首的集團被擒，親貴家室逼迫皇帝（廢帝，高殷。560）說出「天子亦不敢與叔惜，豈敢惜此漢輩！」，〔註38〕漢輩的士人參政，有作為、理想者很容易受到猜忌，雖然不必過分強調民族間

〔註33〕關於崔浩世族政治之理想，及其國史之獄等，參見註31書，頁74～102。
〔註34〕見《北齊書》，卷50，〈高阿那肱傳〉，頁7上。
〔註35〕這次事件牽連不小，詳見《北齊書》，卷39，〈崔季舒傳〉，頁2下～3下。卷44，〈張雕傳〉，頁15上～16上。
〔註36〕參見《北齊書》，卷50，〈韓鳳傳〉，頁9下。
〔註37〕參見《北齊書》，卷17，〈斛律光傳〉（斛律金附傳），頁8下。北齊不喜士人，參見周一良，〈北朝的民族問題與民族政策〉，《魏晉南北朝史論集》（坊印本），頁117～176。
〔註38〕參見《北齊書》，卷34，〈楊愔傳〉，頁6～8下。

的衝突，值得注意的是，楊愔與崔、張之事，以及北魏崔浩之死，不正有相似之處！

　　自北朝以後的外族皇朝以遼、金為代表，其間應有五代的幾個小朝廷，但其具備討論的條件不如遼、金二代為佳，故略而不述。〔註39〕

　　建立遼朝的契丹人，在南北朝時史書上已有記載，那時不過是北亞諸外族之一，直到唐末時才興起而稱雄塞外，其間至少長達五百餘年。這段漫長的時間裏，契丹族夾於中原朝廷與北亞強權之間，時而「叛胡」，時而「歸漢」，依違於兩大之間自然有其變故歷史。在契丹興起成大國之前，並非是孤立處於塞外，反而是與漢人及漢文化有長期的接觸，和戰的關係也相當頻繁，唐代中期還一度成為強大的邊患，等失去那次興起的機會後，就要到唐末紛亂之際，才又乘機興起。其崛起之背景是因唐朝廷使北亞外族的勢力分散，不復有部族聯盟而稱霸的大集團，換言之，即北亞的天下是分裂的，不是「一統的帝國」，而南方唐朝一統的帝國已漸成割據之勢，也無法發揮集中的力量來宰制塞外世界了。〔註40〕

　　契丹早與南方漢人、漢文化接觸，到唐末興盛時，不論在其社會上、政制上、以及用人上，南方的漢色彩都日趨可見。「胡漢」雙元的性格，在遼帝國興建的基礎上不斷地擴大，其形成的兩元政治也是讀史者所熟知：

　　　　契丹舊俗，事簡職專，官制樸實，不以名亂之，其興也勃焉……
　　至於太宗，兼制中國，官分南北，以國制治契丹，以漢制待漢人，
　　國制簡樸，漢制則沿名之風存也。遼國官制分南北院，北面治宮帳、
　　部族、屬國之政，南面治漢人州縣、租賦、軍馬之事，因俗而治，
　　得其宜矣！〔註41〕

這種「因俗而治」是「以國家有契丹、漢人，故以南北二院分治之」。〔註42〕當時人親所見聞而留下的記載是這樣說的：

〔註39〕五代中由外族為帝建立的王朝有：唐約十四年（923～936），晉約十一年（936～947），漢約四年（947～950），時間都太短。這些朝廷割據的性質遠重於外族政權，而且契丹先其立國，在晉建國時已取得漢地的燕雲十六州，晉又亡於契丹，契丹也入主中原數月始退。遼與北宋對峙，享國二一九年（907～1125）。就這些而言，五代時期即不便做本文討論的對象了。

〔註40〕參見拙作，〈契丹與中原本土之歷史關係〉，《宋遼金史論文稿》（臺北，明文，民國70年）。頁1～32。

〔註41〕見《遼史》，卷45，〈百官志一〉，頁1上下。

〔註42〕此為聖宗太平六年詔書，見《遼史》，卷61，〈刑法志上〉，頁6下。

胡人之官，領蕃中職事者皆胡服，謂之契丹官，樞密、宰臣，

則曰北樞密、北宰相。領燕中職事者，雖胡人亦漢服，謂之漢官，

執政者，則曰南宰相、南樞密。〔註43〕

就這些資料已可以提供一個簡單的輪廓；如此分明的雙軌制，無怪乎有人以為遼朝是種「聯邦」式的帝國形態，〔註44〕可知漢人在遼朝必然佔有相當重要的部份，而士人在其中又有日趨興盛之勢。

長城一線雖然分別「夷夏」兩個天下，但外族入居中國，不能嚴分內外，也是長期的歷史事實；故華北近邊州郡的夷夏觀，宜不同於中原內地，而胡漢之畛在社會上也淡於政治上。社會上一般人們所身受者是安定的生活，合理的待遇，往往這些可以解釋為政治清明之時。若不能滿足這個要求，最消極的、也是最常見的就是逃亡，在邊區者，則往往出奔外國而去。

「初、燕人苦劉守光殘虐，軍士多歸於契丹」，〔註45〕這情形說明了人口往國外流動的主要原因。另外就是戰亂掠奪，當這批人口到國外居住後，生計基礎有了著落，得到相當的照顧，能使之安身立命，則不復思歸，自然也就「投效」到外國的政權之下。〔註46〕漢地與漢民不論在何種情況之下淪入外國之手，初期使有不樂於附屬之心，但歲月久後，老輩盡逝，新少者漸習以為常，變成一種自然地認同，甚至還幫助北朝而與中國對立，就這一點而言，似乎也是無可奈何之事。〔註47〕

遼朝在用漢法的一面頗下功夫，簡言之，是種「以漢制漢」的政策。在唐末五代初興之時，已能用漢地的士人來治漢民，所謂「清樹城郭，分市里，以居漢人之降者，又為定配偶，教墾藝，以生養之，以故逃亡者少」。〔註48〕這是對於一般漢民的政策。到遼朝中期時，有這樣一一個記載：

〔註43〕見余靖《武溪集》（四庫珍本六集，臺北，商務），卷18。

〔註44〕參見陳述，《契丹史論證稿》，第五編（遼史彙編，第七冊，臺北，鼎文），頁119。

〔註45〕見《五代史》，卷137，〈外國列傳〉，頁2下。

〔註46〕參見《五代史記》，卷72，〈四夷附錄〉，頁4下。

〔註47〕參見田況，《儒林公議》（筆記小說大觀續編，臺北，新興）卷下，頁5上、下。這是北宋人所記載之事，田況的祖父北居於契丹，他的父親則南歸中國，故而敘述在契丹的一般社會情形很得真情。

〔註48〕見《遼史》，卷74，〈韓延徽傳〉，頁2下。同卷有〈康默記〉，是「一切蕃漢相涉事，屬默記折衷之，悉合上（太祖）意」頁1下。韓知古則「總知漢兒司事，兼主諸國禮儀。時儀法疏闊，知古援據故典，參酌國俗，與漢儀雜就之，使國人易知而行。」頁4下。

遼人劉六符，所謂劉燕公者，建議於其國，謂燕薊雲朔，本皆
中國地，不樂屬我，非有以大收其心，必不能久，虜主宗真（遼興
宗，1031～1054）問曰；如何可收其心；曰：斂於民者，十減其四、
五，則民惟恐不為北朝人矣！〔註49〕

寬減賦稅，大概是歷朝爭取民心最常注重的方法，而且也是談論較多的問題。
在外族政權之下，賦稅問題常生滋擾，論者皆以外族的征服者地位之剝削為
重點，固然所指有故，但我以為北亞式與漢式的賦稅還有其基本上的歧異之
處。社會上關於漢民一般情形的記載，即以與遼朝對立的北宋來看，有時也
有不同，這是時間不同，觀察的角度不同所致，現在舉兩個例子來看：一是
遼代中期，一是中晚期的情形。中期聖宗（983～1030）時：

虜政苛刻，幽薊苦之，圍桑稅畝，數倍於中國，水旱蟲蝗之災，
無蠲減焉，以是服田之家，十夫並耒，而老者之食，不得精鑿，力
蠶三婦，十手並織，而老者之衣，不得繒絮。微斂調發，急於剽掠。……
〔註50〕

中晚期道宗（1055～1100）時：

北朝之政，寬契丹，虐燕人，蓋已久矣。然……止是小民爭鬥
殺傷之獄，則有此弊，至於燕人強家富族，似不至如此。契丹之人
每冬月多避寒於燕地，牧放住坐，亦止在天荒地上，不敢侵犯稅土，
兼賦役頗輕，漢人亦易於供應。惟是每有急速調發之政，即遣天使
帶銀牌於漢戶，須索縣吏，動遭鞭箠，富家多被強取，玉帛子女，
不敢愛惜，燕人最以為苦，兼法令不明，受賕鬻獄，習以為常，此
蓋夷狄之常俗。若其朝廷郡縣。蓋亦粗有法度，上下維持，未有離
析之勢也。〔註51〕

至於遼代社會中較高階層的漢人，也是在政治中的官僚集團，他們的來源是
降人、俘虜、華北世家巨族、新興的科舉進士等四類，尤其是後二者，構成
遼代兩元政治中一支的主幹，而這二者在遼中期以後漸合一都成為士人階層
了。世家與進士是遼代漢人最重要的部份。〔註52〕

〔註49〕見陸游，《老學庵筆記》（北京，中華，1979年）卷7，頁91、92。

〔註50〕見路振（契丹交通史料七種，臺北，廣文，民國61年）《乘軺錄》，頁41～53。

〔註51〕見蘇轍，〈北使還論北邊事劄子五首〉，〈二論北朝政事大略〉，《蘇轍集》（臺
　　　　北，河洛，民國64年）卷41，頁569。

〔註52〕參見拙作，〈略論遼代的漢人集團〉，《宋遼金史論文稿》，頁63～125。

世家的情形與北朝時期相似，有的是精於吏治，有的則是地方武裝勢力，而往往這兩者又常相合為一，在本質上皆可屬於士人階層。這些華北的世家，族系分明，不唯在整個遼代是巨族，甚且歷兩、三個朝代，為累世的閥閱，如韓、劉、馬、趙四大族，到元代時還能追述其巨族盛況：

> 遼氏開國二百載，跨有燕雲，雄長夷夏，雖其創業之君，規模宏遠，守成之主，善於繼述，亦由一時謀臣猛將，與夫子孫蕃衍眾多，克肖肯構，有以維持藩翰而致然也，……今燕之故老，談勳閥富盛，映照前後者，必曰韓劉馬趙四大族焉，嗚呼盛焉；孟子稱故國非謂喬木，而有世臣者，其是之謂歟！〔註53〕

這個說法的確有其根據，以我個人之研究，這四大家族至少在整個遼代，正是「勳閥富盛，映照前後」的，儘管他們全悉漢人，但都認同遼政權。在遼代開科取士而進士階層未興起之前，他們可以說是漢士的代表，就如盧龍趙氏（思溫）來說，除了父子兩代封國公、官使相之外，且「其後支分派別，官三事使相，宣徽、節度、團練、觀察、刺史，下逮州縣職餘二百人」。〔註54〕

遼代中期行漢法科舉，以漢人秀異之士來治漢地，事實上他們與世家一樣，不止是出任治漢地的南面官，往往也出仕為治契丹部族等的北面官。遼朝廷對漢人有防制之心，但漢人並不完全被排擠在中央決策之外，這情形愈往後愈有增加之勢。就遼代中央宰輔及地方節鎮來看，漢人佔有相當的地位，但他們並不因此而有異圖，一方面契丹防制有法，二方面漢人社會中最有力的世家、進士階層都能獲得滿足。遼朝廷還提供了一條漢式朝廷所使用的「正途」，即科舉制度；它不惟是隋唐以來給士人的上進之途，也是與南方宋朝並行的取士之法，因此在意識形態上漢人秀異之士極易有認同之感。世家與進士所形成的集團，除在遼代有相當的地位外，到遼亡以後，他們仍受到繼起的女真人所重視。〔註55〕

遼末女真人興起，北宋乘機聯金攻遼，燕雲之地的漢人多採取消極的不

〔註53〕見王惲，〈題遼太師趙思溫族系後〉，《秋澗先生大全文集》（四部叢刊初編縮本）卷73，頁712上、下。

〔註54〕參見同前。據《遼史》卷76，〈趙思溫傳〉所載，趙思溫原隸燕帥劉仁恭之幕，以勇猛果銳著名，先被李存勗所俘而降之，授以平州刺史，兼平營薊三州都指揮使。後降於遼太祖，為遼初二朝主帥，任節度使，贈太師魏國公。其子延昭、延靖官皆使相。

〔註55〕參見同註52。

抵抗主義，似乎也未全面「反正」來與宋朝廷結合，以推翻外族政權。尤有甚者；燕京附近州縣由金人歸還宋室後，以漢人眼光看來是回歸中國，理應簞食壺漿以迎王師，但實則不然，宋室治理燕地反而大失人心，而遭致金人入侵。在記載當時實況的《陷燕錄》中，有很簡明的解說：

> 失燕人之心者三，致金人之寇者三，……何謂失燕人之心者三？
> 一、換官，二、授田，三、鹽法。換官，失士人心，授田，失百姓
> 心，鹽法，並失士人百姓心。……何謂致金人之寇者三？一、張覺，
> 二、燕中戶口，三、歲幣。〔註56〕

這是宋人自己檢討所得的結論，決非虛妄之言，可知政策的偏失，即使是漢人朝治理漢地不當，仍然要失去士民之心的。

　　兩元政治在繼遼之後的金朝廷也沿用下來，但卻不同於遼代，主要的是時間並不長，僅從滅遼到金的中期開始這段時間之內（1123至1150），再者兩元之區分亦不很清楚。兩元中的漢式機構是金太祖天輔七年（1123）在廣寧（遼寧北鎮縣）設立的樞密院，而後遷至燕京、大同等地。到金人廢齊國傀儡政權（1137）時，又設立了燕京及汴京二地的行臺尚書省，取代了樞密院，燕京行臺後遷至安國（河北安國縣）。金熙宗天眷三年（1140），兩個行臺合併於汴京，直到海陵王初年廢除為止。〔註57〕這些就是治理華北地區如同遼代南面官一樣的機構。但主政掌權者仍是女真貴族。

　　兩元政治是金初的政策，到海陵王屬行中央集權，大力改革政制時就被取消了。樞密院與行臺設在長城以內的漢地，能夠很彈性的運用，也有權宜設施之意，一方面是要以漢制漢，二方面又是與地方貴族將領勢力的妥協。這前後兩種漢式機構的權力有限，要受到貴族將領的都元帥府監督，在此前，金的中央根本無法直接統治所征服的華北之地，華北地方遂成為半獨立狀態，而中央皇權無從插足，故而金初兩元政治時代就是華北由封建勢力統治的時代。〔註58〕這個中央與地方的矛盾，是女真人過去部族聯盟的傳統中所未遭遇的難題，只有借用漢式中央集權的帝國方式來解決，故漢法漢制自然極易被吸收，漢士也就有較多出仕參政的機會。此外，女真勢力擴張迅速，傳統

〔註56〕見徐夢莘，《三朝北盟會編》（臺北，大化，民國68年）政宣上帙卷24，頁甲231。

〔註57〕參見陶晉生，《女真史論》（臺北，食貨，民國70年），頁34～37。

〔註58〕參見同前註。

的部族統治就在華北顯現，一時沒有變革的方案，不是部族式的地方勢力就是扶立傀儡政權，而地方勢力中又有大量漢人依附，對金室的中央而言，是莫大的威脅。如果不欲維持現狀，唯有改變一途，就金朝廷統治權而言，這是相當激烈的衝突，牽連的問題既核心又廣泛，最後是瓦解了地方勢力，但亦波及華北的士大夫們。〔註59〕

金代漢人的反抗以及士大夫在政治衝突中受到的壓制與迫害要比遼代嚴重許多。就反抗的情形來看，一則因金人用征服手段佔領漢地，是外族侵略中國的情形，不同於燕雲之地係奉送給遼人者。二因金人用高壓方式屠殺和強迫漢人「女真化」。三因南宋紹興十二年（1142）以前，金人不斷南下，宋室努力抗戰，刺激華北漢人的呼應起義等。四因海陵王的統一天下之志，不注意經營新皇朝（時中央集權已完成），消弭胡漢間的民族矛盾，反引起社會的不安與騷動。〔註60〕就上面簡略的幾點也可以看出一般漢人對金的一些態度來，而遼代一般漢人的反抗情形就比金代少多了，這幾個相關的原因，很可以作為參考。〔註61〕

就漢人在政治衝突方面而言，有「胡漢」間的磨擦，造成漢人士大夫的受迫，也有華北燕地漢人與中原漢人之對立而造成的鬥爭。後者可以說是遼的漢人與北宋漢人間的矛盾，即燕人與南人之爭。〔註62〕這種雙重的政治衝突，在中國的外族朝廷內幾乎是種模式，只是程度的差異不同。「胡漢」衝突是基於民族矛盾以及政權的穩固，漢人間的衝突則是政治利益與地域之別。現在且以金世宗（1161～1189）所說的一些話，來探查這些關係的線索。

金世宗與宰臣唐括安禮談論有關山東猛安貧戶問題，以及簽丁入軍籍給錢米安置沿邊等，唐括安禮說：「猛安與漢戶今皆一家，彼耕此種，皆是國人，即日簽軍，恐妨農作。」世宗頗不以為然，他責怪地說：

> 朕謂卿有知識，每事專做漢人。若無事之際，可務農作，度宋
> 人之意，且起爭端，國家有事，農作奚暇？卿習漢字，讀詩書，姑

〔註59〕參見陶晉生，〈金代的政治衝突〉，《史語所集刊》第四十三本（民國60年，10月），頁135～161。另參見拙作，〈金初的功臣集團及其對金宋關係的影響〉，《宋遼金史論文稿》，頁33～62。

〔註60〕參見陶晉生，《女真史論》，頁66～70。

〔註61〕關於遼代的反抗叛亂等，筆者雖未作詳細的研究，但就讀書所及已有概略的認識；即漢人極少參與反抗事件，即使有規模也極小，且常見者多係盜匪之類。參見註52，頁105、106。

〔註62〕參見陶晉生，〈金代的政治衝突〉，頁142～144。

置此以講本朝之法：前日宰臣皆女直拜，卿獨漢人拜，是耶？非耶？

所謂一家者，皆一類也。女直、漢人，其實則二。朕即位東京，契

丹、漢人皆不往，惟女直人偕來，此可謂一類乎？〔註63〕

唐括安禮是通經史，習漢文化的女真士人之流，金世宗雖不完全拒絕漢化，不過他大力提倡女真本土運動卻是史上著名的改革運動，但這個運動終究沒有成功。〔註64〕他對於漢文化，以及唐括安禮之流的漢化人士，都不免有所意見，然則他所言者亦非強詞奪理，還多有事實之根據；他又說：

海陵時契丹人尤被信任，終為叛亂，群牧使鶴壽，駙馬都尉賽

一……皆被害，賽一等皆功臣之後，在官時未嘗與契丹有怨，彼之

野心，亦足見也。

唐括安禮則說：「聖主溥愛天下，子育萬國，不宜有分別」，世宗說：「朕非有分別，但善善惡惡，所以為治，異時或有邊釁，契丹豈肯與我一心也哉？」〔註65〕他對於民族間的分別，似乎相當執著。

世宗對於南、北漢人有相當扼要的見解，在大定二十三年（1183）右司郎中叚珪死時所說的話中可以看出，世宗說：

是人（叚珪）甚明正可用者也，如知登聞檢院巨構，每事但委

順而已。燕人自古忠直者鮮，遼兵至則從遼，宋人至則從宋，本朝

至則從本朝，其俗詭隨，有自來矣，雖屢經遷變，而未嘗殘破者，

凡以此也。南人勁挺，敢直言諫者多，前有一人見殺，後復一人諫

之，甚可尚也。〔註66〕

這種說法是以燕人沒有「格」而言，認為這是一種現實主義的。〔註67〕至於世宗談到的巨構，他是北方薊州人，為進士出身，世宗對他的「每事但委順

〔註63〕見《金史》，卷88，〈唐括安禮傳〉，頁16下～17上。

〔註64〕女真本土化運動，參見姚從吾，〈金世宗對於中原漢化與女真舊俗的態度〉，《東北史論叢》，下冊（臺北，正中，民國57年）。頁118～174。陶晉生，《女真史論》，頁77～84。

〔註65〕見註63，頁18上。

〔註66〕見《金史》，卷8，〈世宗本紀下〉，頁5下。

〔註67〕照世宗之看法，是不欣賞北方燕人的作風，以我們的俗諺來說，「有奶便是娘」，似乎正合世宗輕視燕人之意。但看五胡、北朝、遼、金時期的歷史發展，這種雖然是常識性的說法，但能印證者往往不乏其例，宜乎世宗之語的毫無保留之處。不過亦有需注意者，即個人或少數人在不允許改變的大環境中，也應有其委曲求全的理由，並不能一概而論之。

而已」，還另有說詞：「巨構外淳質而內明悟，第乏剛鯁耳，佐貳之任貴能與長官辨正，恐此人不能爾，若任以長官，必有可稱。」〔註68〕

世宗甚喜褒貶南、北漢人，他又說過：「南人曠直敢為，漢人性姦，臨事多避難，異時南人不習詞賦，故中第者少，近年河南、山東人中第者多，殆勝漢人為官」。他這番話是對山東人賀揚庭所說，揚庭係經義進士出身，而世宗「喜其剛果」。〔註69〕所說的漢人即指燕薊之地北人，與前面所言完全一致。南北漢人之差別是否果如世宗所言？至少因地域之別，歷史長期的背景與發展不同，其間有所差異，應是可以理解的，即使不如世宗所言之再三者，但當時人也未見有所辯駁。

在政治上，南北漢人確有嚴重的衝突，著名的「田穀黨禍」就是一個最好的例子。〔註70〕至於金朝廷對漢人士大夫的壓迫與不平等待遇，也有宇文虛中、高士談，以及張鈞等兩案為著。〔註71〕最折辱士大夫的「挺杖」法，更顯現其地位之低落，金末的士人劉祁，他說：

> ……省令史儀禮冠帶，抱書進趨，與掾吏不殊。有過輒決杖，
> 惜乎以胥吏待天下士也故士大夫有氣概者，往往不就。〔註72〕

劉祁注重士大夫的尊嚴，但願以胥吏自待者也大有其人，且愈來愈多。不過到金末的統治階層中，漢人所佔比例已與女真人相當，其中多係由科舉入仕，且南人要盛於北人。〔註73〕總之，漢人大量投入統治階層的官僚體之中，使得漢人勢力愈往後愈高升。遼、金的科舉結果有相似之處，既為了政治上的需要引進漢人士大夫，但為了政權的穩固又常壓制之，這種矛盾隨著文化上的衝激並行。漢人士大夫也有其矛盾之處，既要循著傳統士人入仕的途徑，但又要承受外族政權的壓制如「以胥吏待天下士」的處境。

從章宗到宣宗有關「德運」問題的討論達廿四年之久（1193至1216），這說明了女真朝廷受漢化影響之深。德運之說純是漢人思想的產物，主要是

〔註68〕見《金史》，卷97，〈巨構傳〉，頁8上。
〔註69〕同前註，〈賀揚庭傳〉，頁8下。
〔註70〕參見陶晉生，〈金代的政治衝突〉，頁143～147。
〔註71〕同前註，頁142、143。
〔註72〕見劉祁《歸潛志》（知不足齋叢書本，臺北，興中）卷7，頁11下。
〔註73〕參見陶晉生，《女真史論》，頁48～59。對於金代官僚制的形成及用人標準而言，外族統治者和漢族被統治者間的平衡，是以考試、蔭補、世選、軍功四者合用，而女真對於考試之重視，要遠超過契丹與蒙古。一般標準的考試與其他的特定標準互輔運用，是為金代用人之基礎。

為正統問題而論，也是一種政治的宣傳。從德運討論中知道金代主張金德者很多，目的是繼唐代土德而後為正統的地位。有些女真人還要改宋德來適合他們之意，根本否認宋為正統。章宗則無意繼遼，而欲繼漢、唐、宋為正統，是不以外族自居，而以其朝廷為純粹中國的正統王朝。在討論中還可以發現漢人士大夫的想法，他們有的不以遼為正統，有的不以宋為正統，亦有主張直接承漢、唐以來之正統自居，五代與遼、宋皆不為正位等等。〔註74〕這種廟堂討論士大夫當然要認同於金的地位，在讀書論文的作品中，也可以看到這種態度，如名儒趙秉文在〈蜀漢正名論〉中所說：

> 仲尼編詩，列王黍離於國風，為其王室卑弱，下自同於列國也。
> 春秋：諸侯用夷禮則夷之，夷而進於中國則中國之。西蜀僻陋之國，
> 先主武侯有公天下之心，宜稱曰漢，漢者，公天下之言也。自餘則
> 否。〔註75〕

這篇文章還有大讚諸葛孔明與劉備之處，主要目的是在談正統論。用春秋之夷夏觀來強調「夷而進於中國則中國之」，換言之，天下是公有的，也就是「金而進於中國則中國之」，金可為中國之正統。他寫的〈宣宗哀冊〉說：

> 大金受命，傳休累聖，薄海內外，罔不稟令，大安失御，不躝
> 厥政，胡馬南牧，華風不競。皇天祐正，命我真人……降虜效順以
> 革心，島夷畏服而獻馘，堂上之兵不殺，目中之虜如擊，方將歸馬
> 大漠，洗兵中原，重新日月，再造乾坤。〔註76〕

宣宗時（1213～1223）蒙古已大舉南下，金人艱苦奮戰，但蒙古與金之正面戰爭是始於衛紹王大安年間（1209～1212），故說「大安失御」，「胡馬」即指蒙古，而金的國情正是「華風不競」。「降虜」也應是指的蒙古，蒙古與金曾經和談過，故有此語，「島夷」如同南北朝時北朝對南方朝廷之稱呼。

其他還有許多地方可見這類的思想，如「祖宗以有道伐無道，曾不十年，蕩遼戡宋」。〔註77〕「大定中，朝廷清明，四夷賓服……蕃部叛服不常……宋

〔註74〕金代德運之證與正統之說，參見前註，頁97～101，關於正統問題，最近作全
　　　　面綜合論述者，有饒宗頤，《中國史學上的正統論》（臺北，宗青，民國68年），
　　　　以及趙令揚，《關於歷代正統問題之爭論》（九龍，學津，1976年）兩書。此
　　　　兩書之內容與寫作等，相同者十之八、九。
〔註75〕見趙秉文，《閑閑老人滏水文集》（九金人集，臺北，成文，民國56年）卷14，
　　　　頁11上～14上。
〔註76〕同前註，卷18，頁18上、下。
〔註77〕同前註，卷12，〈祁忠毅公傳〉，頁17下。

賊繹騷」。〔註78〕在上〈章宗皇帝實錄表〉中，有這麼一段：

> 煥乎之文，足以藻飾百度；赫然之怒，足以震疊萬方。始以殷
> 高之明，鬼方肆伐，終然宣后之烈，淮夷來舒。故得尊宋增幣以乞
> 盟，阻𪏮革心而效順。〔註79〕

如同前文一樣，北方、西方的外族如蒙古、西夏都稱之為鬼方、阻𪏮之類，南宋則動曰淮夷、孽宋、蠢爾蠻荒、醜虜等等，在許多文章裏幾乎全用這一類的稱呼，不必一一遍舉了。

漢人在金代政治結構中所佔之比例既愈往後愈有高升之勢，且在政治地位上也與女真人接近。不過女真人在軍事權力上仍居獨佔的局面，內朝的權勢自中期以後也日益增強，女真與非女真官員間的制衡運用，也沖淡了漢人大量入仕的勢力擴張，加上女真人對本身各種特權的一意保障，以及對漢人士大夫隱藏制壓的暴力企圖，這些都暴露了女真政權的根本缺點，也是失去漢士支持的原因。〔註80〕故而漢士在統治階層中的增加，並不能與具體的權力成比例，金代的統治之術大要如此。金末的劉祁，有一段簡要的說明，其題目為〈辨亡〉：

> 或問金國之所以亡何哉？末帝非有桀紂之惡……然其所以不
> 能長久者，根本不立也……擢用胥吏，抑士大夫之氣……。又偏私
> 族類，疏外漢人，其機密謀謨雖漢相不得預，人主以至公治天下，
> 其分別如此，望群下盡力，難哉！故當路者惟知迎合其意，謹守簿
> 書而已，為將者但知奉承近侍，以偷榮幸寵，無效死之心。倖臣貴
> 戚皆據要職于一時，士大夫一有敢言敢為者，皆投置散地，此所以
> 啟天興之亡也……。大抵金國之政，雜遼宋，非全用本國之法，所
> 以支持百年，然其分別蕃漢人，且不變家政，不得士大夫心，此所
> 以不能長久……。〔註81〕

在簡述了元以前中國的複合皇朝中，士人階層與其朝廷間的大要關係後，大致可以明瞭士人屈於現實政治環境，不得不在其中求取適應之道；而外族朝廷也不得不借重士人以為治理之需，彼此間之衝突與融合似是歷史之必然

〔註78〕同前註，卷11，〈梁公墓銘〉，頁1上～2上。
〔註79〕同前註，卷10，頁7下、8上。
〔註80〕參見陶晉生，《史語所集刊》，四十一本，第四分（民國58年，12月），〈金代的政治結構〉，頁567～593。
〔註81〕見註72，卷12，頁5下至8上。

發展。在這期間，除去政治色彩較淡或者隱居不仕者外，士人之參與政治，並不全然是只為當朝效力，也有其理想存在如崔浩者流。至於遼、金政權之背景，值得注意的是北方「胡」風之盛，尤其是長城邊區，自唐中期以後，「胡化」日趨興盛，民族觀念自不比南方。金百餘年之長期統治，華北士人已多自居於正統朝廷之下，元之代金而興亦復如此。

不論在那一複合皇朝之中，士人在政治上之表現大體仍屬中國意識的，最明顯的似在文化上的保守性，要「以夏變夷」為其政治上之理想，若再透過下面對於士人之性質的簡單討論，則更易於看出其間之線索。

古代的知識階層即為士人，但士之起源並非開始即被視為知識階層，其興起有一重要之發展過程，而其起源，則諸說不一。許慎在說文解字中以士即事也，段玉裁的注與劉向都認為係「通古今、辨然否」者謂之士，這是傳統對士人定型的看法。近人解士字，說法很多，如徐中舒在〈士王皇三字之探源〉中，認此三字均象人端拱而坐，不過有帝王、官長之別。劉節在〈辨儒墨〉中，說僅有周有士，亦即卿士與太史之官。楊樹達在〈釋士〉中主張與吳承幹相同，皆以為古稱男子，從事耕作之農夫。王國維在〈釋牡〉中說，士者即男子之稱，並且古多以士女連稱為別。郭沫若〈釋祖妣〉中以唯物史觀解作男子生殖器之形，說是牡器之象形，馬敘倫據以在〈中國文字之源流與研究方法之新傾向〉中加以發揮。顧頡剛在〈武士與文士之蛻化〉中認為士最初是武士，經過春秋、戰國社會變動轉化為文士，這個說法頗為多數人所接受。孫鐵剛先生在〈士字的原義和士的職業〉中強調說文之義，認為士原是給事官府之人，而古代學既在官府，則士自然具備其時之學術知識。余英時先生在〈古代知識階層的興起與發展〉中，辯文士非由武士所蛻化而來，主張文士也有其淵源，穀梁傳說「士民」之出現，是中國知識階層興起最明顯的標幟。〔註82〕

從上述諸多說法中，可知中國士人之起源最晚在戰國以前，大體上說法都注重這長久之傳統，除了「牡器」之象沒有意義外，也都不否認在先秦之際士人為知識階層的廣泛意義，而不論其職事如何。

由於春秋戰國之社會背景，士人大量出現在上古歷史之中，其文化淵源

〔註82〕以上所引諸說，參見余英時，《中國知識階層史論‧古代篇》（聯經，民國69年），頁1～108。並見孫鐵剛，〈「士」字的原義和「士」的職掌〉，《史原》第5期（臺大，歷史研究所，民國63年），頁1～8。

是來自禮樂，他們發展出以「道」自任的精神憑藉，當時是「諸子紛紛，則已言道矣……皆自以為至極，而思以道易天下者也。」〔註83〕這種以天下為己任的思想，自與政治發生不可分之關連，亦就是「道」與「勢」間的複雜關係了。因為「道」是凌空虛懸者，必須要靠掌握它的士人來彰顯，而先秦儒家大體上是以「道」高於「勢」的，則士人之政治結合亦建立在「道」之上，「天下有道則見，無道則隱」，〔註84〕那麼仕與隱又是士人與政治關係間的重要課題了。在本論文中所指之士人，即指具此傳統之中國士人。

仕與隱既在上古即為士人所重視，時為道之能行則欲仕，時為道之尊嚴又需隱，這兩者的把握成為歷代士人的難題。元代是中國在外族統治之下，除去夷夏觀念外，「忠」的問題與「道」更是士人們所面臨之抉擇，不過華北之士人（即漢人之士人），因其歷史背景不同，對於夷夏、忠誠等觀念較淡，如金世宗就曾說：「燕人自古忠直者鮮，遼兵至則從遼，宋人至則從宋，本朝至則從本朝，其俗詭隨，有自來矣！」〔註85〕那麼元人至，當就從元了。

至於隱士的類型與名稱頗多，而隱之義在先秦典籍中也多見記載，如《易經》說：

> 初九曰：潛龍勿用，何謂也？子曰：龍德而隱者也、不易乎世，
>
> 不成乎名，遯世无悶，不見而是，无悶樂則行之，憂則違之，確乎
>
> 其不可拔，潛龍也。〔註86〕

其餘如〈坤卦〉中「天地變化，草木蕃，天地閉，賢人隱」，〈蠱卦〉：「上九，不事王侯，高尚其事」，而〈遯卦〉中所言「遯之時義大矣哉！」之類的記載甚多。〔註87〕

《詩經》中說：「考槃在澗，碩人之寬，獨寐寤言，永矢弗諼」，王肅與鄭玄之注，都認為是說以道自任的隱士之義。〔註88〕

《莊子》所說隱士則為：「非伏其身而弗見也，非閉其言而不出也，非藏其知而不發也，時命大謬也。」〔註89〕

〔註83〕見章學誠，《文史通義‧原道中》（臺北，世界，民國57年），頁27。

〔註84〕見朱熹，《四書集註》（臺北，藝文）《論語四‧泰伯篇》，頁15下。

〔註85〕見《金史》（臺北，藝文）卷8，〈世宗本紀下〉，頁5下。

〔註86〕見《周易正義》（十三經注疏本）卷1，頁12上、下。

〔註87〕見前註，頁27上。卷3，頁6上。卷四，頁7上。

〔註88〕見《毛詩正義》（十三經注疏本）卷3之2，〈衛風〉、〈考槃〉，頁14上、下。

〔註89〕見郭慶藩，《莊子集釋》（臺北，河洛，民國63年）卷6上，〈繕性第十六〉，
頁555。

至於孔、孟所言之隱士更為讀《論》、《孟》者所知，不再多引。

所謂隱士、高士、處士、逸士、隱君子、逸民等等不下十餘種的名稱，從廣泛的意義來看可以相通，大體上是具有知識份子的含意，而且與官方或出仕之關係不甚一致，有先仕後隱者，有從未出仕者，然其中又含有讚美道德高尚之意。在史書上隱士之固定地位，殆始自《後漢書》，在其中以〈逸民〉來分六種類型的隱士：他們是隱居以求其志者，如長沮、桀溺。曲避以全其道者，如薛方。靜已以鎮其躁者，如逢萌。去危以圖其安者，如商山四皓等。垢俗以動其概者，如申徒狄、鮑集之流。疵物以激其情者，如梁鴻、嚴光之流。〔註90〕

從《後漢書》以後諸史，幾乎全都有隱士的傳記，不論其或稱處士傳、逸士傳、或隱逸傳，其書寫與資料之搜求，目的都可謂相同，若查閱各史傳的序文中當可知道這點。對於隱、逸、處士等的定義，以及其分類等，並不完全一致，如加以研究比較，不難發現其時代環境不同而有觀點之差異，以及作史者個人之思想。

如為《新唐書》寫列傳的宋祁，他在隱逸列傳的序文中，區分古之隱士為三，上者為藏身而德不晦，雖自放草野，但名往從之，是最受尊貴的。其次為有治世之具，但不得於時或不屈於俗，雖然有應於爵祿卻並不重視，故而是「汎然受，悠然辭」。末焉者是自審其材，或不可用於當世，故遁跡山林，人高其風而不加議論。宋祁又以為唐代隱士多屬末焉者，而且還有些沽名釣譽之徒，並無高尚之節。〔註91〕

照宋祁之看法，他認為隱士的三類，大致是有材德之士不願出仕者為上，其次是沒有出仕的機會，或者是既出仕但不願從俗而退者，最後的一類是不能或不足出仕者。看他之意似是極為推崇隱士之流，也強調了個人主義的思想。相似地，程頤的《周易傳》，在〈蠱卦·上九〉，「不事王侯，高尚其事」中，也透露這種看法。他本主張效伊尹之志者，但對隱士的說法是：

> 士之自高尚，亦非一道：有懷抱道德，不偶於時，而高潔自守
> 者，有知止足之道，退而自保者；有量能度分，安於不求知者；有

〔註90〕參見范曄，《後漢書》（臺北，藝文）卷 83，〈逸民列傳序〉，並見其注，頁 1 上。

〔註91〕參見《新唐書》（臺北，藝文）卷 196，頁 1 上、下。

　　清介自守，不屑天下之事，獨潔其身者。〔註92〕

程氏所言的自高尚其志之士有四類，實際上也如宋祁所言，有不逢時者、不願仕者、不能仕者三種。

　　與宋祁一起修《新唐書》的主要人物歐陽修，他在另一部名著《五代史記》中，對於隱士之流表示了另一種看法，他的史書中只列了〈一行傳〉，不像《新唐書》中分別有〈卓行〉、〈孝友〉、〈隱逸〉三傳，他把這三傳都融合在〈一行傳〉中，卻只得四、五人而已，雖然他說是因為資料缺乏之故，實際上是貶斥五代之墮落。在其序文中，一再地評論五代是亂世，不但是倫理大壞，而且「天理幾乎其滅」，但「自古忠臣義士，多出於亂世，而怪當時可道者何少也？」這都說明他認為其時士大夫精神之萎靡不正。同時他似乎並不推崇隱士，因為這是「不足以為中道」的，這或許也解釋了何以〈一行傳〉的特出，以及「一行」不過是「一行」而已。〔註93〕

　　我總覺得隱士似乎較受人所同情的，因為隱士有許多類型，可受人不同角度地去尊重，天下無道時固當隱，即使有道時亦隱，也同樣可博取高名。除去假隱為沽釣之徒外，在中國的歷史與文化中，隱士大都受到推崇。如果像五代是天下無道之時，若元代為外族所統治之時，則士人要如何來定其出處？這確是值得深思的問題。

　　大概如傳統的看法一樣，隱士在元代是受推崇的，出仕者恐怕被認為在節操上是有所虧欠，若如此則天下無道即使之無道乎？不論隱與仕，在元代士人也有其看法，這亦需由以「道」自任的理想中去尋求，這在思想史的研究中，應具有相當重要的意義。

─────────────────

〔註92〕見《周易程氏傳》（臺北，里仁，民國71年）卷第2，〈二程集〉，下冊，頁793。

〔註93〕參見《五代史記》（臺北，藝文）卷34，〈一行傳序〉，頁1～2上。

第二章　元代的政治結構以及士人

第一節　早期蒙古

一、蒙古草原時代

　　蒙古草原時代是指成吉思可汗（元太祖）及其前後時期，大致在十二世紀中到金朝滅亡（1234 年）之時，但有時為論述之便或有出入。這段期間內蒙古人活動的範圍非常遼闊，接觸不同的民族與文化也非常之多。大致上東方到達高麗，西方遠至裏海以西的東歐，北臨貝加爾湖等線的西伯利亞一帶，南抵長城以內金國的華北之地。但以接觸較頻繁的重心地區而言，則在中國的東北、華北、內、外蒙古、新疆，以及中亞附近。換言之，正合乎中國史上「胡」、「漢」兩種民族活動空間的分別，不過其中還是要以長城以北的北亞地區為主。故而就政治的組織與結構而言，幾乎全顯示了北亞色彩，也就是以蒙古本身為主的一套，即使參與了非蒙古式的成分，仍大多是北亞的「胡」式而非中原的「漢」式。

　　元代政制的源流與因革在《元史》上有概要的說明，關於初期草原時代的情形則頗多缺略，故而呈現一種簡單化的敘述方式：

> 元太祖起自朔土，統有其眾，部落野處，非有城郭之制，國俗淳厚，非有庶事之繁，惟以萬戶統軍旅，以斷事官治政刑，任用者不過一、二親貴重臣耳。〔註1〕

〔註1〕 見《元史》，卷 85，〈百官志一〉，頁 1 下。

萬戶與斷事官是蒙古的「國俗」，恐怕也是北亞民族傳統之制。最明顯的萬戶制，正是北亞民族傳統的十進制軍事體系，除了有關當時的各種記載可以了解外，在蒙古以前的女真、契丹、突厥，上至匈奴等的資料中，都能證明這點。〔註2〕萬戶以下的單位還有千戶、百戶、牌子頭（十戶）等，除了由氏族或部族長當然兼任外，另具有政制中職官的地位，因此至少是含有社會的、政治的雙重意義。氏族或部族長是北亞民族社會的基本結構，其角色功能最能說明這個意義，大體上是部族社會都沒有太大差別的。〔註3〕在政治意義上有時受社會轉變而形成，有時則受少數人的意識而形成；但在社會轉變而言，並不一定產生有政治意義的官職地位，往往形成一種游牧封建的社會形態。亦即當社會轉變時，看似有官職之類的地位產生，實際上並沒有政治意味，反而在社會上形成或加強了封建的關係。例如「兀也合牙」（Uye-khaya，同族的）、「札惕」（Jad，他族的）、「那牙惕」（Noyad，領主、官人、富貴之人）、「合剌帖里兀禿」（Khara Terigutu，家臣、隸臣）、「那可兒」（Nökör，伴當、戰友、家將）、「札剌兒」（Jalau，後生、僕人）等等，這其中包括有「那牙惕」（Noyad，貴族）、「合剌出」（Kharachu，隸民）兩大類。〔註4〕

社會轉變有時形成了有政治意義的官職，例如經濟形態的逐漸演變，社會分工漸細，專業人戶漸漸成為專司其職的官，再配合少數人有意的行為，很快地就成為典守其職的官了，這多係氏族或部族長的意識而產生的。就早期蒙古的歷史來看，至遲在 1189 年，鐵木真被擁立為蒙古本部的可汗時，就已完成了分官任職，這一套制度的形成及其以後演變對整個元代都有重大的影響，此即「怯薛」制度。就組織上而言，職掌專業的意味要大於派任的官位，資料中記載分派這些職務時強調的是各人的專長與關係，這與後來數度的因革漸形成派官而任職的情形略有不同，大致到 1206 年鐵木真為全蒙古的大可汗——成吉思可汗——時，這個不同的意義已轉變過來了。〔註5〕

〔註2〕 參見拙作，《早期蒙古游牧社會的結構》，（臺北，嘉新水泥，民國 65 年），頁 100～102。

〔註3〕 參見同前註，頁 36～43。文中對氏族及氏族長等的社會意義皆有說明。

〔註4〕 參見同前，頁 28～33，以及 43～45。但文中有誤，參見札奇斯欽，蒙古祕史新譯並註釋（臺北，聯經，民國 68 年），改正蒙文之對音及語譯。

〔註5〕 元代最初創立的「怯薛」制度始於 1198 年，當時的職官有佩帶弓箭的近身侍衛（豁兒赤 Khorchi），掌廚官（保兀兒赤 bo'urchi），牧羊官（火你赤 khonichi），掌馬官（阿黑塔赤 agtachi），帶刀侍衛（云都赤 ilduchi），掌車官（抹赤），管家丁人口官（格兒堅禿惕合里 gergen todghar-i），牧馬官（莫倫赤 morinchi），

　　「怯薛」制度的討論相當複雜，已有專文論及於此，〔註6〕本文不擬贅述。在此要指出的是「怯薛」基本上由宿衛制度的構想而形成，本來宿衛並非奇特的制度，但「怯薛」在元代而言有很特出的地位，以其結構的特出與政治權力的龐大最具代表。在忽必烈（1260～1294）以前，它有皇室的侍衛、家務機構、帝國的中央軍、中央主要的行政機構、質子營、中央軍校等多重性質。在其後，各方面的權力已稍減，但仍保有相當大的權力，且其貴族性與統治階層的核心性質仍未變，這個蒙古式的制度雖受漢制的影響，卻還是最保守的一個。〔註7〕從蒙元整個歷史來看，也正顯示出元代複合帝國的特性來。

　　草原時代的「怯薛」的形成一方面是部族長的護衛組織，這是維護安全的必要措施，一方面是草原社會中游離分子的結合。〔註8〕除軍事性質的職掌之外，多從事汗廷的內務，並得議決大政，類似皇室家務與國家行政合一的情形，其中要以「必闍赤」之長最足代表，而其權位也最高，可以看作中央的副宰相或秘書長之類。〔註9〕它與另一個重要單位的「札魯忽赤」──斷事

　　　　隨從（斡多剌箭 oyirayin odola，即「近箭」），頭哨（豁斡察黑箭 khola-yin ghoorchagh，即「遠箭」）等等，這些與元史兵志中記載「怯薛」各職官相似（卷99，兵志二，宿衛，四怯薛條），中有：「其它預怯薛之職，而居禁近者，分冠服、弓矢、食飲、文史、車馬、盧帳、府庫、醫藥、卜親之事，皆世守之，⋯⋯其怯薛執事之名，⋯⋯曰火兒赤，⋯⋯曰博爾赤⋯⋯曰云都赤⋯⋯曰兀剌赤⋯⋯曰火你赤⋯⋯」。關於這次創立「怯薛」之情形以及說明，可參見札奇斯欽，《蒙古秘史新譯並註釋》，卷3，第124節，頁146～149。拙作前書，頁96～99，對於「怯薛」之沿革及其性質等有簡略之說明。

〔註6〕筆者所讀的僅有箭內亙的〈元朝怯薛考〉，《蒙古史研究》，上冊（日本，東京，刀江書院，昭和四十一年），頁211～262。蕭啟慶，〈元代的宿衛制度〉，《邊政研究所年報》，第4期（臺北，政治大學，民國62年），頁43～95等兩篇論文。

〔註7〕參見前註，蕭啟慶文，頁72、73。

〔註8〕部族長的護衛組織應該是由有血緣關係的親族中產生，是否單獨組成一個單位隨侍護衛，或者由各氏族抽調輪番而無確定的組織，筆者未作研究。但十二世紀時蒙古的護衛似已形成一個單位，而且由族的共有開始轉變成族長的私有，鐵木真的「怯薛」即是如此。草原中的游離分子是指「奴忽兒」（伴當）為主。至於當時泰亦赤烏部的護衛（土兒合兀惕 turkhagh-ud）是屬於何種性質，則限於資料而未能詳（見《新譯本秘史》，頁86，註2，註文有所討論）。

〔註9〕參見札奇斯欽，〈說元史中的「必闍赤」並兼論元初的中書令〉，《邊政研究所年報》，第2期（臺北，政治大學，民國60年），頁19～113。又本文中所引「必闍赤」資料多依此文。蕭啟慶，《元代的宿衛制度》，頁52、53。

官——構成當時的中央行政機構，其地位之重實不容忽視，決不像前引《元史・百官志・序文》所言；文武大權僅分屬萬戶與斷事官而已，同時它也與斷事官同屬一個單位，並屬於「怯薛」之中。由於「必闍赤」的地位重要，且與知識階層有關，故不煩再引些資料做進一步的觀察；再者，元初的漢士多入「怯薛」之中，他們所任之職幾乎都屬這類工作，即使在資料中並未明言。現在依札奇師所引將這些資料列之於下，以便明白其情況。

（1）塔塔統阿，《元史》中說：

> 塔塔統阿，畏兀人也，性聰慧，善言論，深通本國文字，乃蠻大敭可汗尊之為傅，掌其金印及錢穀。太祖西征，乃蠻國亡，塔塔統阿懷印逃去，俄就擒，帝詰之曰：大敭人民疆土，悉歸我，汝負印何之？對曰：臣職也，將以死守，欲求故主授之耳，安敢有他？帝曰：忠孝人也，問是印何用？對曰：出納錢穀，委任人才，一切事皆用之以為信驗耳。帝善之，命居左右，是後凡有制旨始用印章，仍命掌之。帝曰：汝深知本國文字乎？塔塔統阿悉以所蘊對。稱旨，遂命教太子諸王以畏兀字書國言。太宗即位，命司空府玉璽食帛……速羅海……襲父職，仍命司內府玉璽金帛。〔註10〕

（2）哈剌・亦哈赤・北魯。

> 畏吾人也，國王月仙帖木兒聞其名……徵為斷事官……西遼王主鞠兒可汗遣使據其國，且召哈剌・亦哈赤・北魯，至則以為諸子師。……與其子月朵失野訥馳歸，太祖一見大悅，即令諸皇子受學焉。仍令月朵失野訥以質子入宿衛，從帝西征。〔註11〕

這兩位學者受到太祖的器重，當時始創文字，也應有專管文字的專人，這些人就是「必闍赤」，我懷疑這二人就是兼任此職的，同時他們對蒙古文的普及有著極大的貢獻，起碼對於認旨，及教學諸皇子都得使用文字的。

（3）怯烈哥，在《元史，也先・不花傳》中說：

> ……方太祖微時，怯烈哥已深自結納。後兄弟四人皆率部屬來歸。太祖以舊好遇之，特異他族，命為必闍赤長，朝會燕饗使居上列。〔註12〕

〔註10〕見《元史》，卷124，〈塔塔統阿傳〉，頁5下至6下。
〔註11〕同前註，〈哈剌亦哈赤北魯傳〉，頁4上、下。
〔註12〕見《元史》，卷134，〈也先不花傳〉，頁24上。

身為「必闍赤」之長的地位，是「朝會燕饗，使居上列」，可見是極受器重的身份。

（4）曷思麥里。

> 西域谷則斡兒朵所屬可散（城名）八思哈（長官）。太祖西征，曷思麥里從哲伯（即者別）為先鋒，攻乃蠻，克之，斬其主曲出律（塔陽汗之子古出魯克），……諸城皆望風降服。又從征你沙不兒城，諭下之，……帝領群臣曰：哲伯常稱曷思麥里之功。其軀幹雖小，而聲聞甚大。……仍命與薛撤兀兒為必闍赤……次子密里吉襲為必闍赤。〔註13〕

可知曷思麥里能文能武，與可汗的老功臣薛撤兀兒〔註14〕同為「必闍赤」，受賜甚重，同時他仍是率軍的大將，且其次子繼任襲其職。

（5）移剌捏兒。

> 契丹人也，幼有大志，膂力過人，沈毅多謀略。遼亡，金以為參議、留守等官，皆辭不受。聞太祖舉兵，……率其黨百餘人，詣軍門，獻十策。帝召見之，與語，奇之，賜名賽因必闍赤，又問爾生何地？對曰：霸州，因號為霸州元帥。〔註15〕

他受賜名為「賽因必闍赤」意為「好的書記」，又有「霸州元帥」的官號，可見他與曷思麥里一樣，同為文武雙全的重臣勇將。

（6）野里朮，《元史‧鐵哥朮傳》上說

> 鐵哥朮，高昌人，……曾祖父達釋有謀略，為國人所信服，太祖西征……達釋知天命有歸，勸其主執贄稱臣，以安其國。由是號為尚書。太祖班師，諸王言於帝曰：達釋之子野里朮驍勇善戰，所將部落又強大。聞其人每思率眾效順，而未有機便，盡致之乎？太祖是其議……及聞野里朮議事，喜見顏色，稱善久之。既退，撤其蓋送之十里，遂得兼四環衛之必闍赤。……甲午，副忽都虎籍漢戶口，籌其賦役，分諸功臣以地，人服其敏。〔註16〕

〔註13〕見《元史》，卷120，〈曷思麥里傳〉，頁15、16。
〔註14〕薛撤兀兒，見《新譯本秘史》120節，說他是斡羅剌思氏，當鐵木真與札木合二次結盟再分裂時，他是前來投奔的老功臣之一。後來鐵木真為全蒙古大可汗時（1206年），他受封為九十五個千戶之一。
〔註15〕見《元史》，卷149，〈移剌捏兒傳〉，頁19上。
〔註16〕見《元史》，卷135，〈鐵哥朮傳〉，頁1上、下。

可知在成吉思可汗西征時，護衛的「怯薛」中已經設立了「必闍赤」，且人數甚夥，由可汗指定一人為「必闍赤」之長，也是文武雙全的重臣，再參看元《史怯·薛條》中所言「其他，預怯薛之職，而居禁近者，……雖以才能受任使、服官政，貴盛之極，然一日歸至內庭，則執其事如故。至於子孫無改非甚親信，不得預也。其怯薛執事之名，……為天子主文史者，曰必闍赤。」，〔註17〕可知在親衛中的「必闍赤」，不僅是他的本職——為天子主文史，而且可以「以才能受任使、服官政，貴盛之極」，必是可汗的親信重臣無疑。而野里朮在「甲午，副忽都虎籍漢戶口，籌其賦役，分封諸功臣以地，人服其敏」，也可見這個「必闍赤」之長，可以視作輔佐「札魯忽赤」的副宰相了，權位是相當高的。

（7）僧吉陀，《元史·暗伯傳》中說：

> 暗伯，唐兀人，祖僧吉陀，迎太祖於不倫答兒哈納之地，大祖嘉其效順，命為禿魯哈必闍赤兼怯里馬赤。〔註18〕

這是以「質子」（禿魯哈）身分的「必闍赤」，在汗廷中必然是極多的。

（8）粘合重山。

> 金源貴族也，國初為質子，知金將亡，遂委質焉。太祖賜畜馬四百四，使為宿衛官必闍赤，從平諸國有功。圍涼州，指麾六軍……已而為侍從官，數得侍宴內廷，因諫曰：臣聞天子以天下憂，憂之未有不治，忘憂未有能治者也，治酒為樂，此忘憂之術也。帝深加納之。（太宗）立中書省，以重山有積勳，授左丞相，時耶律楚材為右丞相，凡建官立法，任賢使能，與夫分郡邑、通漕運、足國用、多出楚材，而重山佐成之。〔註19〕

粘合重山也是以質子入侍，「禿魯哈必闍赤」、「宿衛官必闍赤」，都是屬於「怯薛丹必闍赤」的名目。他能指麾六軍。正如同曷里麥里一樣是文武雙全的重職，又能夠正諫可汗其地位是頗受親信無疑，至於成為耶律楚材之佐，分別為左、右丞相，恐怕是為治理漢地的當時權宜之官稱，不會是世祖以後實行漢法的左、右丞相，故並非是整個蒙古帝國的首相與副首相，當時全帝國的真正首相，仍是「札魯忽赤」之長——失吉·忽禿忽。

〔註17〕見註5引《元史·兵志·四怯薛條》。
〔註18〕見《元史》，卷133，〈暗伯傳〉，頁14上。
〔註19〕見《元史》，卷146，〈粘合重山傳〉，頁12上。

（9）鎮海。

　　怯烈臺氏，初以軍伍長，從太祖同飲班朱尼河水。與諸王百官

大會於兀難河，上太祖尊號曰成吉思皇帝……從太祖謀定漢地……

尋拜中書右丞相。〔註20〕

這是太祖的老功臣，官居右丞相，但他尚有其他的職責，在多桑《蒙古史》中說：「窩濶臺死……攝政皇后開始罷丞相鎮海職，鎮海者，畏吾兒人也，窩濶臺在位時為丞相，兼記皇帝之逐日言行（其下小註曰：見史集——察合臺用漢人一人為丞相，逐日記其言行），此中國君主之起居注職，其源甚古也。」〔註21〕這是主文史之職，那麼這個中書右丞相也兼任「必闍赤」無疑。札奇師曾有詳細的解說，並引羅馬教皇的使節迦比尼 Friar John of Pian de Carpinie 的遊記來看，這個中書右丞相實際就是「必闍赤」之長。〔註22〕

（10）《黑韃事略》上說：「其相四人，曰按只得，曰移剌楚材，曰粘合重山，理漢事；曰鎮海，專理回回國事」。〔註23〕

（11）徐霆則說：「移剌及鎮海自號為中書相公，總理國事，鎮海不止理回回也，韃人無相之稱，只稱之曰必徹徹，必徹徹者，漢語令吏也，使之主行文書耳。」〔註24〕

（12）徐霆又說：「霆見其自上至下，只稱小名，即不曾有姓，亦無官稱，如管文書則曰必徹徹，管民則曰達魯花赤。」〔註25〕

《黑韃事略》中的這三條記載，可以與前相證，徐霆所說「無官稱」，恐怕是指無漢式的官稱，而「必徹徹」、「達魯花赤」都是蒙古式的官，「中書相公」則為漢式官稱，指的是「必闍赤」之長。

由上述諸資料中，我們發現「必闍赤」與「必闍赤」之長設立的意義和職掌，主要是因為有蒙古文字的一個副產品。在當時的社會中，其份子包括甚廣，各地不同籍貫之人皆可充任，而且他們往往都是能征善戰的將領，或者是能幹的才俊，以及學者之流。在成吉思可汗以前，他們都是身居要津，

〔註20〕見《元史》，卷120，〈鎮海傳〉，頁9下、10上。

〔註21〕見馮承鈞譯，《多桑蒙古史》，第2卷，第4章，頁245、246。

〔註22〕參見註9，札奇斯欽文，頁96～99。

〔註23〕見彭大雅，《黑韃事略》，（王國維箋證本，蒙古史料四種。臺北，正中，民國51年），頁467。

〔註24〕同前註，頁467、468。

〔註25〕同前註，頁480。《元史》稱憲宗時以忙哥撒兒為斷事官之長，「其位在三公之上，猶漢之大將軍也。」見卷124，頁12上。

有的是親近的重臣，有的是赫赫戰功的愛將，有的則是親衛侍從之官。從這裏也看出十三世紀初期的「必闍赤」並非只專管文書之士，雖然沒有很清楚地劃分出來，但是得要懂文書之人充任是不會錯的。但也絕對不像後來元帝國以後的「必闍赤」——一個小椽吏——，相反地，在早些時期它同「札魯忽赤」一樣，共掌蒙古社會的政治權力，實際上是幫助可汗來治理當時擴張起來的大蒙古社會。

「怯薛」制度中，「必闍赤」僅係其中官職之一，其他的官職也是同樣居禁近，再以才能分別任之，《元史》中說極好：「雖以才能受任使、服官政，貴盛之極，然一日歸至內庭，則執其事如故」。〔註 26〕換言之，「怯薛」幾乎就是當時的朝廷，但以中國的內朝、外朝而言，則是由內朝出任外朝官而仍保有本職，即具有「怯薛」的身分。由皇室私屬的「怯薛」出任為國家的官吏而言，還主要以兼職為主，或者類似一種「差遣」性質。不唯中央的各官，在地方上也顯示出這種性質，如「達魯花赤」，它是宣差或地方上的首長，多差遣往城市地區或農耕市鎮等，它與「怯薛」一樣，已有許多非蒙古人參與。在蒙古游牧社會本身是不需要這種鎮守地方的長官，為了異質社會而採取的制度；也就是至少在成吉思可汗時期，蒙古的政治結構雖是蒙古本位的，但已經融合了非蒙古的成分在內，〔註 27〕不過仍要注意的是，非蒙古的成分以北亞式的為主，漢式的成分才剛剛開始接觸。

在「怯薛」之上而領導整個汗廷的是「札魯忽赤」，它原是北亞民族中的一個普遍制度，不過蒙古的可汗把它提高成首相的地位，除軍事外，讓它來斷全國之事，這就是「斷事官」，《元史》上說的「以斷官治政刑」，所治的政刑有一條資料說得相當清楚。

> 國初未有官制，首置斷事官，曰札魯忽赤，會決庶務。凡諸王、駙馬、投下、蒙古、色目人等，應犯一切公事，及漢人姦盜詐偽、蠱毒、厭魅、誘掠、逃驅、輕重罪囚，及近遠出征官吏。每歲從駕分司上都，存留住冬諸事，悉掌之。〔註 28〕

〔註 26〕同註 17。

〔註 27〕關於「達魯花赤」之討論，參見姚從吾，《臺大文史哲學報》，第 12 期（民國 52 年 12 月），，〈舊元史中的達魯花赤初期的本義為宣差說〉頁 1～20。札奇斯欽，《臺大文史哲學報》，第 13 期（民國 53 年 12 月），〈說舊元史中的達魯花赤〉，頁 293～441。

〔註 28〕見《元史》，卷 87，〈百官志〉三，大宗正府條，頁 1 上。

這還是成吉思可汗稍後時的情形，較早些的情形較籠統。最先出任此職的別里古臺，是太祖的異母弟，他「掌從馬、國法，委以腹心……嘗立為國相，又長扎魯火赤，別授之印」。〔註29〕在《蒙古秘史》中的記載也是以警衛、法令為主，〔註30〕就這些看來是以掌刑為其職責，掌從馬是屬「怯薛」之類的本職，至少在1189年時他就掌管此職。〔註31〕立為國相，可能是稍後將其職權加重，擴及刑法之外的行政權，在制度草創之際，就是國相之職。長扎魯火赤，其實意義一樣，不過是漢式、蒙式的稱呼耳！所謂「國初嘗以相臣任之」。〔註32〕若更正確的說，不但是以相臣任之，根本就是當時的相臣。以別里古臺而言，他似以「怯薛」之職而兼任「札魯忽赤」的。

繼任的斷事官是失吉・忽禿忽，他是太祖義弟，這是1206年，鐵木真為全蒙古大可汗之時，斷事官已完全脫離「怯薛」而成為新帝國中央的最高行政單位。所謂國相、相臣任之，在1206年之時的新組織中，是很恰當的描寫，別里古臺曾任此職，自然可以追溯他的相臣之任，也可能在他任職的晚期，斷事官的權力已經擴大成如此。根據《秘史》中的記載，失吉・忽禿忽這位最高斷事官他的職責是：第一、審理訴訟、決掌刑罰，第二、調查全國戶口，造成青冊，以為兵賦之典據，第三、以青冊及可汗之裁決，將土地與人民分封於皇族及功臣，第四、將事例及判例於可汗裁決後，造成檔案，遵奉不改，第五、作為可汗的耳目。如此，擁有行政、司法、監察等三大權於一身，不正是中央的宰相之職嗎？〔註33〕。難怪漢人稱他為「胡丞相」。〔註34〕

到元世祖忽必烈時曾下詔追述了這個職位說：「札魯忽赤乃太祖開創之始所置，位百司右，其賜銀印，立左右司。」〔註35〕這樣的說明正是中書令或右、左丞相的地位才能如此，甚至或還超過了。〔註36〕雖然當時的斷事官是

〔註29〕見《元史》，卷117，〈別里古臺傳〉，頁1上。

〔註30〕參見《新譯本秘史》，卷5，頁198。

〔註31〕參見前註，卷3，頁147。

〔註32〕同註1，頁6上。

〔註33〕參見札奇斯欽，〈說元史中的「札魯忽赤」並兼論元初的尚書省〉，《政大邊政研究所年報》，第1期（民國59年7月），頁145～257。

〔註34〕同註23，頁13下、以及頁15上王國維箋註語。

〔註35〕見《元史》，卷7，〈世祖本紀四〉，頁15上、下。

〔註36〕同註1，頁2下，見中書令、右丞相左丞相條下所述，以及中書省下有左右司之設立。

不理軍事的,但擁有軍事上的領兵權。〔註 37〕此外,太祖時代的斷事官已有幾種,即前述中央的大斷事官,是全國性的,也有地方或封建性的斷事官,也有在軍中的斷事官等,而且已有漢人出任地方或軍中的斷事官。中央的大斷事官本即宰相之職,與漢式的中書令、尚書令、右、左丞相等相同,也逐漸形成或者合一為日後這些職位;這是完成於元世祖之時。但斷事官之官名仍有,而權位已不同,似乎又恢復以掌刑為主兼帶部分的行政權。至於地方上的、封建的、以及軍中的斷事官則變化不大。在太宗初期,地方上的大斷事官有明顯的資料可查,可能與行省制度的濫觴有關,出任者有畏兀兒人、西域(中亞)人、契丹人等,也有漢人出任軍團中的斷事官,他們的權位都相當高,有的可以看出仍是由「怯薛」中派任。〔註 38〕

萬戶制度在蒙古草原時期已經不是單純的軍事體系,而對於草原社會有了重大的意義。在「怯薛」組成後不久發生的「十三翼之戰」,已經看到將氏族或部族集結分配的單位,那是為了戰場的需要而布置的,原則上並沒有打破族的建制。鐵木真是部族聯盟的可汗(蒙古本部),他所領的一軍有諸子、伴當、怯薛丹(怯薛兵丁)及族人。月倫太后(鐵木真之母)所領的一軍則為也速該部眾。因係可汗之故,所以同族部眾可以分割。其他各族有單獨成一軍,有混集為一軍的,〔註 39〕其總人數約三萬人,但《秘史》中稱之為十三個部族。〔註 40〕兩者都未指出有打破族的編制。千戶、百戶等制是北亞民族久遠的傳統,蒙古族中也應該有這傳統,是否係固有而不需強調?或已消退不用?何以在 1206 年新帝國建立時則細列了所任命的九十五個千戶與四個萬戶?

就蒙古社會而言,氏族不斷分化,也有過部族聯盟,但千戶制度等卻沒有明顯的資料來證明。氏族或部族長是草原貴族,未必有多大的權勢,依賴游牧封建的關係保持所謂「君臣」之別,部族聯盟的領袖恐怕也不如想像中有多大權勢,至少在十三世紀初以前是如此。〔註 41〕氏族是蒙古根深蒂固的

〔註37〕參見《新譯本秘史》,續卷 1,第 257 節,頁 396,其中述敘失吉・忽禿忽領兵與札剌勒丁(札闌丁)作戰。

〔註38〕同註 33,頁 157~167。

〔註39〕參見《聖武親征錄》(王國維校注,蒙古史料四種)頁 7 下至 12 上。

〔註40〕參見《新譯本秘史》,頁 156、157。

〔註41〕參見物拉底迷爾卓夫(B. Vladimirtsov),《蒙古社會制度史》(張興唐、烏占坤合譯,臺北,中華文化出版事業委員會,民國 46 年),頁 58~67。另見劉榮焌譯本(北京,中國社會科學出版社,1980 年),頁 127~139。

社會單位，在分化中也有其他單位出現，但非主要的。吸收分化中的游離分子，易於增強本身的力量，如鐵木真的興起。為大規模的圍獵、對付敵人等就需要聯盟；但部族聯盟是疏懈的，不易成為君主（中央）有權力的「國家」。傳統各族的獨立性與自主性即是最大障礙，打破族的建制，重新調整封建關係，所任命的千戶與萬戶等正是一批新的草原貴族，替代舊的族長貴族們，建立起以成吉思可汗為領導中心的帝國。所封的千戶中，約有近三分之一早在「怯薛」中或為伴當，其餘還有一些他們的兄弟；四個萬戶則全是鐵木真早年的心腹，〔註42〕這可以看出其私屬性之強。

千戶制不只是軍事體系的建立，還是種爵位，《元史》中說：「考之國初典兵之官，視兵數多寡為爵秩崇卑，長萬夫者為萬戶，千夫者為千戶，百夫者為百戶」，〔註43〕當然數目並非如此整齊地劃分而是有出入的。

在成吉思可汗前後的草原時期，雖有向西方及南方的發展，但仍以蒙古本土為重心而偏向西方，也就是在建立北亞的大帝國，其政治的結構與組織是蒙古本位的。綜言之以「怯薛」為中心建構的游牧朝廷，其中「札魯忽赤」很快地脫離「怯薛」而成中央最高首長，與「必闍赤」之長配合為正、副宰相，其成員以蒙古人與北亞民族為多，漢人極少且地位不如。

二、統治華北時期

原則上統治華北時期仍屬於蒙古草原時代的延伸，或稱為蒙古帝國時期的後半段，以與忽必烈建立元朝以後將中央的政權移至中國本土有所分別。這段時期與草原時代劃分是佔領華北漢地，其受到漢制、漢文化影響在質與量上都遠過於前期，在政治結構與制度上也自有所因革。這時期大約以滅金之後至於憲宗朝。

前已論及草原時代蒙古發展的重心是以本土而向西，故而大量的西域人（廣義的西域人包括今新疆、中亞、西亞，以至於南俄、東歐等地民族，也包括了西夏與康藏等地的吐蕃）參加了帝國之內，他們在元初的九十年（1206至 1294）間，在政治上佔有很大的勢力，漢人（包括契丹、女真、渤海、華北與南宋的漢人等）雖漸受重視，但得勢者少，且時間不長。若說草原時代

〔註42〕千戶的名單見《新譯本秘史》，頁288，以及頁295～304 的考證。四萬戶為博爾朮，字斡兒出，頁308、木華（合）黎，頁310、豁兒赤、納牙阿，頁311。

〔註43〕見《元史》，卷98，〈兵志一〉，頁1下。

與西方接觸較多猶有可言,在統治華北時期的二十多年仍以西域人較佔優勢,這是值得注意的地方。

　　草原時代政治結構仍然在統治華北時期大體可以適用,至少在精神上是如此的。以蒙古本位制度加之擴充,配合因地制宜之策用於佔領地區,而權力集於蒙古人手中,西域人其次,漢人則淪為第三。在職官的名稱上有漢式的制度產生,有兩元政治色彩但不能明確細分為二。蒙古式與西域式的似無區別,應該是二者同屬一文化圈而共為北亞式的制度。這在城市的治理上可以明顯地看出來,太宗元年(1229)「命河北漢民以戶計出賦調,耶律楚材主之,西域人以丁計出賦調,麻合沒的・滑剌西迷主之」,〔註44〕此即耶律楚材的漢法治漢地、牙剌瓦赤的西域法治西域地。他們都是擅長於城市治理者,以蒙古可汗的眼光來看是各有千秋,但牙剌瓦赤的西域法卻可以來到華北「主管漢民公事」,他也是最早治理漢地的西域人,在太祖時即開始。〔註45〕而行西域法的奧都剌・合蠻,以撲買制而「充提領諸路課稅所官」,〔註46〕這原是太宗初年時耶律楚材力爭以漢法而立的十路徵收課稅使,十年後終被西域法所取代,不但說明了漢人、漢法派的失勢,也說明了蒙古對西域的傾向。〔註47〕城市治理並非漢人、漢法之專利,西域亦有其人其法,蒙古的可汗可以分別其法以治理,也可以用西域法以治漢地;與其說西域法較為高明,不如說蒙古人是較認同西域為共屬一文化圈者。

　　漢式制度的出現是指中書、尚書,前文述「必闍赤」時已有若干釐清,亦即有漢式官稱未必如漢制相同。《元史》中記載太宗時的三個宰相與中書省之初立是:以耶律楚材為中書令,粘合重山為左丞相,鎮海為右丞相,〔註48〕楚材之地位或是因十路徵收課稅使的優良表現之故,《元史》中又說:

〔註44〕見《元史》,卷2,〈太宗本紀〉,頁1下。麻合沒的、滑剌西迷,指來自花剌子模的麻合沒的,麻合沒的即《秘史》263節所言牙剌哇赤,頁409,《聖武親征錄》中說:「命河北先附漢民賦調,命兀都。撒罕主之,西域賦調命牙魯瓦赤主之」,頁98下、99上,又見王國維注語,兀都・撒罕即耶律楚材,引文為《元史》卷146〈耶律楚材傳〉。

〔註45〕見〈太宗本紀〉,十三年(1241),十月。頁7下。牙剌瓦赤得自花剌子模,太祖即令其治理中都燕京。見《新譯本秘史》,第263節,頁409。

〔註46〕見前註,頁7上,十一年十二月及十二年正月。

〔註47〕十路徵收課稅使,見前太宗二年,頁2上,以及卷146,〈耶律楚材傳〉,頁4上。其失勢見傳末,頁10等。

〔註48〕見〈太宗本紀〉,三年八月,頁2下。

> 事無鉅細，皆先白之。楚材奏：凡州郡，宜令長吏專理民事，
> 萬戶總軍政，凡所掌課稅，權貴不得侵之。又舉鎮海、粘合均與之
> 同事。〔註49〕

這個中書令職掌相當大，但看文中之意仍可發現其權力有相當的範圍，正與前面所論，不會是漢制中書令那種綜理全國政務的中央首相。關於鎮海、粘合二人之被推舉為同事恐屬附會，黏合雖佐楚材，但二人同樣為「怯薛必闍赤」身分，粘合是以功績授官，〔註50〕鎮海則在太宗前即為中書右丞相，〔註51〕自不待楚材之舉，而且鎮海掌有公文的簽押權，以及掌有「宣命之寶」的封押大印，〔註52〕他正是個有權勢的「必闍赤之長」，〔註53〕地位恐在楚材之上。

與耶律楚材一樣有漢人宰相之名的楊惟中，他曾經任軍前行中書省事，而後拜中書令。這是他當過軍中的「必闍赤」，而後為「必闍赤」之長，〔註54〕與耶律楚材等人一樣，給予漢制官名，但若無差遣則無實權。

太宗時期中央的大斷事官（也客・札魯忽赤）仍是失吉・忽禿忽，憲宗時則為忙哥撒兒。〔註55〕自1206年到忽必烈以前，這個首相制度都沒有改變，地方上大、小行政區，軍中，宗王等的斷事官（也有稱為大斷事官，往往屬大行政區者）員額加增。值得注意的是大行政區斷事官度的確立，亦即早期的行省制度。《經世大典上》說：

> 國初分任軍民之事，或稱行省，無定制。既立都省，車駕行幸
> 都省，官從而留都省，亦謂之行省。有征伐之事，則或置行省與行樞
> 密院，迭為廢置。中統至元間，始分立行中書省，有尚書省，則為行
> 尚書省，尚書廢，則行省仍稱中書。初以行省為稱者，雖有便宜承制
> 之權，而無職名。留都所謂行中書省者，不別設官，因都省之留者而
> 已。其各處立行中書省，因事設官，官不必備，皆以省官出領其事。
> 或才置參政、僉省、同僉之類。其後置設丞相，其官皆以宰執行某處
> 省事繫銜，既而嫌於外重，改為某處行中書省平章，若右丞、左丞、

〔註49〕見《元史》，卷146，〈耶律楚材傳〉，頁4下。
〔註50〕同註19。
〔註51〕同註20。
〔註52〕參見註23，頁9下、10上，徐霆疏文，以及頁10下所述。
〔註53〕參見註9，札奇斯欽文，頁199。
〔註54〕參見《元史》，卷146，頁13上。
〔註55〕見《元史》，卷124，〈忙哥撒兒傳〉，頁12上。5

參政，而其體始不與都省侔矣。參政之下，又嘗再置僉省，後亦廢。

今天下行省凡十，而有廢置邊革者，著于篇。〔註56〕

《元史》上的記載相似，但加述其職掌與沿革：

凡錢糧、兵甲、屯種、漕運、軍國重事，無不領之。至元二十四年（1287）改行尚書省，尋復如舊。至大二年（1309）又改行尚書省，二年，復如舊。〔註57〕

其所述三次沿革係因中央的中書省、尚書省之更改，故而行省之名亦改。至大二年復如舊，應為至大四年之誤。〔註58〕

行省據《元史》之記載係沿之金朝「金人來歸者，因其故官，若行省、若元帥，則以行省、元帥授之」。〔註59〕金的行省是行尚書省事，為中央尚書省駐外機構，代表亦行使尚書省事，原是臨時性職銜，率皆為軍事鎮撫之意而兼及民事等，而出任者皆為尚書省宰執，行省因受命出事，基本上是指其職權而言，不是地方行政或地理單位。〔註60〕到後來行省變得有冗濫之勢，甚至一郡一城都可「行省」，有為優寵或藉防守所致，而金末這種情形也被元初所承受了。〔註61〕元初所承受者尚不止此，在前章末文中述及金初統治華北的兩元政治時，有行臺尚書省之設，也與元初統治華北時期類似，所以在華北大行政區的「燕京等處行尚書省」，〔註62〕也被稱為「燕

〔註56〕見蘇天爵編，《元文類》（臺北，商務，國學基本叢書，民國57年）卷40，〈經世大典序錄·各行省條〉，頁532。

〔註57〕見《元史》，卷91，〈百官志七〉，頁1上、下。

〔註58〕可參見《元史》，卷85，〈百官志一〉。其所述中書省各職官沿革，皆以至大四年罷尚書省歸中書省。其名稱廢置是：世祖至元七年立尚書，八年罷之（《新元史》卷55，百官志一，則記為九年罷尚書省，《元史》卷7，〈世祖本紀一〉四，頁14上，以至元九年併尚書省，而八年所載有尚書、中書並行者）。第二次更改為至元二十四年復尚書者，二十八年罷之（《元史》卷16，〈世祖本紀〉十三，至元二十八年有尚書、中書並載者，五月乃罷尚書省，見頁17。〈百官志一〉，述中書省臣時，平章政事條記為二十九年罷尚書省，餘皆記二十八年）。第三次更改為武宗至大二年再立尚書省，至大四年罷之。

〔註59〕同前註，頁1下。

〔註60〕參見《金史》，卷94，〈夾谷清臣傳〉：「六年（明昌六年，1195）邊儀同三司、進拜左丞相，改封密受命出師，行尚書省事於臨潢府。」頁3上。可知當時行省之旨。

〔註61〕參見吳廷燮，〈元行省丞相平章政事年表〉之序文，《二十五史補編》，第六冊（臺北，開明），頁8253。

〔註62〕參見《元史》，卷3，〈憲宗本紀〉，元年：「以牙剌瓦赤，不只兒，斡魯不覲，答兒等，充燕京等處行尚書省事。」頁2下。

京行臺」。〔註63〕

　　在草原時代與統治華北時期和金的關係最密切，也極易沿襲金制，故而行尚書省即從此而來。但中書省亦有，這是採漢法，亦即南宋之制，應是採用耶律楚材行漢法之意；不過在忽必烈以前用金制者多，而後宋制始行，中書省才能確立。雖然金制也屬於漢法，就前面述及尚書省之廢置來看，有別立權力機構以爭勢外，也有金制（重尚書）、宋制（重中書）之爭。

　　草原時代已有尚書省與行省之端。木華黎就是最早的一個，太祖十二年（1217）：

> ……詔封太師、國王、都行省、承制行事……（太祖）且諭曰：
> 太行之北，朕自經略，太行以南，卿其勉之。賜大駕所建九斿大旗，
> 仍諭諸將曰：木華黎建此旗以出號令，如朕親臨也。乃建行省於雲
> 燕，以圖中原。〔註64〕

這是都行省所承制行事的即是太行以南的大華北地區，木華黎據此「承制拜（嚴）實金紫光祿大夫、行尚書省事」，這也是嚴實未降前（元太祖十五年，1220年）所屬的金朝東平行臺，〔註65〕嚴實的行省自是用金制之意，元初亦稱他的行省為行臺。〔註66〕可知大行政區如燕京等處，小行政區如東平（領州縣五十四），皆稱行省亦稱行臺。在木華黎承制時期（1217至1223年）他是都行省，故而華北各地行省之拜置，可能如東平行省一樣皆出於他之手，他駐紮之地即都行省之所在，所謂「建行省於雲燕」，是指他在這大地區上的駐地。

　　燕京之攻陷在太祖十年（1215），石抹明安鎮守該地〔註67〕他可能已為燕京行省，次年死後，其長子咸得不襲職為行省，次子忽篤華在太宗時也出任行省。〔註68〕太宗立中書省，也設了漢制中宰相之位的官名，然則卻沒有如漢制般的運作，細看《元史》上當時中書令耶律楚材的傳記就可明白，他一

〔註63〕參見《元史》，卷158，〈姚樞傳〉。「……為燕京行臺郎中。時牙魯瓦赤行臺，惟事貨略……」頁1上、下。此行臺即前註之行省。

〔註64〕見《元史》，卷119，〈木華黎傳〉，頁4上、下。

〔註65〕見《元史》，卷148，〈嚴實傳〉，頁16上、下。

〔註66〕《元史》，卷58，〈地理志一·東平路條〉云：「太祖十五年，嚴實以……來歸，以實行臺東平，領州縣五十四。」頁20上、下。又參看卷119〈木華黎傳〉「東平糧盡，金行省忙古奔汴……（嚴）實入城，建行省，撫其民」頁5下。

〔註67〕《元史》，卷1，〈太祖本紀〉，頁18上。

〔註68〕參見《元史》，卷150，〈石抹明安傳〉，頁17上、下。

直是可汗身邊的侍從性質，隨差遣而有職權，如拖雷（睿宗）監國時，他奉命往燕京收經籍及窮治不法者，太宗即位有翊戴之功，元年則奉命出掌河北地區漢人的賦稅，二年，設立十路徵收稅使等等，拜中書令，《元史》中明白地說：「（三年）八月，（太宗）幸雲中，始立中書省，改侍從官名」。〔註 69〕視之為侍從之官的他接著就出任燕京等處行省事。照太宗四、五年左右出使的宋人彭大雅，他記載的四個宰相（見前文引《黑韃事略》），參《元史》傳紀等的資料來看是相當吻合的，他說按只得、耶律楚材、粘合重山等三人共理漢事，按只得即《秘史》中的額勒只吉歹，他是眾「那顏」之長〔註 70〕而來燕京理漢事，應該是蒙古制度中的「必闍赤」之長。粘合重山在太宗七年（1235）時隨征伐宋，出任軍前行中書省事，〔註 71〕無怪乎徐霆奉使時所見之中書相公只剩下楚材、鎮海二人了。〔註 72〕按只得恐怕也調差離去。鎮海不止專理回回（新疆一帶的西域之民畏吾兒等）之事，權位亦高出楚材，前已述及。值得注意的是燕京行省卻有漢、回分立的機構，可能華北、西域兩大地區的行政都由此地發行，其職權範圍難以詳考，大概是負十路徵收課稅使的總責之類，或者相關的如「建官立法，任賢使能，與夫分郡邑、定課賦、通漕運、足國用」等。〔註 73〕

在太宗時期燕京行省的權力的確是有一定範圍，至少中央的基本決策要由大斷事官來執行，在太宗六年至八年華北的戶籍、賦役、分封等是沒有交給行省來獨立行使，而由中央的失吉‧忽圖忽（中央大斷事官）與野里朮（四環衛必闍赤，即怯薛中必闍赤之長）來行使。

「六年（1234），秋七月，以胡士虎那顏為中州斷事官」。〔註 74〕這是中央大斷事官來華北（中州）斷事，其所斷之事如下：

> 野里朮……遂得兼四環衛之必闍赤，……甲午（太宗六年）副忽都虎籍漢戶口，籌其賦役，分諸功臣以地，人服其敏。〔註 75〕

> 八年，丙申（1234），夏六月，復括中州戶口，得續戶一百一

〔註 69〕同註 48，〈太宗本紀〉。
〔註 70〕見《新譯本秘史》，續卷 2，頁 442。
〔註 71〕同註 19。
〔註 72〕同註 24。
〔註 73〕同註 19。
〔註 74〕見《元史》，卷 2，〈太宗本紀〉，頁 4 下。
〔註 75〕同註 16。

十餘萬，……秋七月，……詔以真定民戶奉太后湯沐，中原諸州民

戶，分賜諸王、貴戚、斡魯朵……耶律楚材言非便，遂命各位止設

答魯花赤，朝廷置官吏收其租，頒之，非奉詔不得徵兵賦。〔註76〕

分封之原則是蒙古本土主義的原則，耶律楚材等不能司掌此重任，而由中央最
高斷事官執行之，這正是 1206 年時，最高斷事官的本職，即全國百姓份子的
事情分斷於「青冊」。〔註77〕楚材以其分漢法漢制而努力折衝之，足見他有其
應具的地位，然則分封之勢亦不能完全避免，只能在施行的細節上有所修正。

行省之職權有限，其本身亦有分掌之可能，鎮海、楚材等即分掌漢、回。
太宗十三年（1241）牙剌瓦赤出任燕京行省，久在燕京的安撫使劉敏也授為行
省，他奉有詔書是「卿之所行，有司不得與聞」，這與他在太祖朝的便宜行事
相同；其時的權責及於徵收課稅、漕運、鹽場、僧道、司天等。〔註78〕憲宗時
的不只兒與牙剌瓦赤總天下財賦於燕，他的專職可能是「印造寶鈔」。〔註79〕

元初行省除沿用金末之意外，也能配合蒙古式的斷事官設置之意，或者
「達魯花赤」的鎮撫之意。其職權多有相通之處，由可汗直接差遣，並不隸
屬於中央的最高斷事官，故而其本身職銜不一，要皆重臣無誤，而其「行省」
則一；權力範圍有大、小，然則相差亦無多。耶律楚材、粘合重山、鎮海等，
皆以中書省臣而至燕京行省事，牙剌瓦赤、不只兒等沒有漢式宰執官銜，皆
為大斷事官，亦同楚材等而出任行省。嚴實的東平行省就是小行政區的斷事
官，但卻有「達魯花赤」的鎮撫之意。

早期行省之設不夠制度化，因沿金末之故，行省有時顯得複雜，亦有資
料不明的情形，如太宗時在河南汴、懷一帶設有行省，〔註80〕大概是軍中的
行省或汴京行省。元初有各種性質的行省，有的只是種名銜而無實際意義。
大致是這樣的情形：

金末元初最其大者是木華黎，他可承制封拜其他行省，如東平嚴實，在
燕京與汴京的兩個行省為華北重鎮，也是大行政區的中樞。憲宗時期定別失

〔註76〕同註74，頁5下、6上。
〔註77〕參見《新譯本秘史》，卷8，第203節，頁305。
〔註78〕參見《元史》，卷153，〈劉敏傳〉，頁1下，2上。
〔註79〕參見同註62。其職掌見《元史》，卷4，〈世祖本紀一〉，頁1下，卷123，〈布智兒傳〉，頁1下。
〔註80〕《元史》，卷120，〈曷思麥里傳〉：「己亥（太宗十一年，1239），帝以曷思麥里從軍西域，宣力居多……令曷思麥里為札魯火赤，歸西域。大師察罕，行省帖木迭兒，奏留之，帝允其請。」頁16下。此行省在汴、懷一帶。

八里、阿母河等置行省，亦為兩個大行政區。有的行省可以世襲，如在燕京的石抹明安，平灤的塔本，山東的李全。有的行省改降而權力收小，如東平嚴實，歸德張子良等改為總管，而另派斷事官來處理原屬行省的事。有終身不改的，如河東北路郝和尚拔都。有虛名權假而無實地者，如宋朝楊大淵來降，授以都行省，撒吉思卜華以總帥行省監史天祥軍。塔察兒為行省都元帥等。有特別設置，如憲宗以阿藍答兒為陝西省左丞相，定宗以夾谷隆古帶為興元行省。也有授予婦人者，如大名行省梁仲卒，授其妻冉守真行省。〔註81〕

在太宗初期除蒙古本土外，新佔領地區似乎是分成兩大行政區，也就是兩個大斷事官或行省來治理，但並非是這兩大行省有其區域內的全權，只有受命處理的政務。太宗元年所分的河北與西域賦調即如此，但此西域應是花剌子模一帶，《黑韃事略》上所說的燕京宰相是包括了華北與大部分新疆、西夏等，故可以看作燕京行省、西域行省兩大行政區。這種看法又可以與太宗晚年改變為三大行省作為參考：其一為中國領地及北疆地區的燕京行省，其二為南疆至阿母河地區的河中行省，其三為呼羅珊以西（今阿富汗、伊朗一帶）等的波斯行省，而以牙剌瓦赤、馬思忽惕（牙剌瓦赤之子）負責前二區之行政；波斯省為濶兒吉思。〔註82〕這正是前面所說：太宗十三年（1241）冬天，牙剌瓦赤的主管漢民公事，以及前一、二年時徵稅權已淪入奧都剌‧合蠻之手，而鎮海、劉敏等皆在行省，與耶律楚材一樣，權勢已弱，甚至僅伴食行省而已。

太宗死後由乃馬真皇后攝政，這時氣焰最高的是西域集團，但內部卻發生分裂。原來奧都剌‧合蠻是西域包稅商出身，太宗時由鎮海與安天合等引進以與漢臣們相抗，他們的勢力增長，與牙剌瓦赤等西域人漸壓倒了行漢法的人們。雖然並非所有的西域官員他們政治主張都一致，漢人也一樣，例如劉敏；他雖屬漢人，但與耶律楚材顯然是頗有差別的。

奧都剌‧合蠻與鎮海、安天合等同屬西域中的回鶻人，〔註83〕但奧都剌

〔註81〕同註61。

〔註82〕參見蕭啟慶，《西域人與元初政治》（臺北，臺大文學院，民國55年）頁37。馮承鈞譯，《多桑蒙古史》（臺北，商務，民國56年）上冊，頁209。二書皆引波斯史料說明當時之行省。

〔註83〕《元史》卷120，〈鎮海傳〉中說他是怯烈臺氏。宋人彭大雅說他是回回人，《黑韃事略箋證》，頁2，元人許有壬說他「系出怯烈氏，或曰本姓田，至朔方，始氏怯烈，或曰：實怯烈族，時同名者三，因主屯田，故加田別之」，見《圭塘小稿》（四庫珍本八集）卷10，〈元故右丞相怯烈公神道碑銘〉。王國維以為

得乃馬真皇后之專寵，鎮海、牙剌瓦赤等皆失勢，稍能牽制奧都剌者，還是中書令耶律楚材。他在乃馬真皇后前力抵奧都剌之事看來，中書令的本職，也就是所餘下最後的一點權力正即「必闍赤」之所掌：

> 時后已稱制，則以御寶空紙付奧都剌合蠻，令從意書填。公奏曰：天下先帝之天下，典章號令，自先帝出，必欲如此，臣不敢奉詔。尋復有旨，奧都剌合蠻奏準事理，令史若不書填，則斷其手。公曰：軍國之事，先帝悉委老臣，令史何與焉，事若合理，自是遵行，若不合理，死且不避，況斷手乎？因屬聲曰：老臣事太祖太宗三十餘年，固不負於國家，皇后亦不能以無罪殺臣！后雖怨其忤己，亦以先朝勳舊，曲加敬憚焉。〔註84〕

行政命令的附署、宣發之權，正是前面所言「必闍赤」為「天子主文史」，以及「寫發宣詔」〔註85〕之權。這裏亦可旁證中書省臣是合於「必闍赤」之長的「侍從官名」，至少其本源與之有關。

楚材本人也自認並無權力，他說：「僕備員翰墨，軍國之事，非所預議」〔註86〕這與他在太祖晚年的詩「生遇干戈我不辰，十年甘分作俘臣，施行發政非無據，論道經邦自有人」相似。〔註87〕

繼楚材之後的楊惟中，雖說是「以一相負天下」，〔註88〕恐怕亦無所作為。漢人在政治上的不得志，直到忽必烈以前皆如此。

在統治華北時期，由於戰亂無統，漢人在軍事方面稍有勢力。參與蒙古朝廷者，即所謂行省、元帥。行省等已如前述，元帥、萬戶等皆係軍事上的蒙古漢軍，有勢力者即如前章所述以地方勢力形成的為主，如易州張柔是當金末河北世亂，「聚族黨保西山東流寨，選壯士、結隊伍以自衛，盜不敢犯」而後漸漸形成地方武裝集團。〔註89〕永清史氏，三代皆為地方豪族，金末時

蒙韃備錄中所記田姓回鶻商人即鎮海，並證明之，《黑韃事略箋證》頁2～3。
〔註84〕見宋子貞，〈中書令耶律公神道碑〉，《元文類》，卷57，頁837。
〔註85〕見《元史》，卷3，〈憲宗本紀〉，「二年（1252）……字魯合掌必闍赤，寫發宣詔，及諸色月官職」，頁4上。
〔註86〕見〈寄趙元帥書〉，《湛然居士文集》（國學基本叢書，臺北，商務）卷8，頁120。
〔註87〕見〈和移剌子春見寄五首〉其二。同前註，卷3，頁30。
〔註88〕見郝經，《陵川集》（四庫珍本四集）卷35，〈故中書令江淮京湖南北等路宣撫大使楊公神道碑〉，頁37上。
〔註89〕見《元史》，卷147，〈張柔傳〉，頁1上、下。

召徠學者、豪士，「以俠稱於河朔……遠近聞而附者十餘萬家」。〔註90〕東平嚴實是豪俠之士，金末為民兵百戶，漸形成太行以東的實力者，降蒙古時有三十萬戶之眾。〔註91〕真定董俊亦以民兵為基礎而形成的武力。〔註92〕濟南劉伯林，金末以任俠善武為千戶，降蒙古而漸成山後諸州的勢力。〔註93〕濟南張榮，在金末山東世亂時率鄉民聚保，勢力擾及八個州縣。〔註94〕

上述這些漢軍都是較著名且勢力較強者，他們的勢力形成多有類似之處，而且以後成為世家承襲的發展情形也相同。元初漢人在華北武裝集團以他們為主，往往受命為元帥、行省、萬戶等，行省有時是示寵的頭銜，有時是小區域的權宜之職，決不如燕京行省之類等主行政者。如前述嚴實的東平行省初統五十餘城，太宗甲午年（六年，1234）改為東平路行軍萬戶，只隸有五個州縣，顯然已無當初行省之權而主軍事，〔註95〕事實上在改授之前，他的行省恐怕權力亦相當有限，他的外甥齊榮顯已出掌東平路的課稅，以及諸軍鎮撫兼提控經歷司，而且當時還另外有斷事官來「鉤校諸路積逋」。〔註96〕另外，再以張柔為例，他在太祖晚年時「加榮祿大夫，河北東西等路都元帥，號拔都魯，置官署，將士遷授有差」，但被人告狀到燕京行省，行省即可以「召柔幽之土室」，後來在乃馬真皇后時又遭誣告，立刻執送往北，絲毫不得反抗。〔註97〕張柔是元初戰功彪炳的元帥、萬戶，他的事情說明了燕京行省的權力，也說明漢人將帥即使再功高勢強亦在蒙古朝廷掌握之中。

在早期蒙古之時，漢人較顯赫者多係軍事上的局勢所造成，而士大夫們若非援引推薦，即依附於漢人的武裝勢力，後者以東平嚴實為最著名。虞集對此有概要的說明，也談到對後世之貢獻：

> 我國家龍興朔方，金源氏將就亡絕，干戈蠭起，生民塗炭，中州豪傑，起於齊魯燕趙之間，據要害以禦侮，立保障以生聚，以北嚮於王師。方是時，士大夫各趨所依以自存。若夫禮樂之器，文藝

〔註90〕同前註，〈史天倪傳〉，頁8上、下。
〔註91〕同註65。
〔註92〕見《元史》，卷148，〈董俊傳〉，頁1上、下。
〔註93〕見《元史》，卷149，〈劉伯林傳〉，頁5下、6上。
〔註94〕見《元史》，卷150，〈張榮傳〉，頁17下。
〔註95〕同註65，頁17上。
〔註96〕參見《元史》，卷152，〈齊榮顯傳〉，頁13上。
〔註97〕同註87，頁2下、3上、5下等參見之。

之學，人才所歸，未有過於東魯者矣！世祖皇帝，建元啟祚，政事

文學之科，彬彬然為朝廷出者，東魯之人居多焉！典誥之施於朝廷，

文檄之行乎軍旅，故實之講乎郊廟，赫然有耀於邦家。〔註98〕

所謂中州豪傑的紛起多出於自保。《元史》上記載遼貴族王珣的自保經過是這
樣的：

　　初河朔兵動，豪強各擁眾據地。珣慨然曰：世故如此，大丈夫

當自振拔，否則為人所制。乃召諸鄉人諭以保親族之計，眾從之，

推珣為長。旬月之間，招集遺民至十餘萬。〔註99〕

這種情形並不止王珣家族如此，史秉直所領導的永清史氏家族亦復如此，他
的考慮是：「方今國家喪亂，吾家百口何以自保？」同時知道降附得以自保，
就率鄉里人士款附蒙古。〔註100〕據地自保的地方武力除前述較著的幾個集團，
如張柔、嚴實等人外，不論契丹、女真、漢人，皆有許多資料都可說明金末
動盪之局這類附蒙古的普遍行動。〔註101〕

　　士大夫們平日依存的政治、社會在動盪之局中都失其所憑，尤其是在
鄉里間的讀書人，實難於自保，更不用說對漢文化、社會都不甚了解的外
族了。依附地方武裝勢力似是最便利與可靠之法，而地方武力也並非全係
不知詩書的武人，許多還是家世書史，這應是中國社會耕讀傳家的典型。
如永清史氏，史倫在金末即建家塾、招徠學者，庇護了許多豪傑之士，又
用金錢贖出許多陷為奴虜的士族。其子成珪亦承父風。其孫秉直也讀書尚
義氣，他率鄉里族人降蒙古。諸子中最有名的史天澤，也賓禮流寓失所的
士大夫，這些士人不少在後來顯達於元朝廷中，〔註102〕如張德輝〔註103〕、
揚果等。〔註104〕

　　真定藁城的董氏亦是一例，董俊「少力田，長涉書史，善騎射」，他認為「射，

〔註98〕見虞集，〈曹文貞公文集序〉，《道園學古錄》（國學基本叢書，臺北，商務）
　　　　卷31，頁532。

〔註99〕見《元史》，卷149，〈王珣傳〉，頁24上。

〔註100〕同註90。

〔註101〕參見《元史》，卷149至152等人的列傳，大多數都有大小的武裝力量。人物
　　　　方面可參見孫克寬，〈代漢軍人物表並序〉（大陸雜誌史學叢書，二輯三冊）
　　　　頁137～142。

〔註102〕參見《元史》，卷155，〈史天澤傳〉，頁15下。

〔註103〕參見《元史》，卷163，頁9下。

〔註104〕參見《元史》，卷164，頁14下。

百日事耳，詩書非積學不通」，屢次誡告諸子說：「吾一農夫耳，遭天下多故，徒以忠義事人，僅立門戶，深願汝曹力田讀書，勿求非望，為吾累也」最能說明其心志。由於他延攬時賢士人教導諸子，故而子孫都有才學，〔註105〕他們對元代的儒治有很大的貢獻。

易州定興人張柔，或讀書不多，但在汴京降後他知道「獨入史館，取金實錄，并秘府圖書，訪求耆德，及燕趙故族十餘家，衛送北歸」，金亡時，又能認出狀元王鶚，並賓禮之。〔註106〕他延聘家世業儒而多才博學的郝經為上客，以及金監察御史樂夔、進士敬鉉、名士王汝明等人，〔註107〕都說明了他與士人間的關係。

東平嚴實所召賢納士為當時最多，虞集已經指出這點。另外，元時人還有一些記載，如〈平章宋公事略〉中說：

> 東平行臺嚴魯公聞其名，招置幕府……士之流寓者，悉引見行臺，周惠尤厚，薦名儒張特立、劉肅、李昶輩十餘人……四方聞義來依者，館無虛日，故東平人物，視他鎮為多。〔註108〕

大約依附東平的士人可考者二十一，多數為秘書、參謀之類的幕僚官，他們是任詳議官的宋子貞、張特立，掌書記的徐世隆、王構、孟祺、閻復，參議張之純，議書官張孔孫，劉肅為左司員外郎，劉震為行臺令，張昉為行臺椽，元好問為校試官。延聘為教授，為師者，有商挺、王磐、康曄、李謙諸儒，張澄、李楨亦屬教授之職。另有夾谷之奇、徐琰等則職掌不詳，但應不出前述二類之職掌。這些人都是金的遺士依附於地方武力，儼然成一局面，不惟保存華北學術、文化，並使此一命脈綿延不絕。因受業而被造就成人才者，至少有九人為元初之大儒名臣。〔註109〕東平地方武力興學養士實開先聲，

〔註105〕同註92，頁1至2。其子文蔚「立志勤苦，讀書忘倦」頁3下。文用「學問早成，弱冠試詞賦中選」他深受世祖重視於潛邸，為主文書、授皇子經書，又奉命召遺老時賢於四方，頁5上。文直「通經史、法律」，頁11下。父忠亦少讀書，入侍世祖潛邸，力闢孔孟儒學，頁12上、下。文炳「警敏善記誦」為世祖朝重臣，卷156，本傳。董氏與士人之關係又可參見元明善，〈藁城董氏家傳〉，《元文類》，卷70，頁1005～1013。

〔註106〕同註89，頁3下、4上。

〔註107〕參見《元史》，卷157，〈郝經傳〉，頁12上。以及魏初，《青崖集》（四庫珍本初集）卷5，頁8上。

〔註108〕見蘇天爵，《國朝名臣事略》（臺北，學生），卷10之2，頁3下。

〔註109〕參見袁國藩，〈東平嚴實幕府人物與學初考〉（大陸雜誌史學叢書，第二輯，第三冊），頁179～182。

規模亦大，在社會解體、文物遭受巨大威脅之際，確實也保留了民間之元氣，還影響了元初之漢化與忽必烈的政策（詳後）。至於其餘地方諸藩所延養的士人也是如此，後來都漸集中於忽必烈的幕中，使得蒙古前期西域人獨盛的局面有了平衡的機會。

在定宗貴由（1246 至 48）、海迷失皇后攝政（1248 至 50）時期，中國地區的政事仍在燕京行省。奧都剌・合蠻因乃馬真皇后之死而失勢，在定宗即位不久遭到誅除。牙剌瓦赤又回到行省掌理中原財賦，鎮海亦起復為丞相，河中行省仍為馬思忽惕，波斯行省為阿兒渾。〔註 110〕朝廷中最得勢者為鎮海，以及一名基督徒合荅，據波斯及西方史料看來，鎮海亦是基督徒，他們二人都有意傳教給貴由可汗，而且當時汗庭中基督徒甚受禮遇，各地前來的教徒極多，似乎頗為「得勢」，而回教徒則受到冷漠的待遇等等，可惜中文的資料不足而無法互證。但就所知者而言，恐怕貴由時代看基督教大概仍以蒙古本位的「薩蠻」一般，不致有多大的勢力。當時中國地區的燕京行省在蒙古與西域人手中。〔註 111〕

三大行省的區分到憲宗蒙哥汗時仍如此，《元史》中有明白的記載：

燕京等處行尚書省以牙剌瓦赤、不只兒、斡魯不覩、答兒等行省事，賽典赤、匿咎馬丁等佐之。別失八里等處行尚書省以訥懷、塔剌海、麻速忽等行省事，以暗都剌兀尊、阿合馬、也的沙等佐之，這就是河中行省。阿母河等處行尚書省以阿兒渾行省事，法合魯丁、匿只馬丁等佐之。〔註 112〕河中行省事實上是由馬思忽惕（麻速忽）主持，〔註 113〕換言之，憲宗初期所定三大行省及主省事者與前朝相同，而上開行省首長十五人中至少有七人以上為西域人；可確定為蒙古人者約四人（不只兒、阿兒渾、訥懷、塔剌海），其餘四人亦有為西域人的可能。〔註 114〕

〔註 110〕參見馮承鈞譯，《多桑蒙古史》，上冊，頁 250。定宗即位後二月乃馬真皇后即死，反對派聯合攻擊后黨，奧都剌・合蠻被殺，見頁 257。波斯行省原為潤兒吉思，乃馬真皇后與之有舊怨，乃以阿兒渾赴波斯逮捕之，並以阿兒渾為行省，見頁 246。這些資料元史中甚為缺乏，有的甚至無從得知。

〔註 111〕見前註，頁 251～260 所述。《新元史》載西夏人昔里鈐部與合荅、卜只兒等行省燕京，見卷 131，頁 5 上。

〔註 112〕見《元史》，卷 3，〈憲宗本紀〉，頁 2 下、3 上。燕京行省宜加上塔剌渾，見《元史》，卷 125，〈賽典赤瞻思丁傳〉，頁 10 上。

〔註 113〕參見註 110，頁 265。

〔註 114〕參見註 82，蕭啟慶書，頁 47、48。

憲宗嗣立的大位是經過激烈的爭奪,對於政敵展開無情的壓制與屠殺。
他本人出自太祖四子拖雷系,與長子朮赤系是政治上的聯盟,故而對三子窩
濶臺系及次子察合臺系大加殺戮。前朝重臣鎮海、合荅即因之而死。〔註 115〕
儘管蒙古汗位爭奪激烈,一直在政壇中占優勢的西域人並未受到多大影響,
這自然要在蒙古本位主義之下來作觀察,才較易明瞭。

首先受到重用的西域人是牙剌瓦赤父子,他們的專長是治理城市,也就
是蒙古擴張後的佔領區,不論是華北、河中、波斯。擴張的迅速決非蒙古本
土之法可以治理者,借用他法中選擇被認為相近的西域法,西域人自獲重用,
換言之,即借重其行政才能治理佔領區,漢人與漢法並未遭完全排除抑且採
用者,也是基於同樣的考慮。不論是西域人、漢人,在蒙古本位主義之下都
視作有治理城市行政能力的官僚,只要不涉及中央權力的核心,朝廷更替仍
要借重這批官僚的。

三大行省顯示西域人勢力之不墜,而中央大員全在蒙古人本身手中,出
任大斷事官的是忙哥撒兒,「必闍赤」之長的是字魯合,還有其他重要權力單
位都在蒙古本位主義之下而作安排。忽必烈出領蒙古漢地民戶非常重要,放
在下節專論。漢人在中央的高級官員新任者只有趙璧,他當時是與其他數人
奉命到燕京撫諭軍民,〔註 116〕資料中也看不出他有什麼其他專職與權力,《元
史》本傳中說他影響憲宗不復用牙剌瓦赤之事,恐與事實不合,但卻能看出
他是反西域集團的,而且立刻為忽必烈所網羅。〔註 117〕趙璧的情形與楊惟中
相似,楊惟中在定宗朝以中書令而差遣在各地宣慰,憲宗即位時也一樣被忽
必烈所網羅,而集中在汴梁的河南道經略司。〔註 118〕趙、楊二人在中央任官
的形式並未改變,即以中書省臣行事於外。耶律楚材之子耶律鑄應是在乃馬
真皇后時即嗣領中書省事,亦不異於趙、楊二人,憲宗南進時(戊午年,1258)
則奉詔領侍衛隨征,後來也投入忽必烈的漢化集團中。〔註 119〕耶律鑄與粘合
重山之子南合一樣,是嗣承其父之職,都是中書省臣,別有差遣。〔註 120〕前

〔註 115〕參見註 110,頁 267。
〔註 116〕參見同註 112,頁 2 下。
〔註 117〕趙璧影響憲宗不用牙剌瓦赤之事見《元史》,卷 159,〈趙璧傳〉,頁 13 下。
　　　　據憲宗本紀並無不復用之跡象,反出任燕京行省。
〔註 118〕同註 54,頁 13 下。
〔註 119〕參見註 49,〈耶律鑄傳〉,頁 11 上。
〔註 120〕參見註 19,頁 12 下。

朝重臣劉敏，在憲宗初年依舊行省燕京，四年（1254）告老而以子世亨代之，世亨之權職也是行省而能便宜行事。〔註121〕

　　上述六人是憲宗時代漢人的高級官員，職權都是中書省臣，其性質不異於前二朝，任職與權力之行使遠不如西域人。

　　若綜合草原時期與統治華北時期的漢人高級官員來看，以行政為主者大致不過十人左右。〔註122〕在軍事武力方面的漢人較多，除地方武裝集團外，多為金朝官員，前者以華北漢族居多，後者以契丹、女真族居多。但他們似乎只負責純粹的軍事任務，統兵作戰或鎮守方面，皆受蒙古將領節制。像東平嚴實最初所轄有地方權力者為極少數的特例，然則很快地他的權力被分割而以軍事為主，同時「地盤」也大為減小。這說明了那時期蒙古中央的政策，至少在華北佔領區是以軍、民分政為原則，軍事上以元帥、萬戶等歸於蒙古將領節制，政事上由可汗以行省直接差遣，行使部分治權。中央還沒有明顯的漢式制度，若有則是配合蒙古制而行，中書省正宜從此角度來看。

〔註121〕參見同註78，頁2下：「賜世亨銀章、佩金虎符……喻世亨以不從命者黜之」，銀章當即中書丞相之銀印，金虎符其上明文有「便宜行事」之權，見王國維注，《長春真人西遊記》，卷上，頁3上。

〔註122〕綜合前文所述，他們是耶律楚材、粘合重山、石抹明安、楊惟中、耶律鑄、南合、趙璧、劉敏、咸得不、忽篤華等人。另有三人值得注意，一為王檝，他在甲戌年（1214）為宣撫使兼行尚書六部事，見《元史》，卷153，〈王檝傳〉，頁3下。二為史秉直，他在乙亥年（1215）為行尚書六部事，見《元史》，卷147，〈史天倪傳〉。史秉直的主要任務是主餽餉，王檝所行尚書六部事則未詳，大概二人所行相似之事。這與耶律楚材來主持的重要任務有密切關係，亦即關於財賦物質方面的供需。似乎說明了用漢人助其供需的目的，最主要的行政才能也表現於此。《金史》上記載金初太祖定燕京「始用漢官宰相賞左企弓等，置中書省、樞密院……凡漢地選授調發租稅，皆承制行之，故自時立愛、劉彥宗及企先輩，官為宰相，其職大抵如此」，見《金史》，卷78，〈韓企先傳〉，頁8下、9上。對於金初所用漢人的總論是「治官政、庇民事，務農積穀，內供京師，外給轉餉」，見同上，頁10上。這些資料頗能給元初用漢人行政的參考。三為耶律阿海，他極早即投奔太祖，到甲戌年已拜為太師、行中書省事，但職權不明，或沿用金制拜封之高級官員，並沒有什麼真正的漢式太師、行中書省。他後來隨從西征，駐守在中亞的尋斯干，專任撫綏之責，這可以是漢制的行省或宣撫，但在蒙古之制正宜為「達魯花赤」的身分。見《元史》，卷150，頁〈耶律阿海傳〉，9上、下。若加上以上三人與中央高級官員有關的權力人物，則有十三人。

第二節 統一中國時期

一、忽必烈模式

在忽必烈即位以前的時代，治理中國地區（華北）的權力中心在燕京行省，權力似是愈來愈大。元人記述劉敏為行省時，「節制所及，凡二十餘道」。〔註 123〕記述牙剌瓦赤時說他充任大斷事官，而「國初官制未遑立，凡軍國機務悉決于斷事官。斷事官行治在燕，鑾輿尚駐和寧，中原數十百州之命脈繫焉，非今日隸于省院者也。」〔註 124〕行省主政者有時非一人，有時並為行省但職權有別，不論如何燕京行省成為中國地區權力之中心。忽必烈在憲宗朝時，曾請求漢地的治理權，自然要免除燕京行省的節制，因此就有「乃因朝覲，請分河外所屬而試治之，乞不令牙剌瓦赤有所鈐制」的記載。

忽必烈直接受命可汗治理部分漢地，造成蒙古帝國自耶律楚材以來漢人集團與漢化意識的第二度抬頭。忽必烈在即位前已遭受蒙古本土主義者的敵視，他被看作反動者，並引起磨擦。經過內戰他得到帝位，但蒙古本土主義者與他的對立，隨著中國統一於元朝廷，又將游牧帝國的重心由蒙古本土遷往南方的中原漢地，更逐漸加深彼此的裂痕。太祖諸子家系的糾紛與此結合後，大帝國長期的內戰終世祖忽必烈一生都未能結束。

忽必烈漢化的傾向與其家世有所關連；其母莊聖皇后唆魯帖尼（莎兒合黑塔尼）受太宗所封真定民戶為湯沐地，〔註 125〕真定有藁城董氏世家，正是河北興學讀書的重心，莊聖不能不受影響而提拔漢地人才，董文用即是一例。〔註 126〕至於立學養士，忽必烈母子二人皆重視其事，並用士人講學。〔註 127〕

〔註 123〕見元好問，《遺山先生文集》（九金人集，臺北，成文）卷 28，〈大丞相劉氏先塋神道碑〉。頁 1 下。

〔註 124〕見馬祖常，《石田文集》（四庫珍本六集）卷 14，〈故貞節贈容國夫人贊布凌氏碑銘〉，頁 15 下。

〔註 125〕莊聖皇后見《元史》，卷 116，〈后妃傳〉，頁 1 上、下。分封之事見《元史》，卷 2，〈太宗本紀〉，八年（1236）七月：「詔以真定民戶奉太后湯沐」，頁 5 下，此太后即莊聖皇后，為追記之故稱太后。

〔註 126〕參見虞集，《道園學古錄》，卷 20，〈翰林學士承旨董公行狀〉，頁 341〜347。《元史‧董文用傳》即據此而述。

〔註 127〕參見孛朮魯翀，〈真定路宣聖廟碑〉，《元文類》，卷 19，頁 246。以士人講學如李槃教導阿里不哥，見《元史》，卷 126，〈廉希憲傳〉，頁 6 下。

不過據《元史》所載忽必烈有心結納漢地人才要稍早些,至遲在甲辰年(1244)乃馬真皇后攝政時,他即欲延攬藩府舊臣及四方文學之士,問以治道而思大有為於天下。〔註128〕他有效法唐太宗為秦王時集結幕府人才的意念,這顯然係受漢化的影響。〔註129〕

蒙哥即位為憲宗時(1251)忽必烈以皇弟身分開府漠南,漢地人才的大量集中即始於此。在忽必烈即位為帝(1260)以前所延攬之人才可考者六十餘人,大體上可分為數類:其一為非正統儒學的士人,以劉秉忠、張文謙等人為中心的集團。其二為正統儒學集團,以姚樞、竇默、許衡等人為中心。其三為華北藩侯的幕士僚友,即前文所述地方武裝將領所延聘者,如王鶚、張德輝、商挺、楊奐等人。其四為西域人集團,如廉希憲、希賢兄弟,也黑迭兒、阿合馬等,包括畏吾、大食、回回各族。其五為蒙古集團,如乃燕、霸突魯、濶濶等人。〔註130〕

這些人才佔多數者為漢人,傾向於漢化意識者更是絕大多數,而故說忽必烈成為當時漢化集團的領袖宜極恰當。

由於倡漢化之士人的努力,在思想理論上與政治行政上優異的表現,很得到忽必烈的賞識與重視(詳下章)。在政治勢力的爭取上而言,中國地區也未嘗不是很好的資本。而安撫治理的工作用「以漢制漢」之法恐怕也是有其必要的。

元世祖忽必烈即位初年是漢化士人得勢之時,但為時甚短。漢士盛時由其中央結構上可以看出。

太宗窩濶臺時曾立中書省,那時是掌理中國地區的治理,而非全蒙古帝國中央的最高政務機構,近似中國總督的意思。世祖確立的中書省則是全國之制,故在史書上既有前太宗時已立中書省,而此世祖時又說立中書省、或始立中書省等,蓋此二中書實大有差別。〔註131〕中統之中書省是政本,總內

〔註128〕參見《元史》,卷4,〈世祖本紀一〉,頁1上。

〔註129〕參見內翰王文康公事略引太常徐公(世隆)所撰墓碑,《國朝名臣事略》,卷12之1,頁374。箭內互,〈元の世祖と唐の太宗〉,《蒙古史研究》,附錄。下冊,頁977~989。忽必烈漢化之背景分析,參見姚從吾,〈忽必烈對於漢化態度的分析〉,《東北史論叢》,下冊,頁376~401。蕭啟慶,《忽必烈時代「潛邸舊侶」考》,大陸雜誌史學叢書,第二輯,第三冊,頁268~284。

〔註130〕參見前註,蕭啟慶文。

〔註131〕《元史》,卷4,〈世祖本紀一〉,中統元年,夏四月「立中書省」,頁6上。《新元史》則以「中統元年,始立中書省」,見卷191,〈魏初傳〉,頁3上。

外百官之政，是大新制作的定制，〔註132〕這個定制在大德十一年十二月（1307）武宗初繼位不久所下的詔書中有所說明：

> 設官分職；各有攸司，中書省輔弼朕躬，總理庶政，中外越分奏事者，即位之初，已嘗戒飭。今後近侍人員，內外大小衙門，欽依已降聖旨，除所掌事外，凡選法、錢糧、刑名、造作、軍站、民匠、戶口一切公事，並經中書省可否施行，毋得隔越奏聞，違者究治。〔註133〕

在文宗初立時（1328）也對這定制重申曰：

> 昔在世祖以及列聖臨御，咸命中書省綱維百司，總裁庶政，凡錢穀、銓選、刑罰、興造，罔不司之。自今除樞密院、御史臺，其餘諸司及左右近侍，敢有隔越中書奏請政務者，以違制論，監察御史其糾言之。〔註134〕

其實除院、臺之外，徽政院、宣政院兩機構也明定不經中書，可直接呈奏。〔註135〕在此不擬討論元中書省之權責，僅引上述資料以知中統所立中書省蓋為元代之定制，亦即全國中央大政所在，故而出任中書者必為全國之高官重臣。而從前的「札魯忽赤」與「必闍赤」之權力地位已大有改變，不宜再做為考察之對象了。這也說明忽必烈的改革新制確實是大的變動，明顯的漢化意識在他集合漢士集團與大力提高漢士權力上，是可堪注重的一點。

中統元年（1260）所公布的中央宰執是以中書省為主的，其名單如下：四月間以王文統為平章政事，張文謙為左丞。七月間以燕京路的兩名宣慰使；其一為禡禡，出任行中書省事，其二為趙璧，出任平章政事，另外以曾任西京宣撫的張啟元為參知政事。八月間立秦蜀行中書省，以京兆等路宣撫使廉希憲為中書右丞行省事。〔註136〕以上諸人皆有中書省正式官銜，唯禡禡行省

〔註132〕《元史》，卷85，〈百官志一〉：「世祖即位，登用老成，大新制作……定內外之官，其總政務曰中書省」，頁1下。卷206，〈王文統傳〉，世祖即位「乃立中書省，以總內外百官之政」，見頁4上。卷168，〈陳祐傳〉：「中書政本，責成宣專」，見頁2上。

〔註133〕見《大元聖政國朝典章》（臺北，國立故宮博物院，景印元本。民國65年。以下簡稱《元典章》）卷2，〈聖政卷之一・振朝綱〉，頁1下。

〔註134〕見《元史》，卷32，〈文宗本紀一〉，頁6上。

〔註135〕參見同註133。

〔註136〕參見《元史》，卷4，〈世祖本紀一〉，頁6上，以及頁10上、下。

事或係指右丞相之職。〔註137〕

　　禡禡亦即斷事官牙剌瓦赤，正是前朝治理中國地區的燕京行尚書省，「丞相禡禡，資嚴厲，凜然不可犯……用行六部於燕，至是，就用為行省長官」，〔註138〕這正說明了禡禡在憲宗、世祖前後的情形。他直到次年初都被視為行省的首相、「頭官員」，有關燕京的記載亦以之為主。〔註139〕中統二年二月，燕京行省官員以及開平的中書省臣等，和各路的宣撫使等，奉詔往漠北集會議政。〔註140〕在這次的國政總檢討中，禡禡似乎受到漢士的「圍剿」，而且也可以發現在中央佔優勢的漢官們，有意以金世宗大定朝（1161 至 1189）新政為模式，亦即是「胡漢」融合的創新之局。〔註141〕

　　前述的中書名單中，只有禡禡是西域派人士，廉希憲雖係畏吾兒人，但確是個完全漢化的儒者。〔註142〕換言之，中央宰相六人，五人是漢化派。若再以同時（中統元年，五月）分治中國各地的十路宣撫司來看，正副首長共十九人，除燕京路的賽典赤與真定路的孛（布）魯海牙、廉希憲三人外，其餘全係忽必烈所延攬之漢士。賽典赤在憲宗朝即行省燕京，他是回回（中亞的西域人）人，太祖時的老臣，據傳紀中所載其雲南之治理是行漢法的，故而他不像是與漢化派對立的西域人，然其漢化色彩遠不如廉希憲之類。〔註143〕布魯海牙為

〔註137〕參見《元史》，卷112，〈宰相年表一〉，頁4上。所載中統元年之名單，此與世祖本紀吻合。表中列禡禡為右丞相，即行省事。

〔註138〕見《秋澗先生大全文集》（四部叢刊初編）卷80，〈中堂事記上〉，頁768上。

〔註139〕同前註，中統二年，正月：「丞相禡禡行帳頓拜郊堂，下省事日，集樂遊南園，劉行省（或即劉敏）所治，從便首相故也」，見頁772。同時的公文書中說：「皇帝聖旨裏行中書省禡禡為頭官員，欽惟。」見頁773上。

〔註140〕參見〈世祖本紀一〉，頁12下，但文中稱禡禡為行省平章，未稱為右丞相。另見註138書，頁775下。

〔註141〕據〈中堂事記〉所載，此次國政總檢討是始於四月五日，地點在開平。「命與諸相集議，六曹並九道宣撫事於中書堂……大抵選官薄賦、評鈔法等事，論者頗交雜……諸相入見，進大定政要，因大論政務於上前。」見頁778 關於金世宗大定之政，可參見陶晉生，《女真史論》，頁77～92。禡禡被漢士們評議之情形，可參見註82，蕭啟慶書，頁56、57。

〔註142〕參見《元文類》，卷65，元明善，〈平章政事廉文正王神道碑〉。據陳垣所著，《元西域人華化考》（臺北，九思，民國66年）稱之為：「元色目人中，足稱為理學名臣者，以希憲為第一」，見卷2，頁10。

〔註143〕賽典赤贍思丁為其全名，其傳紀見《元史》，卷125，頁1至4。陳垣在《元西域人華化考》中，列之為回回教世家中之儒學，特推重其治理雲南之尊孔立學，見卷2，頁24、25。賽典赤為五朝老臣，且長期在燕京行省，關於他傾向漢化的資料似乎未見，只有到世祖朝晚年治雲南時始見。

畏吾兒學者，為廉希憲之父，也是太祖時的老臣，極早入燕京理財；後為莊聖后所延攬而為斷事官，他與世祖之關係可知，而與漢士之接觸亦有可能。雖然尚缺乏足夠的資料以證其與漢化之關係，但莊聖是近漢化者，布魯海牙子姪多人都是漢化之士，他應該不至對漢化陌生或有所排斥的。〔註144〕

中統二年二月至五月的檢討後，中央的人事有明顯變動，由五月直到八月間陸續除任的宰相中，增加了四個蒙古人，他們是右丞相不花，左丞相忽魯‧不花，平章塔察兒，左丞濶濶。其餘以漢士居多，右丞相史天澤，左丞相耶律鑄，左、右兩丞相為一蒙一漢。平章王文統、賽典赤、廉希憲，右丞張易，左丞張文謙，參政商挺、楊果等，以上係據《元史‧宰相表》所列。但據〈世祖本紀〉以及時人所記則不止此，如原任之平章趙璧仍舊，參政張啟元為右丞，粘合南合為右丞等。〔註145〕

中統二年的中央實以漢化人士為基礎，蒙古人出任中書取代西域派，這個原則幾乎可以成為新的政策，若以中國為重心的朝廷而言，無疑是個有決定性的開始。蒙古人中濶濶係漢化派，與廉希憲皆師事大儒王鶚，為世祖潛藩集團中人。〔註146〕塔察兒出身不詳，一時尚無從說明。〔註147〕不花為功臣者勒篾之孫，為「怯薛」出身，也是潛藩集團。〔註148〕忽魯不花的出身亦相

〔註144〕布魯海牙，見《元史》，卷125，頁8至10。

〔註145〕趙璧見其本傳《元史》，卷159，以及〈世祖本紀一〉見卷4，頁19上。張啟元見卷4，頁14下。粘合南合見卷4，頁16下。另外據〈中堂事記〉中，記載這次人事變動統繫之於五月十九日，其名單與元史宰相表同，但列名末尾有「餘如故」，見《秋澗先生大全文集》，卷81，頁785上，可知原任者依然如舊，亦合於〈世祖本紀〉所見，而宰相表所列則未完全。粘合南合在〈中堂事記〉裏是授為平章政事，見五月廿四條，頁786上，在其本傳中記為中統四年授平章，見《元史》卷146，頁13上。在〈世紀本紀〉中記至元元年見卷5，頁18下。《新元史》亦採本紀之說見卷133，頁4上。宰相表所列資料以《新元史》較詳，見卷31。

〔註146〕參見《元史》，卷134，〈濶濶傳〉，頁8上、下。

〔註147〕《新元史》，卷105，〈塔察兒傳〉，以之為帖木哥斡赤斤之孫，帖木哥亦即成吉思汗之幼弟，此塔察兒為東方宗王，恐非世祖中書之宰相，見頁9下。李則芬曾據此考證之，見《元史新講》（一）（臺北，自刊，民國67年）。頁120、121。

〔註148〕據〈中堂事記〉所言：「不花時三十三歲，憲宗朝怯薛丹長，領斷事官，其祖太祖神元皇帝朝功臣，父也孫禿花，憲宗朝萬夫長」，見前註145。屠寄所寫者勒篾傳亦述及不花事，可參看之，見《蒙兀兒史記》卷29，頁2下。也孫禿花或即《秘史》中怯薛豁兒赤長官也孫、帖額，見《秘史》225節，頁336。

同，為「怯薛」的核心中物，曾受學於畏吾兒人阿里海牙。〔註149〕蒙古人中至少有兩人是功臣之後，且為「怯薛」世家出身，其出任中書宰相很合於這種特殊制度的功能目的。

中統初年漢士得勢時期，其核心領導人物為史天澤與王文統二人。史天澤係聲望地位的關係而當百揆，所謂「累朝舊臣，勳碩昭著」，而王文統則是「材略規模，朝士罕見」，但聲望地位不比天澤，故而以天澤來厭人望，而文統經畫大政，這也是當時幾個漢地宣撫們共同的看法。〔註150〕史天澤謙抑，欲以條達通譯其間為任，他雖不經畫省事，但與忽魯不花有判署之權，五日輪番主持。〔註151〕

新職公布後，史天澤、張文謙、楊果三相留在開平，而王文統、廉希憲、張易等則行省事於燕京，〔註152〕不但中央朝廷由漢士主政，且中國地區大政至此全在漢士手中，用漢人行漢法的理想可謂開始實現。然則這情景有如曇花一現，中統三年二月，王文統坐誅於李壇之變，使整個漢人的勢力都受到壓抑，中央的政策與權力都有了轉移。

王文統「材略規模，朝士罕見」，少時即喜讀權謀書而遍干諸侯，可謂雜王霸之學者。他由李壇的幕僚、岳父的身分受推薦為世祖潛藩人才，〔註153〕推薦他的是較早且深受世祖信重的劉秉忠，以及張易，且比之為南宋之相賈似道，而廉希憲乎也同意其才，〔註154〕王文統得驟升拜相可以說在世祖潛藩時就有了形像。劉秉忠本人亦是雜佛道士，他以薦士自任，故推薦漢士相當

〔註149〕參見《新元史》，卷160，〈阿里海牙傳〉頁1上。傳中以忽魯不花為大將卜鄰吉歹之子。在宰相表中亦列出。卜鄰吉歹或即秘史中不吉歹，見同前註。若參看此二出身「怯薛」的不花，都是蒙古開國功臣的第三代，且三代的地位、出身等都相似。秘史中又說不吉歹為禿格之子，是禿格當與者勒篾同屬開國功臣，為成吉思可汗所封九十五千戶之一，也是木華黎之從弟，見卷8，202節，頁296註文，如此看來似乎可信。另據《元史》所載，忙哥撒兒之曾祖赤老溫愷赤，祖朔阿，父那海，見卷124，頁11上。赤老溫愷赤即禿格之父，但《秘史》中僅言赤老溫愷赤二子，禿格，合失，未言及朔阿，不知合失與朔阿有否關係？忽魯不花與憲宗朝的大斷事官忙哥撒兒或有近的血緣關係了。

〔註150〕參見〈中堂事記〉，五月十八日條，頁784下。

〔註151〕見前，五月廿一日，頁785上，廿七日，頁786下。

〔註152〕見同前，五月廿八日，頁787上。

〔註153〕參見《元史》，卷206，〈王文統傳〉，頁4上。

〔註154〕參見〈平章廉文正王事略〉引河內高公所撰家傳，見《國朝名臣事略》，卷7之3，頁219、220。

多，其中且亦有與之同為雜博之學者，如張文謙、張易、王恂等。〔註155〕除劉、張二人外，商挺亦讚譽王文統，〔註156〕當王文統拜相時確獲不少人支持，「國朝開創以來，論其得賢，於斯為盛」，〔註157〕這種論調也非浮誇虛言。但漢士之間亦有路線之異，也是不可忽略的。

反對王文統者多為正統儒學集團的漢士，如（竇）默與王鶚面論王文統不宜在相位，薦許衡代之，「帝不懌而罷」，〔註158〕姚樞也以為文統學術不純，指其以游說干諸侯者易反去等。〔註159〕他們見於文統學術之駁雜，好權謀縱橫，不走正統儒學之路而反對之，及王文統被殺，世祖說：「曩言王文統不可用者，惟竇漢卿一人，向使更有一、二人言之，朕寧不之思耶」，〔註160〕顯然不合事實，走正統儒學者不可能不對文統之流亞有所反對的。竇默正式上書反對文統，看其書中所言；先表示反對前朝重用西域財臣，完全是儒臣不滿聚斂爭利之意，接著說：

> 然平治天下，必用正人端士，唇吻小人，一時功利之說，必不能定立國家基本，為子孫久遠之計，其賣利獻勤，乞憐取寵者，使不得行其志斯可矣！若夫鈎距揣摩，以利害驚動人主之意者，無他，意在濱斥諸賢，獨執政柄耳，此蘇張之流也！惟陛下察之⋯⋯。〔註161〕

雖然看不到王文統有何驚動人主的利害之論，但以他的學術與時論的片斷資料來看，大致是才能極強而走實用路線者，這與反功利、求根本，動則治平大道的儒臣而言即是離經叛道的小人，相反地；不尚高論而主致用者，則易視對方為迂腐，為反動。

忽必烈固傾向漢化，也喜愛正統儒學的大道理，但畢竟沒有漢文化深厚的基礎，與學術思想上中國的傳統，更何能分別駁粹？且文統的實用路線不但合於蒙古質樸之性，也解決了其時為對抗阿里不哥的內戰的財經負擔。正

〔註155〕張文謙見《元史》卷157，張易，《元史》無傳，參見袁國藩，〈試擬元史張易傳略〉（大陸雜誌史學叢書，第二輯第三冊），頁301～305，王恂，見《元史》卷164。

〔註156〕參見姚燧，〈中書左丞相姚文獻公神道碑〉，《牧菴集》（四部叢刊初編）卷15，頁135上。

〔註157〕見〈中堂事記〉，五月廿四日，頁786上。

〔註158〕見《元史》，卷4，〈世祖本紀一〉，頁13下。

〔註159〕同註156，頁135。

〔註160〕見《元史》，卷158，〈竇默傳〉，頁23上。

〔註161〕同前註。

如同耶律楚材在理財的表現上受到太宗之重用有類似之處。

由於漢化派路線之分歧，王文統的對策是陽尊姚樞、竇默、許衡三人為太子太師、太傅、太保，實則使之遠離皇帝以免阻撓。其時皇太子未立，應無所謂太子之師。許衡還另有觀察；他對姚、竇二人說：

> 此不安於義也。姑勿論。禮，師傅與太子位東西鄉，師傅坐，
> 太子乃坐，公等度能復此乎？不能，則師道自我廢也。〔註162〕

可知在朝廷受尊崇的儒學宗師們，並沒有把握這種漢禮也會被蒙古皇室所接受。

忽必烈正沒有漢人帝王的一些傳統包袱，不必考慮到學術之駁粹、王霸之道，以及用人上的限制等等，在選擇上易於走向唯才的實用路線。其實不止忽必烈如此，其餘元代諸帝也多如此，他們顧慮的反而是來自蒙古本土主義者。

對統治者而言，最忌諱者莫過於叛變，尤其是治理征服的漢地，重用漢人之際。在地方上有實力的李壇，與中央宰相的漢人領袖王文統，這兩個聯合起來的影響的確足以動搖政權。李壇事變就元朝廷而言，至少看到幾個大的結果，其一為涉及王文統，引起對中央高階層漢臣的不信任。才能卓越者尤為防忌，如趙良弼，被認為「多智略，疑為文統流亞，械繫於獄」，當時秦蜀行省的廉希憲、商挺也一併為人告發，雖然三人素為世祖信任，且謀國功鉅，但仍不免責禁嚴查，一時情勢頗為嚴重。〔註163〕連帶來的防犯措施是減少漢臣接觸政權核心，因之，其二的結果是西域人勢力乘機抬頭。漢士之不可靠，不惟是被統治者心理上的問題，而是事實上有這次被認為「奪權」的陰謀。其三是收漢將藩鎮的地方勢力。這一點是中央集權朝廷所致力的目標，對於外族政權而言，更是伸張其直轄勢力的機會。這一類的記載甚多，可知在當時是件大事，如史天澤的〈神道碑〉中說：

> 先是李壇反誅，太尉（史天澤）請強裁諸侯權，自今兵民之家，
> 父死而子始繼，兄終而弟可及，其子弟同時竝官者，無以職掌大小
> 皆罷之。請由臣家以始，併辭衛封，制曰：可。太尉一門，一日解
> 虎符金銀符者十七人。〔註164〕

〔註162〕見《元史》，卷158，〈許衡傳〉，頁8上。

〔註163〕同註156。並參見《元史》，卷159，〈商挺傳〉，頁6上，〈趙良弼傳〉頁11
上，卷126，〈廉希憲傳〉，頁9下、10上等。

〔註164〕見姚燧，〈平章政事史公神道碑〉，《牧菴集》，卷16，頁142。

又如〈藁城董氏家傳〉中說：

> 至元三年（1266），上懲李壇潛弉方鎮之橫，以公代史氏兩萬
> 戶，……。〔註165〕

姚燧所寫的〈張興祖神道碑〉中說：

> 蓋列聖之制，職兵民者死，其子孫皆世之，變自世祖；奪職民
> 者符節，易其故所，死，其子孫陰而不世，惟職兵之臣、萬夫、千
> 夫、百夫長者，父死子繼，世其符節，雖漢祖侯功臣之誓曰：黃河
> 如帶，泰山如礪，國以永存，爰及苗裔，何以尚諸。其有相而兼將
> 萬夫者，詔俾自擇之，欲將棄相，欲相棄將，……。〔註166〕

一則收兵權，一則成立侍衛親軍，由董文炳抽調各軍組成，其中有李壇舊部
編成者。〔註167〕接著在中統四年五月立樞密院，凡蒙古漢軍並聽其節制，而
在年初已令各路的漢軍奧魯（後勤部）不隸萬戶指揮，直隸於總管府，並聽
樞密院指揮。凡在奧魯官內有各萬戶弟子，以及私人者皆罷之，又重申諸路
官員子弟入質等等。〔註168〕這些一連串的措施，都是受李壇事變的影響，盡
量地牽連防制。當時盛行的說法是：「壇所以得為亂，盡專兵民之權故也，以
此聞諸侯，諸侯果不自安，遂罷其子弟之在官者」。〔註169〕

在討論中統初漢士權力上昇又很快地下降之際，還有兩點意見值得提出：
第一是在李壇與王文統事變的背後，恐怕有進行推翻外族專權的計畫的可能，
因他們二個主持人都不似莽夫而關係又如此密切，〔註170〕而推薦文統諸人
中的張易，後來又與權傾朝野的阿合馬並相主政，他被視之為權臣的同黨，
奇怪的是他在阿合馬被刺殺的前二年（至元十七年，1280）推薦了有密術的
高和尚，後世祖召高和尚赴漠北，〔註171〕與之同行者有年輕俠士王著，王

〔註165〕見元明善，註105書。

〔註166〕見姚燧，〈真定新軍萬戶張公神道碑〉，《牧菴集》，卷23，頁213。

〔註167〕參見《元史》，卷99，〈兵志二・宿衛・右衛條〉，頁3上、下。

〔註168〕參見《元史》，卷99，〈兵志一・兵制〉，頁6上。並見〈世祖本紀二〉，中
　　　　統四年所載，頁11、12。關於裁制藩侯勢力，可參見唐長孺、李涵，〈金元
　　　　之際漢地七萬戶〉，《文史》，第十一輯（北京，中華，1981年），頁123～
　　　　150。

〔註169〕見虞集，《道園學古錄》，卷14，〈淮陽獻武王廟堂之碑〉，頁244。

〔註170〕關於此事變，可參看孫克寬，〈元初李壇事變的分析〉，《蒙古漢軍與漢文化研
　　　　究》，頁44～65，愛宕松男，〈李壇の叛亂と其政治意義〉，《東洋史研究》，6
　　　　卷4號。

〔註171〕參見《元史》，卷11，〈世祖本紀八〉、頁1下。

著得官千夫長而歸。〔註172〕他們去而復返，不久即發生假皇太子命以刺殺阿合馬於首都宮廷；然高、王之亂很快誅平，而張易亦牽連被殺。〔註173〕張易前後的這些作為令人懷疑或有所圖，他早年因劉秉忠關係入潛藩，中統初皆參與大政，在他死前都是出任有主政實權的平章政事，或者能掌兵符的樞密副使，元人對他的看法是「剛明尚氣，臨政善斷」，〔註174〕「樞密副使張易，素稱有權略，為上信倚，故以宥密留京」〔註175〕他的權力地位在有元一代極少有能與之相比者，也因之事變後，朝廷儘量避免這種政、軍權力落入漢臣之手。

　　第二是漢化派與西域派在元朝廷的對立，這雖不能說明李璮與王文統的事件，但可以在王文統與阿合馬當權時期顯示出來，他們都有壓制對立派系的措施：「文統之誅，西域之人為所壓抑者，群言：回回雖時盜國錢物，未若秀才敢為反逆！」〔註176〕王文統掌權時期太短，又有正統儒學士人對他的評議，一時看不出具體而較多的事蹟，但至少可知西域派是受到他的壓制。

　　阿合馬掌權時期達二十年之久，他起初總領財賦而欲擺脫中書的行政體系，然後進入中書掌權為平章政事，但他所獨攬的財賦大權卻要抓緊，不欲中書省有任何干涉的可能，接著就立了制國用司，進一步再使之升格成尚書省，以與中書相抗而後取代之。由於漢化士人的極力反對，雖然兩省合併仍為中書，但實質上掌權的就是以阿合馬為首的尚書省臣們，西域派積極地擴張勢力，漢化派則奮力抵抗，直到阿合馬被刺殺仍未消解這情形。〔註177〕這種激烈的政治摩擦，就是西域派排擠漢化派，故而說：「至元初，姦回執政，乃大惡儒者，因說當國者罷科舉，擯儒士」，〔註178〕正是這時期的寫照。

〔註172〕參見《秋澗先生大全文集》，卷9，〈義俠行并解題〉。頁118下、119上。

〔註173〕阿合馬被殺事件可參看陳邦瞻，《元史紀事本末》(臺北，商務，民國54年)卷7，〈阿合馬盧桑之奸〉，頁31、32。另可參見《馬可孛羅遊記》中所述(張星烺譯本，臺北，商務，民國61年)，頁161～167。元人之記載可見於《道園學古錄》卷17，〈宣政院使張忠獻公神道碑〉，以及〈高魯公神道碑〉二文中所述。頁279～283，290～294。

〔註174〕同註138。

〔註175〕見虞集，《道園學古錄》，卷17，〈徽政院使張忠獻公神道碑〉，頁279。

〔註176〕同註156。

〔註177〕參見前引蕭啟慶書，頁61～69。

〔註178〕見余闕，《青陽先生文集》(臺北，商務，四部叢刊廣編)卷4，〈貢泰父文集序〉，頁9上。

　　以忽必烈為首的蒙古統治階層，還沒有發展出一套治理中國的方法與理論，至少還沒有完整而成熟的計畫，不是靠西域人就是靠漢人，因此在這兩大集團間依違徘徊。在中統以前，西域派佔有優勢，忽必烈似乎選擇了漢地為帝國中心，也擬採用漢法、用漢士，王文統事件被西域派攻擊為秀才造反，忽必烈雖說：「秀才豈盡斯人！」，〔註179〕但不得不有防範之心。張易與王文統在表面上看來絕不相同，阿合馬之被刺，是因他聚斂專政，人心不與之故，〔註180〕被認為含有強烈民族主義的色彩，對蒙古人未必敢反，但蒙古人又重用其他的外族來「壓迫」中國人，就會激起這類事變。刺客假皇太子命而張易掌兵「不知其偽」，即使沒有更多的資料以證明張易的作為，但牽涉到漢人高級官員的事件已是第二次了。果然自張易以後，不止忽必烈時代掌中央實權的平章政事一職，以漢人出任者甚少，而且時間也短，就整個元代來看也都是如此，行省方面也仍舊如此。

　　中統初漢士與漢法未必沒有興起的可能，但權力的轉移固然有對漢人的防範之心，忽必烈還面臨其他的問題而有以促成。這就是國家財經問題，初期是對阿里不哥集團的內戰，以及與南宋的戰爭，後期是對日本、西南夷、安南等地的征伐，以及與北方諸王的長期內戰，這種頻繁而長期的戰爭，帶來國家財政上嚴重的負擔，一向以理財為能的西域人自然較合於忽必烈的口味。繼阿合馬之後的盧世榮，他雖係漢人，但走的全是阿合馬路線。而後的桑哥、麥朮丁兩個西域人，他們更是阿合馬的翻版與其路線的忠實執行人。

　　西域人並非只是單獨被用來掌財經大政，而是在元代的政治結構中，以及全國各方面的權力都有凌駕漢人的地位，漢人人數多，又不可避免地要引用漢人，而且治理廣大的中國，所需的漢人官僚為數相當多，以西域人來制衡漢人，不但可避免權力的落入漢人之手，又可轉移或減輕漢人敵視的對象，使漢人要應付蒙古與西域的聯手，更何況蒙古與西域同屬一文化圈的歷史背景，幾乎就形成了北亞民族聯盟來統治中國了。所以忽必烈雖然也用漢人，並接受漢士對西域人的指責與嚴評，他個人也常表現中國式的賢君談吐，以及受儒學薰陶的教化等，但並不放棄對西域人的重用。這幾乎成了元代各帝的模式了。

〔註179〕同註156。
〔註180〕同註173，《道園學古錄》所載二文。

二、用人與取才

蒙古取才之法以世選為主，其基本精神在於世襲，但沒有嫡長子之類的規定，而在狹義的世襲範圍之內加以選擇取才，於統治階層的各單位、職分等都普遍採用，這大約是北亞各民族共同使用的方法。遼、金兩朝代雖然沿用了漢法取才，但世選仍是主要的一部分，可見得這個北亞傳統之不易放棄，也或許他們根本無意完全放棄而採用漢法，這與他們接受漢化的程度是有關的。

蒙古承襲這個傳統所表現者，較諸遼、金二朝更顯得保守，遼、金對漢法取才的科舉制度接受得較早，其持續性也較長，雖然遼代科舉係專為漢人而設，但仍不失這兩個特性，金代則分了女真、漢人兩科，這種分別民族的考試正為元代所沿襲。就制度而言，三個外族朝代中元代顯得較不「尊重」科舉的，除了傳統的世選法之外，大概還有三個原因可供參考：

其一是蒙古有「怯薛」制度，其沿革與組織，以及其功能等，在前面已有所敘述。換言之，蒙古已有自己一套取才之法，又何須非用漢法不可？其二是共治國事的西域人才也非由漢法的科舉而得，因此科舉或只是適於取漢士之法，不是量取所有人才的普遍方法。其三是就漢人之中北人排擠南人，恐怕南人循此入仕而取代其勢，況北人已不因科舉而成為既有勢力的官僚，他們仍可以此保有其既得利益。這三個原因是遼、金所無者，正表現出元代仕進之途的複雜性，不過第三項原因並不是重要的依據，就元代的漢士而言，不論北人、南人都有爭取立科舉的議論，在意識形態中他們都還是相同的，比起前兩項原因而言，就顯得不是科舉不盛的主因了。同樣地，若說蒙古人反對科舉係因其保守性特強，尤過於遼、金外族之統治，也要從前面兩項原因中去尋找，始了解其「保守性」的基礎何在。

世選的意義將之推廣來看，則「怯薛」與蔭補也可以在其中一併討論。姚燧說到仕進之途有三，其中最重要的可看出是由「怯薛」出身者：

> 大凡今仕惟三塗，一由宿衛，一由儒，一由吏。由宿衛者；言出中禁，中書奉行制敕而已，十之一。由儒者；則校官及品者，提舉、教授出中書，未及者，則正、錄而下出行省、宣慰，十分一之半。由吏者，省、臺、院、中外庶司、郡縣，十九有半焉……。〔註181〕

姚燧所言只是舉出三個方式，但在科舉施行之前，確實還是較制度化的「正途」，不過儒、吏兩者入仕，意義相似，種類不同而已。所謂的宿衛就是指「怯

薛」出身。

　　前面已論及「怯薛」在傳統上是貴族性的，大體上高級官員子弟們以質子（禿魯花）方式入充。忽必烈時期仍承襲這傳統，然後有了較具體的規定，即三品以上文、武官員例須送子弟入衛，如此，蒙古、西域、漢人、南人都有子弟入宿衛的機會，是權利也是義務。事實上宿衛出身享有的特權，有元一代始終未衰，自然為競相奔營之去處，漢人、南人平民混跡其中者大有人在，政府屢次的禁令都證明了這點。〔註182〕

　　「怯薛」與世選有關，在其性質中就可顯現出來。而由此出身的仕途又與門第有密切關係，與帝王之親疏亦有關，這兩者是較重要的：

> 我國家之初，任人惟其材能，卒獲豪傑之用。及得中原，損益古今之制度而行之，而用人之途不一。親近莫若禁衛之臣，所謂怯薛者，然而任使有親疏，職事有繁易，歷時有久近，門第有貴賤，才器有大小，故其得官也，或大而宰輔，或小而冗散，不可齊也。
>
> 國人之備宿衛者，浸長其屬，則以自貴，不以外官為達。〔註183〕

這段資料後文還言及元初儒、吏並進的入仕之法，正與姚燧所言的入仕三途相同。

　　親疏的問題固與門第有關，而在傳記各種資料中，常看到事帝王於潛邸、藩府舊臣等，這些就是親近的宿衛，及帝王出潛邸入大統，這批親衛也就轉入中央「怯薛」之中，或者出仕入官了。與門第無關而為親近者，在漢人入仕之中尤其明顯，正是「或大而宰輔」的，如早期的耶律楚材，他被差遣出相為中書令（當時之中書令並非如漢式中央之首相，前文已有說明。在此姑且稱之，是因其權力地位可堪為相，行省事於外的），而史料上的記載「改侍從官名」，不正說明了他是親近的侍從宿衛嗎？這個傳統的影子可說是絲毫沒有被「漢化」掉。宿衛兼有用人取才的儲備所，即使到平服南宋以後，也規定新附的南人「三品以上官例取質子一名，以備隨朝使用」，〔註184〕這個「隨朝使用」就是宿衛的功能。

　　宿衛出身的漢人，最顯著的例子就是忽必烈的潛邸集團，那麼龐大的各種人才都可以是宿衛中的重要部分，類似一個幕僚群，好像養士一般，不過

〔註182〕參見註6，蕭啟慶文，頁58～60。
〔註183〕見《元文類》，卷40，〈經世大典序錄・入官條〉，頁533。
〔註184〕見《元典章》，卷8，頁19上，〈吏部卷之二・官制二・當質條〉。至元十四年八月公布「三品官子孫取質子」。

決非閒逸清談的食客，因為「怯薛」組織早就有各部門的分工職守，類似一個小型的朝廷般，而帝王的「怯薛」更是一個在內的朝廷，但前文也說過，這種內朝並不同於漢式的，忽必烈時期的漢士名臣多由宿衛出身，在當時實在是最正常的現象。例如姚樞事世祖時是「日客遇之，俾居衛從後列，惟不直宿，時召與語，隨問而言」，〔註185〕由於忽必烈對姚樞的禮遇，雖入宿衛，可以不直宿，換言之，原來是應該排班直宿的。再舉一個後來武宗時的資料來看：

> 至大二年（1309）十一月初五日，也客‧怯薛第一日，宸慶殿西耳房內有時分。遠古兒赤也兒吉尼丞相，寶兒赤脫兒赤顏太師，伯荅沙丞相，赤因‧帖木兒丞相，昔寶赤玉龍帖木兒，扎蠻平章，哈兒魯臺參政，大順司徒等有來。尚書省官三寶奴丞相，帖木兒丞相等，奏過事內一件，……。〔註186〕

這些丞相、太師們是政府的首長，但係「怯薛」身分，故而擁有「怯薛」的官名，仍要入備宿衛，這就是元制中特出的地方。

　　且就《元史》列傳所載漢人部分來看：除去孝友、隱逸、列女、釋老、方技、宦者等除外，正附傳皆列入的初步計算有三四○人左右，其中由宿衛出身而官至三品以上者，至少可確知的有七十人，超過了漢人傳的五分之一，這是相當值得注意的，故而提出供初步的參考。

　　至於門第就是指元老功臣的後人而言，這些閥閱世家多係世襲的宿衛，最貴的門閥就是所謂的四大「怯薛」長之家——木華黎、博爾朮、博爾忽、赤老溫，其中赤老溫家世已衰，其餘三家皆世世隆盛，元人記載這情形是：

> （太祖）時則有佐命元勳，曰博兒渾，曰博兒朮，曰木華黎，及即寶位，錫之卷誓，慶賞延於世世。故朝廷議功選德，必首三家焉！〔註187〕

像這情形到元末時也有同樣地說法：「仕途自木華黎等四怯薛大根腳出身，分任臺省外，其餘多是吏員。至於科目取士，只是萬分之一耳。」〔註188〕

　　在宿衛中，門第與親疏決定了出任高官重臣的條件，但其任官的品級似無整齊的規格，也不在一般選格之中，「若夫勳臣世冑，侍中貴人，上命超遷，

〔註185〕同註156，頁131下。
〔註186〕見王士點，《秘書監志》（高榮盛點校，浙江古籍，1992年），卷5，頁102。
〔註187〕見元明善，《元文類》，卷23，〈太師淇陽忠武王碑〉，頁288。
〔註188〕見葉子奇，《草木子》（北京，中華，1959年），卷4下，〈雜組篇〉，頁82。

則不可以選格論」，〔註189〕宿衛似乎成了特權階級，而門閥與親信更成為特權中的特權了。按照上述三家世冑子孫的資料來看，由所知的八十四人中統計，襲世爵者達百分之三十，任職三品以上者達百分四五‧四，合佔總數的百分之七五，三品以下或未任官、不詳者有百分之三〇‧九。身居高官至正一品者竟有百分之十五，這是三公之位，高於中書平章政事（從一品）之極品。可知「大根腳」家世確屬非凡。〔註190〕

至於一般的宿衛（怯薛歹）則多出襲父兄之職。原則上是武職能襲，而文職則否，這是世祖以後的規定，在此前則文、武皆可襲：

> 蓋列聖之制，職兵民者死，其子孫皆世之。變自世祖奪職民者符節，易其故所；其子孫蔭而不世，惟職兵之臣，萬夫、千夫、百夫長者，父死子繼，世其符節。……其有相而兼將萬夫者，詔俾自擇為之，欲將棄相，欲相棄將，故其時有寧棄相而專將者，豈不以相能振耀一時，未若既將可傳子孫，繹繹無窮乎？〔註191〕

雖說武職可襲，但須察其人而用，且降等襲職，〔註192〕這其中就有原來世選之精神。文職雖不襲，但可蔭子，不過若陣亡公殤之類，仍可降等而襲職。曾任宿衛者所享有的特權是，蔭子時可逕授官而免一年的儤使。〔註193〕

地位較高的宿衛多任有世襲的職事，如必闍赤、寶兒赤、速古兒赤等等，情形如同四大怯薛長一樣，然比不上這四大世家，但其服官政，也是貴盛之極。根據統計的結果，就《元史》中所見執事的宿衛二十六人中，差遣任官的初職多數是在三品至五品之間，計十八人，佔百分之六九‧二。往後的最高官職多能在三品以上，計有二十一人，佔百分之八〇‧七，其中正一品者有二人，從一品五人。而初任官職最高為正二品，有二人。〔註194〕

勳臣閥閱之家原則上都應有子弟入宿衛的，具有這雙重身分入仕者，幾乎全都能騰達高位，反過來看，官至中央最高政府首長的中書右丞相（從一品後為正一品），就《元史》所列至元以後的人選二十四人中，凡可考訂者，都具有這種雙重身份，〔註195〕即使再加增補，相信差別是極微的，因為右丞

〔註189〕見《元史》，卷83，〈選舉志三‧銓法中〉，頁7下。

〔註190〕參見註6，蕭啟慶文，頁62。

〔註191〕見姚燧，《牧菴集》，卷23，〈真定新軍萬戶張公神道碑〉，頁213下。

〔註192〕武官襲職，可參見《元史》，卷82，〈選舉志二‧銓法上〉，頁2、3。

〔註193〕關於蔭官，可參見註189，頁1～3。

〔註194〕參見註6，蕭啟慶文，頁63，以及87～89。

〔註195〕參見李則芬，《元史新講》，第4冊，頁704～705。

相的人選極為有限，不可能有稍大的改變。以保守一點說法而言：右丞相的出身，絕大多數是具備閥閱與宿衛雙重身份者。

元末時議罷科舉，許有壬與太師伯顏有一段辯論，伯顏曾說：「今科舉取人實妨選法。」〔註196〕所謂選法，廣義地應包括了選辟、推選、舉薦等，這也是有元一代通行的取才用人方式，姚燧所言入仕的後二途，儒、吏中的吏即是屬於這種選法。在科舉施行以前，漢士有極大部分是由各種選法入仕，故而說「十九有半焉」，可以統稱之為補吏或吏進。換言之，照姚燧的說法，宿衛佔十分之一，儒進佔十分之○‧五，吏進佔十分之八‧五，這充分顯出元代入仕的特色來。

元代的官、吏之只表現出小官、大官之別，在身份、地位上並無尊貴或卑視，也不是兩個不同的領域，有些所謂吏者，根本就如同官一樣，再者，吏可循途升遷轉官，甚至可官至三品以上，似乎沒有什麼限制。有時看到資料中討論到限制吏進之官，恐怕也是沒有定制而正式推行，主要原因是吏進早成入仕之主要途徑，也就是由最基層幹起，以次擢昇，吏被視為最底層的官一樣，並非刀筆小吏永遠停在屬於吏的那一層次，而為官者由另一批官僚為之。其次宿衛出身者有限，根本不能滿足行政上的需要。而科舉以後所取之士則人數少，又須從基層小官幹起，應付不了青黃不接的現象。這就是元代用人取才多以吏進，而沒有能嚴格限制。

現在且舉一些當時的實例來看。

延祐五年（1318）字朮魯翀拜監察御史，當時有旨規定：以吏進者例降二等，而且從七品以上不得用，字朮魯翀說：「科舉未立，人才多以吏進，若一槩屈抑，恐未足盡天下持平之議，吏進者，宜止於五品」，可見科舉前吏進入仕確屬多數的正途，其所言為實情，故而「許之，因著為令」。〔註197〕但在而後吏進的官品上來看，這個規令並沒有徹底實行。

泰定四年（1327）韓鏞拜監察御史，當時由進士入官者只有百分之一，而由吏進官至顯要者，卻居十之九。泰定帝欲以中書參議傅巖起為吏部尚書，出身延祐五年進士第的韓鏞大加反對，他說：

> 吏部掌天下銓衡，巖起從吏入官，烏足盡知天下賢才，況尚書秩三品，巖起累官四品耳，於法亦不得陞。〔註198〕

〔註196〕見《元史》，卷142，〈徹黑帖木兒傳〉，頁11上。
〔註197〕見《元史》，卷183，〈字朮魯翀傳〉，頁12上、下。
〔註198〕見《元史》，卷185，〈韓鏞傳〉，頁10上。

於是可知由吏入官得繼續昇遷，而前面「著為令」的限制似無意遵行。

下面再舉幾個由吏進而官至三品以上者：泰定三年（1326）韓若愚拜河南行省左丞，官正二品。〔註199〕天曆二年（1329）張養浩拜陝西行臺御史中丞，官正二品。〔註200〕至正十八年（1358）崔敬為江浙行省左丞，官正二品。〔註201〕至正二十七年（1367）丁好禮拜中書平章政事，官從一品。〔註202〕

這種情形正如明初的方孝孺所言：「元之有天下，尚吏治而右文法。凡以吏仕者，捷出取大官，過儒生遠甚，故儒生多屈為吏。」〔註203〕

吏進之初步即在於選辟，有官吏自辟者，有地方儒學生選拔者，有國學生歲貢不合格者，有科舉落第者等等，來源很多，但皆可選辟為吏。吏之陞遷有規定的方法。重要的一種吏進制度是歲貢，所貢者有地方儒學教授考選的儒生，以及地方官府考選的胥吏兩類，儒與吏並進，此即「歲貢儒吏」。這也是一種推選的方式，不過也要經過考選合格始能上貢補為六部令史，原則是「儒吏並通」始貢；〔註204〕這是八品的職官，相當於科舉進士所敘之官。看來似乎有意使這兩者相類，事實上，歲貢儒吏要考選，也等於一種科舉的方式，但形式較粗略些。且看看其考選之方式：〔註205〕

儒生考選：習行移，算術、字畫嚴謹，語言辯利之外，詩、書、論、孟內通一經者為中式。

吏考選：性行純謹，儒吏兼通者為上；才識明敏，吏事熟閑者次之；月日雖多，才能無取者不貢。

可知歲貢儒吏之目標亦在於儒吏兼通，不考詞賦之類，很有一種實用精神，雖然方法不夠嚴謹，也不失一種可行的選法。大概元代的官吏多傾向此類型，因為吏進佔絕大多數，而其選法如此，似乎頗能配合蒙古、西域人的傾向。如宿衛中以執事為原則，又如：「阿合馬為人多智巧，言以功利成效自負，眾

〔註199〕參見《元史》，卷176，〈韓若愚傳〉，頁14下、15上。

〔註200〕參見《元史》，卷175，〈張養浩傳〉，頁23上。

〔註201〕參見《元史》，卷184，〈崔敬傳〉，頁17上。

〔註202〕參見《元史》，卷196，〈丁好禮傳〉，頁8下。

〔註203〕見《遜志齋集》，卷22，〈林君墓表〉（四部叢刊初編）頁502。

〔註204〕歲貢之法，詳見註189，〈銓法下〉，頁15下～17上。又在《元典章》，〈新集・吏部・吏制・選試書吏條〉記至治元年（1321）所強調的歲貢中說：「書吏二員，內儒一名，須通吏事，吏一名，必達儒書」，可知其基本要求在此。

〔註205〕見前註，頁16上。

咸稱其能。世祖急於富國，試以行事，頗有成績」。〔註206〕桑哥也是「好言財利事，世祖喜之」；〔註207〕這些對蒙古帝王而言是走實用主義路線的。王文統被正統儒士責為學術不醇，然而受到帝王的欣賞，正因為他也是走這種路線者；直到元末的順帝還以為他是天下奇才，而恨不得其人用之。〔註208〕

　　這種歲貢之法的人數，合計每年有 239.33 人，其中儒生佔 119.66。若比之於科舉，不及兩宋和金（北宋有 193.6 人，南宋有 148.8 人，金有 148.85 人），但儒吏合計則有過之，故不少於宋金之科舉取士，入仕之途實有過之。而元代科舉取士這一途每年不過二十三人。〔註209〕

　　另一條佔比例極少的入仕之途為儒進，這是指地方路、府、州、縣各級學府的教官，有教授、學正、學錄、教諭、直學等，而元代書院的山長亦由政府任命，如此，全國所有公、私立學校都變成官立者，或與政府脫離不了關係，這也是元代教育上的特點。書院負責人的山長受政府官俸，又列為品官陞遷之序，是有政治控制之意圖，公私立學校的教育工作者，全都成了學官（教官），選舉之法也是合併一體的。尤其書院山長地位甚低，依照選法規則其次序是由直學考陞起，然後由教諭、學錄考陞至學正、山長，再考陞至府、州教授，這時才是卑微的九品之官，再考陞至路教授，亦不過從八品，歷兩任後始能轉任職事官，這其間大概要歷三十多年。〔註210〕

　　由儒進大抵是循此途，很明顯的是不如吏進者，吏進六部令史是從八品的職事吏，不到八年考滿，可敘為正八品職事官。而歲貢無缺者，留任地方，考滿可敘為正九品之官。〔註211〕書院山長既受官俸，又復納入入仕考選之序，但連最卑微的九品之官不敘，高等的胥吏可以敘官至六、七品

〔註206〕見《元史》，卷 205，〈阿合馬傳〉，頁 2 下。

〔註207〕同前註，頁 15 下。

〔註208〕參見《元史》，卷 140，〈鐵木兒塔識傳〉，頁 11 上。

〔註209〕參見蕭啟慶，《東方文化》，16 卷，1 期，〈元代的儒戶〉，（臺北，民國 67 年），頁 164。

〔註210〕有關學校教官、考選等，參見《元史》，卷 81，〈選舉一・學校條〉，頁 19、20。《元典章》卷 9，記載大德五年（1301）湖廣行省呈文中說：「自直學至教授中間，待試聽除，守缺給由，所歷月日，前後三十餘年，比及入流，已及致仕。」這是非常寫實的。

〔註211〕歲貢之法，詳見註189，〈銓法下〉，頁 15 下～17 上。又在《元典章》，〈新集・吏部・吏制・選試書吏條〉記至治元年（1321）所強調的歲貢中說：「書吏二員，內儒一名，須通吏事，吏一名，必達儒書」，可知其基本要求在此。

者。〔註212〕因此許多學官熬到教授後又轉入吏職,〔註213〕這樣不如及早補吏,故而又有銓法定以直學考滿即可為州吏。〔註214〕

出任教官者多由下第舉人充正長,備榜舉人充諭錄,另有薦舉出任者。〔註215〕江淮以南地區的規定是,以南宋時曾及第為進士者優先任教授;平民士人經考試後亦可任正、錄以下學官,〔註216〕直學則以優秀學生考選充任之。〔註217〕不論如何這都是給士人的一條出路,尤其在未行科舉之時更是如此,不過比不上吏進者,故而循此途入仕者為數較少。

薦舉入仕(徵遺逸亦包括在內)也提供士人入仕之途。一般職官的薦舉類似保舉法,如中統初建省部,令諸路各上儒吏之能理財者一人,王惲即被選而入中書為詳定官。〔註218〕成宗大德九年(1305)令御史臺、翰林集賢院、六部於五品以上官,各舉廉能識治體者三人;行省、行臺、宣慰司、廉訪司各舉五人〔註219〕等等皆是。另外一種較特殊的薦舉可說是專為各種士人而設,大德七年(1303)〈選舉志〉記載道:

> 文翰、師儒難同常調;翰林院宜選通經史、能文辭者。國子學宜選年高德邵、能文辭者。須求資格相應之人,不得預保。布衣之士,若果才德素著,必合不次超擢者,別行具聞。〔註220〕

這種特別的薦舉給士人帶來極大的便利,翰林編修,各級教官等多可由此而得,由於沒有什麼具體的規限,只要有人薦舉,多可入仕,還可以進入於學術讀書的環境中,不能不說是大開方便之門,看其規定的條件可知,大凡士人幾乎皆可入薦。在《元史》的傳記中受薦入仕者相當多。許多名士儒臣也都以薦士為己任,真可謂同道相助了。如李孟,見士無貴賤,賢則必薦。〔註221〕陳顥薦士的文牘達數百,有人評擊之,他以為「吾寧以謬舉受罰,蔽賢誠

〔註212〕同前,頁12上、下。

〔註213〕同前,頁17上。

〔註214〕同前,頁20上。

〔註215〕同前註。

〔註216〕參見《廟學典禮》(四庫珍本初集)卷2,頁14下~16上。

〔註217〕參見《元典章》,卷9,〈吏部卷之三、官制三・教官・正錄教諭直學條〉,頁16下。

〔註218〕見《元史》,卷167,〈王惲傳〉,頁18下。

〔註219〕參見《元史》,卷21,〈成宗本紀四〉,頁17下。另見註189,頁6下。

〔註220〕見註189,頁6下。

〔註221〕參見《元史》,卷175,〈李孟傳〉,頁20下。

不忍。」〔註 222〕蘇天爵任監察御史四個多月，薦舉有百餘人之多，〔註 223〕姚燧為御史時也以薦士為要務，所薦者達百餘人。〔註 224〕

　　中央國學的學生們經過單行的考選亦可入仕，有兩點值得一提：一是入學生員漢人只占四分之一，而高等生員可參加貢舉入仕者，漢人則佔一半。二是歲貢及格者，蒙古人授官為六品，色目為正七品，漢人只得從七品，這是「釋褐」的標準不同，而貢舉也以漢人最嚴。〔註 225〕

　　舉遺逸並非元代特有的用人取才之法，只是遵循中國傳統的精神而行。在〈選舉志〉中所述偏向於漢士遺逸，如名儒李治、劉因、蕭𣂏、吳澄等。在仁宗延祐七年（1320）的詔書中說明了科舉取才之不足，要求隱居才德而深明治道之士，亦求直言評時政者，以圖治功，至於著書立言，俾益教化，啟迪後人者，並在徵舉之例。這種求才的精神與中國式的傳統相當吻合。事實上元代累朝皆徵遺逸，不過人數極為有限。〔註 226〕

　　關於科舉方面，治史者大多知道在元代的特色，科舉中斷而不盛的原因在前文也已作了重點的提出。至於考試分榜等對蒙古、西域人的優待，如同國子學情形相似；反過來看，若無分榜優待的漢式科舉，蒙古、西域人終不能與漢人競爭，最直接的問題是科考全屬「漢學」，對外族而言是否有失「公平」？就此而言，分榜優待等應可理解。本文之目的倒不在於敘述元代科舉之內容，以及其施行之經過，也不在於討論蒙、漢待遇的問題，因為掌握中國政權的是蒙古與西域的聯盟，他們不只在科舉上有優待，在其他地方也多有優待的，甚至有其特權。其次，蒙、漢思想的不同，觀念上自有差距，以太宗時就已行過的準科舉之例，〔註 227〕到世祖時以他那麼龐大的漢士與漢化基礎而言，究竟還是不能實行，可想這其間的阻力多大；元代後半期終能行科舉，不能不說是漢士們與漢化意識者努力的成功。仁宗立定科舉使他在歷史上享有盛名，也為士人們所讚揚，事實上，他也只有這件事較合漢士的口

〔註 222〕參見《元史》，卷 177，〈陳顥傳〉，頁 11 下。
〔註 223〕參見《元史》，卷 183，〈蘇天爵傳〉，頁 18 上。
〔註 224〕參見陶宗儀，《輟耕錄》（叢書集成簡編，臺北，商務）卷 2，〈御史舉薦條〉所載。頁 39。
〔註 225〕參見《元史》，卷 81，〈學校條〉，頁 15 上～17 上。
〔註 226〕參見同前，頁 21 下～22 下。
〔註 227〕《元史》卷 146，耶律楚材傳記載楚材不斷地努力的經過，終使太宗九年（1237）以德州宣課使劉中隨郡考試，以經義、詞賦、論三科，令儒士被俘為奴者亦參加就試，得士四千三十人，免為奴者四分之一，實有功於士人，頁 7 下。

味外，並不是什麼特殊的賢君。

　　科舉時間短，名額有限，但其餘入仕之法仍照舊施行，故而科舉等於又增加士人入仕之途，不過漢士們所爭之科舉應該不僅是注重在入仕，而是一種漢化意識，一種士人的榮譽感，若由此來看，說元代重吏輕儒或還有理。若以「由進士入官者僅百之一，由吏致位顯要者常十之九」；亦即共治天下者，十九為刀筆吏出身，〔註228〕以及「蒙古用人，重吏輕儒，七品文資，選為省椽；八品流官，選為令史，公卿多由此進，舞文弄法，殃民甚矣。」〔註229〕等而言，則為科舉主義者，或者重官輕吏者的眼光；但這也是部分實情。前引明初方孝孺之語，他還有說法；認為以士為吏之元制是有其優點的：

　　　　吏皆忠厚潔廉，寬於用法，而重於有過；勇於致名，而怯於言利。進而為公卿者，既以才能政術有聞于時，而在郡邑之間者，亦謹言篤行，與其時稱。豈特吏之素賢乎？士而為吏，宜其可稱者眾也。元亡未久，而遺風舊俗之俱變，求之於世，……。〔註230〕

究竟明初立法科舉並非所謂時文八股，亦是走實用主義之路，頗有元代之遺意。〔註231〕而又重學校，以儒生分部歷事，師儒督學，世務練才〔註232〕也是合經史、吏業為一的精神，也合元代儒吏並重之意。

　　明末黃宗羲痛詆科舉之弊之餘，提出一些取士用人之法，其中有薦舉、任蔭、吏進、選辟、徵召等法，這與元代所行正有雷同，他又在評擊胥吏政治之時亦不廢吏之業，換言之，元代士人入仕與儒吏並進各種選法有其價值所在，完全用科舉取士並不能達到一定的理想。〔註233〕

　　元代用人取士頗受苛評，多以為表面雖崇儒，實則刻薄限制；科舉及各種選法等，其用意在牢籠而不予士人正當出路，〔註234〕這大概也是一般人的看法。當然元制自有弊端；「仕進有多歧，銓衡無定制」以至於「縱情破律，以公濟私……是皆文繁吏弊之所致也。」〔註235〕總之，舉其弊端，加以觀點

〔註228〕同註198。另參見揭傒斯，《揭文安公集》（四部叢刊初編）卷11，〈善餘堂記〉。
〔註229〕見黃瑜，《雙槐歲鈔》（叢書集成初編）卷5。
〔註230〕見註203。
〔註231〕參見顧炎武，《日知錄》，卷16，〈經義論策條〉。（國學基本叢書）。
〔註232〕參見柳詒徵，《中國文化史》，中冊（臺北，正中，民國67年），頁360～364。
〔註233〕參見黃宗羲，《明夷待訪錄》（梨洲船山五書，臺北，世界）〈取士〉上、下，〈胥吏〉等篇。
〔註234〕參見鄧嗣禹，《中國考試制度史》（臺北，學生，民國71年）。頁2130。
〔註235〕《元史》，卷81，〈選舉志一・序文〉。頁1下、2上。

不同，最後落得「即曰好儒，名焉而已」〔註236〕之語。

第三節　統治階層之構成與政治結構之特色

一、統治階層之構成

　　趙翼在《廿二史劄記》中有一條專論「元制百官皆蒙古人為之長」，舉出許多例子並加以說明，他的結論是「有元一代中外百官，偏重國姓之制也」，這與《元史・百官志》的序言相合。〔註237〕箭內亘專論〈元代蒙漢色目待遇考〉對趙氏之說已有補正，〔註238〕其考證論述確有價值，但對趙氏之結論並無改變，原則上亦不礙趙氏立論所言。

　　本文擬以《元史》列傳所載資料作成一些統計表，來檢驗元代統治階層的構成，期能對本文達到參考的目的，同時對趙氏與箭內亘所論或有補助之處。今以《新元史》、《蒙兀兒史記》兩書補配《元史》，是以三史之資料同參。〔註239〕所採之人物全以在中國元代者，若其他汗國則不計入。雖有傳而事蹟等不可考者不入，后妃、孝友、列女、隱逸、宦者、方技等傳亦不計入，其他則酌情有所說明。所採三史資料盡多士人階層，此亦列傳體裁之特色，故本文即以列傳為統計之基礎。

表一　元代統治階層各族分配表

種　族	蒙　古		西　域		漢　　　　　人						總計
	宗室	其他	西域	西夏	漢	女真	契丹	渤海	高麗	大理	
人數	94	220	229	46	743	24	42	3	8	4	1413
百分比	6.6	15.6	16.2	3.3	52.5	1.7	3	0.2	0.6	0.3	100
	22.2		19.5		58.3						

〔註236〕見《元史紀事本末》（臺北，商務，萬有文庫薈要）卷8，〈科舉學校之制〉，張溥所論。頁48

〔註237〕參見《廿二史劄記》（臺北，世界，民國60年）卷30，頁433〜434。

〔註238〕箭內亘的原作為〈元朝社會の三階級〉，收在《蒙古史研究》（民國64年，臺北，商務）上卷，頁263〜360，〈元代蒙漢色目待遇考〉係陳捷、陳清泉所譯之名，以單行本印行。

〔註239〕原應遍採元人文集、金石碑帖等資料計入，其可靠性尤高，但本節所論之重點在於較高級之統治階層，相信三史中對此類人物應絕大部分收入。統計之作用在參考，以能印證其他資料所述為目的。

　　由上表所顯示的資料，可提供一簡要的概念，漢人官員在其中是超過總數的一半，比例占最高，若將廣義的漢人合計，則接近百分之六十左右，蒙古與西域的聯合可超過百分之四十。這雖然僅供參考之用，但以漢人口居中國最多數而言，為治理上實際的需要，少數如蒙古、西域者，勢必不可能在各階層官員中居多，必大量運用漢官，且多數用在中、下階層官僚之中。在後面將作進一步之統計以明。

　　現在再將上素分化作幾個期別，或許可以看出各族在整個元代不同時期的一些轉變。約略以三十年為一代來區分，如此可分為五期：

　　（1）西元 1206 至 1234 年

　　起自元太祖稱號成吉思可汗，統一全部漠北，正式建立蒙古帝國始，至於元太宗滅金之年止。時間上不足三十年，但以蒙古南進滅金，對中國而言，華北地區開始由另一外族政權接掌。此期也就是前面所分的早期蒙古的草原時代。

　　（2）西元 1235 至 1260 年

　　起自太宗滅金，歷定宗、憲宗朝結束。對中國而言，亦即早期蒙古統治華北時期，距南宋之亡尚有十六年，但因世祖忽必烈即位以後，決定以中國地區為帝國中心，在其基本國策上有決定性之改變前的一個結束。

　　（3）西元 1261 至 1296 年

　　起自世祖中統元年至成宗元貞二年。本期全以世祖整個朝代為主，以及成宗即位初二年時間的接續時期。

　　（4）西元 1297 至 1332 年

　　包括元代中葉的幾朝，始於成宗大德元年，歷武宗、仁宗、英宗、秦定帝、天順帝、明宗、文宗、寧宗等。

　　（5）西元 1333 至 1368 年

　　全部為元末帝順宗的三十六年期間。

　　下表之分期配置，或難免有主觀之情形，將人物分配於固定的某一期發生難斷之時，原則上是以其主要表現之時期為主，或者以任職較長的時間為定。〔註240〕

〔註240〕參見陶晉生，〈金代的政治結構〉，《中研院史語所集刊》，第四十一本，第四分，頁 586。

　　由表二可以看出下列幾點：一是蒙古宗室所占比例以第四期為高，因在本期中帝位歷經變亂，宗室多參與其間，故而在統治階層內顯得較以往突出些，這與西域人相似，由於政權核心的變故，兩者的聯盟加緊，適而漢人在本期中則趨於最低時期。二是蒙古全部計看，前兩期較高，或由於當時帝國前期重心並不在漢地中國，帝國之建立發展多賴其本身之故。三是漢人所占比例逐漸高升，以第三期與第五期最高，第三期之高顯然係忽必烈政策之結果，大量引進漢人，而第五期或與科舉較盛有關，也與元末動亂，漢人較有突出的機會有關。按元代科舉共開十六科，其中順帝即占十科，自然入仕機會要較前為大。〔註241〕

　　雖然漢人所占比例較大，大致可與蒙古、西域的聯合來平分秋色，不過半數是在中、下統治階層之中，易言之，即有半數未能擠身於大政參決的階層之中。

表二　元代統治階層結構表

期別	民族	蒙　古			西　域			漢　人								統計
		宗室	其他	合計	西域	西夏	合計	漢	女真	契丹	渤海	高麗	大理	合計		
一	人　數	8	27	35	18	2	20	44	3	16	1	0	0	64		119
	百分比	6.7	22.7	29.4	15.1	1.7	16.8	37	2.5	13.5	0.8	0	0	53.8		%
二	人　數	10	36	46	26	7	33	77	4	9	0	2	0	92		171
	百分比	5.8	22.1	26.9	15.2	4.1	19.3	45	2.3	5.3	0	1.2	0	53.8		%
三	人　數	34	73	107	81	16	97	304	14	16	1	5	2	342		546
	百分比	6.2	13.4	19.6	14.8	2.9	17.7	55.7	2.6	2.9	0.2	0.9	0.4	62.7		%
四	人　數	29	45	74	67	10	77	158	1	1	1	1	0	162		313
	百分比	9.2	14.4	23.6	21.4	3.2	24.6	50.6	0.3	0.3	0.3	0.3	0	51.8		%
五	人　數	13	39	52	37	11	48	160	2	0	0	0	2	164		264
	百分比	4.9	14.8	19.7	14	4.2	18.2	60.5	0.8	0	0	0	0.8	62.1		%

　　現在再將元代三品以上官員的分配情形作一簡表來看。

〔註241〕元代開科取士十六次，參見李則芬，《元史新講》，第 4 冊，頁 673、674。

表三　元代三品以上官員各族分配表

族　名	蒙　古		西　域		漢　人						總計
	宗室	其他	西域	西夏	漢	女真	契丹	渤海	高麗	大理	
人　數	75	151	156	32	409	16	14	2	5	4	864
百分比	8.7	17.5	18.1	3.7	47.2	1.9	1.6	0.2	0.6	0.5	100
	26.2		21.8		52						

　　上表中可知漢人三品以上官員比蒙古、西域兩者之合略多，大體而言，人數眾多的漢人雖是被統治的主體，事實上也有不少機會擠身高階層中，就整個統治階層結構來看是如此，若就各族本身的官員中，這些進入高階層的比例如何？今以下表略示之：（表二併表三計）

　　（1）蒙　古：
　　　　（a）宗室：80%。（b）其他：69%。合計：72%。
　　（2）西　域：
　　　　（a）西域：68%。（b）西夏：70%。合計：68%。
　　（3）漢　人：
　　　　（a）漢：55%。（b）女真：67%。（c）契丹：33%。
　　　　（d）渤海：67%。（e）高麗：63%。（f）大理：10%。
　　　　合計：55%。

　　上面大略的百分比表示蒙古人出仕為官者，約接近四分之三可至高位，西域人則可達五分之三以上，漢人則有一半略多可進入三品以上之官位。就各自的比例來看，大概是蒙古、西域、漢人依次排列。

　　蒙古與西域人入仕至高位的出身背景，就三史中的記錄而言，絕大多數以世選、宿衛、軍功三者，尤以前二者為多。

　　關於漢人部分有必要作一簡表來觀察：

表四　漢人三品以上官員出身表（百分比）

之一：漢族

出身	蔭襲	宿衛	吏進	軍功	科舉	薦舉	學校	徵舉
比例	14.7	15.4	30	13.4	6.4	7.1	4.2	8.8

之二：非漢族之漢人

出身	蔭襲	宿衛	吏進	軍功	薦舉	學校	其他
比例	43.2	20.5	4.5	15.9	4.5	2.3	9.1

之三：二者合計

出身	蔭襲	宿衛	吏進	軍功	科舉	薦舉	學校	徵舉	其他
比例	17.4	15.9	27.6	13.7	5.7	6.8	4	8	0.8

　　表三、表四之作尚有一點需在此提出，即世祖中統以前未有官品制，多以蒙古本位為主，或有漢式官稱，也未必合於漢制。有元一代所遵循之官品制度，雖有調整更變，然大體皆循世祖時所定之制，故而三品以上官制都以第三期以後者列入，換言之，前二期中即使有權力地位較高者，亦不在此二表所計之內。

　　三品以上官員雖然是高階層官僚，但政府中央權力之代表仍在於中書省，其中的官員們為右、左丞相與平章政事，右、左丞，參知政事等。今依據三史的〈宰相表〉逐一檢閱，簡化成下列表格（表五）。再根據《新元史》的〈行省宰相表〉，以及吳廷燮，〈元行省丞相平章政事年表〉（廿五史補編，臺灣開明書店）等，簡化成行省宰相的統計略表（表六）。

　　由表五、表六中約略可以看出中央以及行省的宰相中，單就漢族而言都佔足了全部的三分之一，其餘三分之二可以說是分配到蒙古、西域二單位中，就人數而言漢族盛於蒙古、西域，就人次而言則僅略盛之。但是此二表中若以蒙古、西域的聯合與漢人之聯合而言，在中央宰相的人數與人次前者有相當大的優勢，行省方面則前者僅在人數上略差數人，但在人次上則又有相當大的優勢。

表五　元代宰相各族人數及人次表

民　族	蒙　古	西　域	漢 人				統　計
			漢	女真	契丹	高麗	
人數	96	90	119	5	4	2	316
比例	30.4	28.5	37.6	1.6	1.3	0.6	100
人次	397	420	447	33	22	5	1324
比例	30	31.7	33.8	2.5	1.7	0.3	
			38.3				

表六　元代行省宰相各族人數人次表

民　族	蒙　古	西　域	漢　人					統　計
			漢	女真	契丹	高麗	大理	
人數	75	70	135	6	4	3	3	296
比例	25.3	23.7	45.6	2	1.4	1	1	100
人次	623	526	640	26	9	24	6	1854
比例	33.6	28.4	34.5	1.4	0.5	1.3	0.3	
			38					

　　由於資料上一個問題又可對前述二表所顯示者提出修正，就是在檢閱各族人員時，許多人物不詳，難以考定屬於何族，絕大部分約十之九都是非漢人者，亦即有許多外族難定屬蒙古或西域。在中央宰相部分，三史宰相表中至少有七十餘人不詳，行省方面有六十餘人，但可確定十之九為非漢人。若將這些難考定的非漢人加入前二表中，顯然統計之結果有不少差距，今不妨作一概略之綜合表，以便參考：若以中央七十七人不詳者，以七十人配於非漢人，七人配於漢人，行省六十五人中，以六十人配於非漢人，五人配於漢人計之。人次則各以單一計次。此一概略綜合之表因以漢人與非漢人兩元分配，故暫稱為兩元分配略表，表七之一為表五之參考，表七之二為表六之參考：

　　表五、六及表七，以兩元分配比較而言，除了行省宰相人數有了較大的修正外，其餘各方面並無原則上之改變，行省人數使得非漢族又取得了相當優勢。簡言之，以漢人、非漢人兩元的比較來看，表五、六已顯出後者的優勢居多，以修正的表七來看，則毫無疑問的是非漢人有絕對的優勢。

表七　元代宰相兩元分配略表

	表　之　一				表　之　二		
	漢　人	非漢人	統　計		漢　人	非漢人	統　計
人數	137	256	393	人數	156	205	361
比例	34.9	62.1	100	比例	43.2	56.8	100
人次	514	887	1401	人次	710	1209	1919
比例	36.7	63.3	100	比例	37	63	100

　　照元代的官制來看，中央政府掌實際大權為右、左丞相與平章政事，此二者為政策的決定者，右、左丞與參政是協助以及參與討論者，權力的性質有相當差距。行省的情形亦皆類似，故而政府真正掌權定策的在丞相、平章。以三史宰相表對於漢人在這一級的重臣也作了統計，其有不足者則以列傳補之。先看中書省：

　　右丞相：史天澤（任期約五年，以下各任期皆僅列年數），耶律鑄（一）。

　　左丞相：耶律鑄（十），賀勝（不詳，宰相表缺，以本傳補），賀惟一（五，即太平）。

　　平　章：王文統（三），趙璧（九），黏合南合（三），史天澤（一），張惠（三），宋子貞（一），張易（八），葉李（一），張九思（一），梁德珪（三），王慶端（一），賀仁傑（一），李孟（四），張珪（五），章閭（四），劉正（一），王毅（四），敬儼（二），賀惟一（三），丁好禮，樂實。以上共二十一人。另外在元亡前數年又見不少名單，當時政制已壞，官爵也濫，恐怕多數係要結濫賞者，較為著名者列之如下：魏賽因不花、李保保、李思齊、關保、陳秉直、楊誠、陳敬伯等共七人。又根據列傳中資料再補入一些宰相表所漏者，李庭、何榮祖、趙仁榮、尚文、石天麟、異君祥、崔彧、姚瑋、王伯勝、何瑋、張珪、賀勝等十二人。若不計元末者，則至少知有三十三人。

　　前列丞相、平章等的出身，其結果如下：（元末七人不計）
宿衛出身者佔最多，共十一人，佔全部三十三人的三分之一。
其次為吏進與蔭襲者。吏進有六人，約接近全部的五分之一。蔭襲者有五人，約接近全部的六分之一。

　　軍功出身以及不詳者各佔三人。徵舉與薦舉各有二人。

　　關於行省的丞相與平章也為數相差不多，現將資料綜合如下：
曾任丞相者有史天澤（一），高興（六），賀惟一（三），元末又有方國珍、張士信兩人。

　　平章有張惠（三），高興（十五），程鵬飛（十九），董士選（七），王伯勝（四），呂天祺（三），史格（二），史燿（三），何瑋（三），高昉（四），姚瑋（一），史弼（八），劉國傑（十），賀仁傑（六），曹立（二），趙訓（一），張翥（二），高家奴（七），周全（一），李珩（三），游顯（二），劉整（一），

張文謙（三），李德輝（一），洪君祥（一），洪寶寶（三），張驢（五），梁子中、商嵩、兀愛、宋阿重、李好文、劉哈剌不花、孫德謙、張禧等三十五人左右。元末尚有約十八人左右，他們是李思齊、孔興、王誼、王信、方國瑛、方國珍、方明善、李克彝、申榮、劉益、郭雲、張士誠、保保、陳友定、張思道、張普、張士德、馮德等。

同樣地將行省丞相、平章出身作一分析如下：

出身最多者為宿衛，共有十人，佔全部卅七人的 27%。但出身不詳者也達十人之多。

其次為軍功出身者，有九人，佔全部的 24%，有四人為南宋之降將。

蔭襲類者有四人，以吏進出身者三人，進士出身有一人。

對於漢人在中書省與行省的丞相、平章中所佔的地位有概略的了解，再與前面所作的一些統計參考資料相看，可知漢人官僚雖然相當龐大，甚至三品以上官員佔了全國的一半，但愈往上層游升愈難；在宰相方面不論中央或行省者，都減少了許多，非漢人的權勢佔上相當的優勢，觀察到更上層決策國政的地位時，又比非漢人降低許多，就宰相表所列，非漢人約有六十人左右為丞相，而平章一級的多達一百六十人左右，行省方面亦類似，可知其間差距如何。

關於樞密院方面情形又不如中書省，定決策之首長為知院、同知二者，副樞則為助理決策者，但在世祖中統初副樞地位很高，是決策者，其時未設知院、同知等。〔註242〕今將出任此三職之漢人列出：（以三史列傳為主）

知院與同知：賀均（知院），李孟（同知），劉哈剌不花（同知）三人。
元末有知院二人，李保保、魏賽因不花。

行樞密院：商挺，王文幹，張俊。元末有李思齊，魏賽因不花。

副樞：史天澤，趙璧，陳祖仁，徐有壬，吳元珪，石珪，李稷，商挺，張文謙，王約，張宏範等十一人。

行院副樞：劉則禮，董摶霄，塔海，李德輝，鄭制宜，丁好禮等六人。

元代防範漢人，曾屢頒弓矢之禁，對於掌兵機戎務之大權自是視為禁忌而不待言。原來樞密院之最高首長為院使，猶之乎中書令一樣，例由皇太子兼，故中統初處理實際政務者為副使，史天澤與趙璧當作如是觀，不過他們雖然理軍，但是否有決策權尚難以考察。到至元七年（1270）設同知等，以後漸有更改，副使地位乃居院中第三。

〔註242〕參見《元史》，卷86，〈百官志二〉，頁1上、下。

賀均為宰相賀惟一之子，故而能打破朝廷國法故事以掌樞密，真拜知院恐怕也惟有他一人。李孟早年宿衛仁宗，也是仁宗之師，武、仁二帝定策皆有大功，因此武宗特授其平章兼同知，但不久仁宗即位後就未見兼同知，任期不長。劉哈剌不花係宿衛出身，在元末順帝中期以軍功升至同知。

知院、同知與行院六人（元末不計），出身宿衛者三人，蔭襲者二人，一人不詳。

副樞包括行院者共十七人，宿衛出身者有五人，將近佔了五分之一。科舉出身者有三人。吏進、軍功、類者各有二人，蔭襲者三人，薦舉與不詳者各有一人。

在品級上而言，只有知院與中書平章相當，同知與右左丞相當為正二品，副樞則與參政相當為從二品，若與中書決策地位相比者，唯有賀均一人知院而已。不過行院品秩與內廷相同，故而又有三人可計入。不論如何漢人在樞密院中之權力地位遠不如中書省，正如在御史臺方面一樣。

御史大夫為臺官首長，與中書平章同品秩，以元代的規定是「非國姓不授」，但至少有西域人十五人出任此職，一名漢人也破例任職，[註243] 例外雖有，只是漢人僅知有一人而已，即後來也出任中書丞相的賀惟一。

關於正二品的御史中丞來看漢人倒有二十多人出任，這是臺官第二級的首長。名單列之如下：

張起巖、魏初、崔彧、楊居寬、李稷、陳思謙、程思廉、何榮祖、張雄飛、張宴、劉哈剌八都魯、耿煥、董文用、董士珍、董守簡、張珪、何瑋、蕭拜住等十八人。

行臺方面有蓋苗、韓鏞、張起巖、張養浩、劉正、韓國昌、徐毅、石珪、姜彧、董守簡、董士恭、張珪、韓元善、魏中立、曹伯啟、劉宣等十六人。

兩者合併來看其出身：居最多者為吏進出身的十人，佔了近三分之一。其次為宿衛出身者有七人，佔了四‧五分之一左右。科舉出身有四人，薦舉、蔭襲、不詳者各有三人，出身學校者有一人。在薦舉類的三人，其最初所薦是吏職，故亦可視之為吏進之屬。

〔註243〕參見註238書，頁298，其中舉出西域人八人出任此職，但據洪金富，〈元代監察制度的特色〉一文中，則檢出十五人，見《成功大學歷史學報》，第二號（臺南，民國64年7月），頁219～276。

二、政治結構之特色

　　元代係外族統治中國的時代，在各方面都易顯出與漢人思想、觀念極不一致的地方。漢人的朝廷多少都要受到中國傳統的影響，蒙古人自然不必受這種「束縛」，他們根本不是生長在中國的社會環境之中心，也非受中國文化、思想蘊育出來的政權承繼者，蒙古初期未接觸這些個下層與上層的傳統，對外的接觸反而是女真的金國與西域各民族。金國提供的也是他們自己發展出來的複合性體制，許多地方都影響了蒙古新朝的建立，不但蒙古統治階層以金制為典範，而元初漢士們所努力干新朝權貴者，也多以金制為藍本，所謂漢法，實多有金制在內。西域人在北亞民族圈內極早就扮演重要的角色，較突出的一項是他們的商業能力，由於所處地理位置促使貿易發達與對外交通頻繁，其理財知識與經驗卻非中國本土式的，同樣地對城市治理的方式與金國一樣，都提供給蒙古人用來衡量對中國的治理。

　　金與西域是蒙古最早接觸的不同對象，這兩地的人才也較早進入蒙古圈內，比較起來西域還在許多方面要較金國接近蒙古，就是前面曾提到屬於同一文化圈的關係，這不只是他們彼此間有認同的趨向，也是中國漢人傳統以來共通的看法，就把長城以外的各民族視為同類，這在前章裏已有說明，不再贅述。就具體一點來說，從蒙古最初期的軍、政組織等可以追溯到與北亞其他民族的關連，語言、文字上亦如此，尤其是文字，根本就是由西域人為蒙古創製的，在蒙古擴張之初，西域人也是較早輸誠，而且往往是整支部族或者舉國族而歸附，因此除蒙古本身外的各民族；西域人也成為較早加入蒙古統治階層者，西域人才的被重用也不止在軍、政等方面。值得注意的是，蒙古早期皇室、貴族們的教育大都抑賴西域人，固然是因為語文上的關係，實在也是與文化圈有關的。這些可參見前面論「必闍赤」之處。

　　對於元代政治結構之特點，擬舉數端說明之：

（一）北亞聯盟控制政權實施決策

　　根據前面所作的各種表格來看，元代政權的控制者操在蒙古與西域人組成的北亞聯盟手中。三品以上官員全部大體初計是漢人佔五二%，比例略高些，但漢人人口遠高於其他民族，理應佔多數，且漢人本身入仕高層的機會只有一半，而蒙古人達到四分之三左右，西域人亦有五分之三。再以中書省的宰相與行省部分合看，表七顯示出北亞聯盟佔有極大的優勢。又中書省掌實權者在丞相、平章兩級，合計觀察所知的漢人僅三十多人，而北亞民族的合計

達二百餘人，這其間的差距之大可知。

樞密院掌兵機自非漢人能掌其權，「兵籍係軍機重務，漢人不閱其數」。〔註244〕這全國最高的軍令機構除極少一、二漢人之外，都操之在外族手中，因為漢軍人數多，尤其在平宋以前，是不能沒有漢人參預軍機的，但擁有多少實權並不明確。不論如何，就整個元代來看漢人實在不干軍權，僅有極特殊的例外而已。

在御史臺方面，首長是依制不予外族者，但已知西域人有十五名，漢人則僅得一人之例外。其餘有關監察之權留待後面并敘。

元代地位極高又特出的一個中央機構是宣政院。至元二十五年（1288）改總制院成宣政院，而且「秩從一品，印用三臺」，〔註245〕可見其地位之高，在典章的詔書定制中以中書、樞密、御史、宣政等四大衙門並列，有時時還加入徽政院在內，〔註246〕元史中也說這四大衙門「得自選官」並且是「具有成憲」的。〔註247〕中書為政本，一切機務都應由之，但樞密、御史、徽政、宣政等例外，可自行奏聞，〔註248〕至治元年（1321）的聖旨中也強調在全國的政令系統內，四大衙門的獨特地位，意味著平行分立之制。〔註249〕

宣政院地位的特出，還可以在其職權與人事結構上看出，掌管全國的釋教僧徒、吐蕃的軍、民之政，其他相關的辦道場、佛事、宣教文化、維持地方治安等等，又與省、院、臺一樣設有行院。國師領衛宣政院，但實際理政者為院使，而出任院使者未發現有漢人參加，全係蒙古與西域人，這些人前後的資歷都是三臺的首長，或兼或轉，可知元代對它的重視，〔註250〕但卻全為北亞民族的天下。

準上面的說明，元代的政權可說是在北亞聯盟的控制之下，就此原則難怪錢賓四先生要說是狹義的部族政權了。〔註251〕

〔註244〕見《元史》，卷98，〈兵志一・序文〉，頁3上。
〔註245〕《元史》，卷15，〈世祖本紀十二〉，頁12下。
〔註246〕見《元典章》，卷2，〈振朝綱〉，記載了武宗至大四年的兩道詔書，四月的詔書並舉四大衙門，而三月的詔書中又加上徽政院。頁2上、下。
〔註247〕見《元史》，卷22，〈武宗本紀一〉，頁11上。
〔註248〕參見《元史》，卷102，〈刑法志一・職志上〉，頁13下。
〔註249〕參見《元典章》，〈新集・朝綱・中書省・紀綱〉，頁3下。
〔註250〕關於元代宣政院之研究，詳見札奇斯欽，〈說元代的宣政院〉，《中國歷史學會史學集刊》，第3期（臺北，民國60年5月），頁39～620。
〔註251〕參見《國史大綱》，頁585，謂清代為中國近代史上狹義的部族政權之再建，而初建者為蒙元。

（二）皇室與貴族形成的閥閱政治

元代實行封建制度，自與閥閱政治有關，其所封建者為皇室、貴族、勳臣等，而後二者又往往合一亦不需區別。早自太祖時即有萬戶、千戶等分封，而後諸汗國、大王等封建乃形成蒙古帝國的聯邦形式，因不在中國本土之內者，故不予討論。中國本土的分封始於攻略金國，最具體的藩鎮就是前面提到的行省、元帥等頭銜者，後來漢人藩臣權力漸被收回，只能有蔭襲的軍職，間亦有部分的民政權，但大部分的民政權與財賦權都收歸了中央。事實上漢人在封建這一部分並不佔什麼地位，重要的是非漢人的皇室、勳臣們，妨礙到軍、刑、民、財等政。

自太宗以後歷朝皆有益封或新采，最顯著的影響是在官選與財賦上，《元史》的記載也集中在〈選舉〉與〈食貨〉兩志內，〈食貨志〉上說：

> 自昔帝王於其宗族姻戚必致其厚者，所以明親親之義也。元之為制，其又厚之至者歟！凡諸王及后妃、公主皆有食采分地，其路府州縣得發其私人以為監，秩祿受命如王官，而不得以歲月通選調，其賦則五戶出絲一斤，不得私徵之，皆輸諸有司之府，視所當得之數而給與之。其歲賜則銀幣各有差，始定於太宗之時，而增於憲宗之日，及世祖平江南，又各益以民戶，時科差未定，每戶折支中統鈔五錢，至成宗復加至二貫，其親親之義若此，誠可謂厚之至矣！至於勳臣亦然，又所以大報功也。〔註252〕

〈選舉志〉中所言為封建下的選人授職等，說明歷朝的沿革規制等，由於文長不錄。〔註253〕總之，在元代本已複雜的選法之外，又給予特權者的單行法規，真正「厚之至者歟」！

就整個蒙古帝國而言，在中國之外的封建勢力相當龐大，中央與諸王之間許多的因素造成戰爭；封建戰爭的結果之一，就是帝國的分裂，元朝廷只象徵了全帝國大可汗的中央，其餘諸王，各汗國等都各自為政，成為獨立自主之國。在中國的封建勢力也曾因朝廷而略有消長，若有衝突，其重點在於保有特權，或者欺壓吏民等，再則除去參與政變等陰謀外，其與統治階層仍是站在一致的立場，亦即是元朝廷分割中國的小部分，交由封建勢力治理，其於漢人並無差異，這只是北亞聯盟本身的矛盾而已。

〔註252〕見《元史》，卷95，〈食貨志三・歲賜・序文〉。頁1上、下。
〔註253〕參見《元史》，卷82，〈選舉志二・銓法上〉，頁18～19。

　　貴族閥閱等又與蔭襲和宿衛制度有絕大關係，閥閱之形成的基礎多在此二者，即便是少數漢人世家，也多循此二途繼續維持其門閥，因此是互為因果的。其次由軍功或他途而成閥閱者，也正係多出閥閱之家，只要是這兩個制度不廢，閥閱政治即有可能延續下去。

（三）監察網密，而君權與權臣之權力卻無以限制

　　監察制的臺、諫兩系統在元代已合而為一，合一的方向是監察百官為天子作耳目這方面。司諫君王的左右補闕，在元代是空具的官銜並無實權，沒有一點制度限制君王的權力，固有的監察制度反而發展日趨嚴密，用來監督全國的官僚。御史臺與江南、陝西二行臺，加上二十二道肅政廉訪司，是元代特殊的監察網。人選上是漢人與非漢人保持均衡，以免產生民族間的袒護或其他流弊，故而漢人不少出仕監察機構之中，但卻排斥南人於其中，無非是為政治上的考慮之故。〔註254〕

　　元代在制度上似乎沒有立定對帝王權力起碼限制作用的諫官，事實上在君主制度下即使有諫官也未必能對其權力有什麼作用，所謂的作用也都在消極一面，然則即便是這種消極作用也端賴帝王們的接納與否，在權力上而言，根本是微乎其微的。元代也並非絕無諫官之類的觀念，例如太祖在1206年稱可汗時分封功臣，其中忽難、濶濶搠思、迭該、兀孫老人等四人的職責就屬監察性質，而其職權是含臺、諫二者合一的，〔註255〕以這個傳統來看元代的監察性質頗有相合之處，元人自己也說：「前代有諫官，有察官，其任皆重也，我朝唯設監察御史，而諫官之責寓焉，則御史實有兩重任也」。〔註256〕又如至元五年（1268），御史臺初置之時，典章中立定有三十六條內臺的職責，至元十四年（1277）置行臺時立定三十條職責，皆全在糾舉百官，〔註257〕但在成宗初即位時對御史臺所下的詔書中說明了依例可以進諫皇帝，〔註258〕正合臺諫為一的傳統，也正如世祖初置御史臺時，對首任御史大夫塔察兒所言：「臺官職在直言，朕或有未當，其極言無隱，毋憚他人……」。〔註259〕如果帝王有

〔註254〕參見洪金富，〈元代監察制度的特色〉，頁219～276。

〔註255〕參見《蒙古秘史》，卷9，第210節及216節。

〔註256〕見蘇天爵，《滋溪文稿》，（元代珍本文集彙刊），卷首，目錄後之跋文，陳旅所書。

〔註257〕參見《元典章》，卷5，〈臺綱卷之一‧內臺、行臺〉等部分。

〔註258〕參見《元典章》，卷6，〈臺綱卷之二‧體察〉。頁7下。

〔註259〕見《元史》，卷6，〈世祖本紀三〉，頁15上。卷163，〈張雄飛傳〉中所記相似，唯此語非僅對塔察兒一人所言，亦對張雄飛言之，見頁6上。

雅量，可以如玉昔帖木兒「遇事廷辯，吐辭鯁直，世祖每為之霽威」，〔註260〕
否則毫無效果，反而遭禍，這應該不限於元代，各代亦皆如此。

　　權臣不是受帝王寵信，就是能威脅到帝王，其權力來源幾等於君權，自
然監察力量不能到達。即使親信之人也未必能影響權臣的地位，如撒里能親
至世祖榻前歷數桑哥之罪，但世祖大怒之餘，命衛士批其頰而口鼻流血於地
就是一個極好的說明。〔註261〕

（四）宿衛地位高超

　　宿衛制度在元代的特性前已有言，在用人取才的部分中也可以看出宿衛
出身的高超地位，其與勳臣世胄一樣，不在制度的選格之中，全由帝王超遷，
〔註262〕這個特權階級是元代一大特色。在中書與樞密兩者掌實權的首長中，
漢人也是以宿衛出身者居多數，御史方面則居第二，可見得元代政權的貴族
性不止是以北亞民族為對象，漢人亦多這種色彩。

（五）入仕途雜，漢人以吏進為多

　　元代入仕之途最能表現其複合帝國的性質，除沿用蒙古本身的蔭襲、宿
衛、軍功等項北亞民族的傳統以外，也沿用漢制中的吏進、薦舉、徵舉、學
校、捐官、科舉等等，蒙古本身所用之途徑在漢制中也曾有過，但發展到元
代時期，所謂正途出身者主要是指科舉，故而當時的漢士們都一再地爭取，
一再地論述科舉之重要，但究竟不是非漢人所著重者，這是基本觀念的差異，
決非短時間所易轉變。蒙漢思想的差異，在許多地方都表現出基本觀念的不
同，這些問題在下章中再作討論。

　　吏進入仕的漢人中許多都是士人階層，決非一般不習儒業的刀筆之徒。
未行科舉之前，主要的入仕途徑即在此，何由漢士選擇？元初各級首長皆得
自辟署官，已成為一個制度化建立官僚的基礎，效果似乎不差，換言之，在
世祖一統以前，漢地各種入仕途徑都已出現，大批下層官僚多以吏進為主，
也最能解決現實問題，及世祖時亦如此，「國朝統一宇內，治具甫新，未遑以
科舉取士……時方尚文法吏事，郡長二有愛其材敏者，挽使任簿書。」〔註263〕

〔註260〕見《元史》，卷119，〈博爾忽附玉昔帖木兒傳〉，頁19下。
〔註261〕見歐陽玄，《圭齋文集》（四部叢刊初編）卷9，〈趙孟頫神道碑〉，頁64下。
〔註262〕同註1。
〔註263〕見黃溍，〈都功德使司都事華君墓誌銘〉，《金華黃先生文集》（四部叢刊初編）
　　　　　卷37，頁390上。

　　以世祖漢化的傾向以及龐大的漢士集團而言，被視為正途的科舉仍不能定制，吏進還是普遍的入仕要途，到仁宗行科舉以後，只不過多加了一條仕途外，於吏進似乎也無什麼影響。姚燧說吏進入仕的十九有半，雖然不免誇張之嫌，但指中、下層官僚而言恐怕是不錯的，何況根據前面的一些統計資料來看，由吏進入三品高層的就是佔首位，不過比例只佔全部入仕途徑的三分之一，往更高層來看，其所佔比例大部分僅低於宿衛、蔭襲兩種特權階級。

第三章　士人之政治地位與問政

第一節　蒙漢政治思想之差異

一、借才異代與政治人才

　　元代蒙古人的政治思想惜未見到當時資料專文論及，所見多屬零星的隻字片語，而沒有成體系的思想，故而本文所論只能就大的角度作整體的觀察，以了解與漢地士人之差距，即可知士人參政所遭遇之處境。例如從蒙古傳統制度、元朝廷性質等來觀察與漢士觀念之差異。由於第一手資料的缺乏，無從憑藉以如同討論中國政治思想一般，或者某人的政治思想，而在中國政治思想諸書中也未見有關蒙古之論，論及元代者亦皆以當時漢人思想為主，若要由其中來反映出蒙古的政治思想，恐怕亦無法達到此目的，能反映出的多係政策與政績之良窳，或者少許觀點與意見等，不過就此或許也能整理出一些眉目來。

　　其次，在討論中有許多是屬於一些觀點、主張、或者意見等，談不上是有體系之思想，但若集合這些也可在其背後看出其思想之概貌。

　　首先根據兩部重要的蒙古史料來看，將蒙古君王貴族們言論中的政治觀點提出，則大體上可分成三類：其一為有關君德修養，其二為為政之要，其三為治民之原則。這些資料較多見的是在一部「記載古代蒙古可汗們的源流，並建立國家綱要的黃金史綱。」簡名為 Altan Tobchi，即《黃金史》[註1]中，

〔註1〕本書根據札奇斯欽，《蒙古黃金史譯註》（臺北，聯經，民國 68 年）。該書原作

其次在《蒙古秘史》中也可見到，但《秘史》記載氏族源流、草原戰爭、人物活動等較詳，政治言論方面較少。今綜合二者如下：

在君德修養方面條目相當多。蒙古盛行天無二日，民無二君的說法，天下一君的觀念極強，〔註2〕故而忠君的觀念亦有，忠不止適用於君臣之間，也被要求於「伴當」之間，在君權漸集中後，忠誠多被強調於君臣之間，〔註3〕但在君德修養上也注重忠誠，因為賢君是其目標，而欲為賢君；其君德之要求還有多項，如不可妄自尊大，要成為勇士，心志要專一等（《黃金史》、頁49、84、88，以下僅記頁數），勿自大則宜虛心（59），虛心可以寬大而容（59），亦可接受諫言（48、50，《秘史》309、320），可以近君子而遠小人（60），不可循私，宜心存公平（56、71、82）為君要有堅毅之志（80、88）外，尚須自制（88）。

為政之要有與君德修養重合者，如心存公正，近君子遠小人即是，其他有重用賢能（48），為政不在言多（67）而勤政不懈（67），對於宗室們要團結齊志，消除隔脈（79、82）。立綱紀而明賞罰（71），節省財費（65）。國家要謹慎守成，否則即將崩潰（49）。重視成憲與傳統（39）等。

治民方面的原則最主要的是使民安居樂業，亦即幼有所養、老有所安（62），但百姓們一定要尊卑不得僭越（51）。

就上述論政的觀點而言，與漢人所論並無差別，若檢視《元史》紀、傳資料亦可發現不少，且隨手舉數例來看：

當蒙古親貴兵入漢地時，隨處掠民羊、豕等，憲宗聞知即遣使問罪，於是蒙古諸軍不敢有犯。〔註4〕

有諸王在濟南侵擾居民，蹂踐禾稼，成宗命詰問之，此王逃歸本部而去，成宗以宗戚不法尤應罪之，並令宗戚權豪不得奪民田。〔註5〕

英宗即位初立禁宗戚權貴避徭役，及作奸犯科。當時又詔京師勢家與民均役。依中書省議禁擅奏除，並恐有遺忘或乘間奏請而濫賜名爵，令中書當

者為十七世紀後半期之高僧羅卜桑丹津 Lobsang-danjin，所用之史料除《蒙古秘史》外，亦有其他部分（見解題），可知本書係參用多種史料而成之史書，極具價值。

〔註2〕參見前註，頁55、72等。
〔註3〕參見拙作，《早期蒙古游牧社會之結構》，頁135、136、128等。
〔註4〕參見《元史》，卷3，〈憲宗本紀〉，頁6下。
〔註5〕參見《元史》，卷19，〈成宗本紀二〉，頁17上。

復以聞。通政院有託近臣獻七寶帶者，英宗說：「朕登大位，不聞卿等薦賢，而為人進帶，是以利誘朕也！其還之」。〔註6〕

泰定帝時以國用不足罷書金字藏經。又受御史臺諫官：廉訪司蒞車以非世祖舊制，賈胡鬻寶，西僧修佛事，所費不敷支付，於國又無益，從而罷之。在分遣全國十八道宣撫使時；下詔說道他的心願是夙夜圖治，一守祖宗成憲，蠲賦詳刑，賑恤貧民，欲與百姓同享有生之樂。其遣使宣撫之目的在於按問官吏不法，詢民間疾苦，與興利除害等。〔註7〕

至元末的名臣完澤，曾為真金太子東宮僚長，太子當眾說：「親善遠惡，君之急務，善人如完澤者，群臣中豈易得哉！」〔註8〕真金雖受漢化很深，但其言語也是蒙古傳統中為政之要與主政者的修養，在這裏可以看出其重合之處。完澤後來主政為相，雖無什麼大功作為，但頗能守成，維繫大體。

忙哥撒兒為斷事官之長時，以公正嚴明著稱，曾詢問僚屬為政之道，有西夏人和斡進言「在持平而已」，忙哥撒兒在憲宗前稱譽其善，憲宗亦以和斡為有用之才，和斡也由是而知名。〔註9〕

火魯忽臺在天曆元年（1328）時曾上奏說：「有犯法者治，當自貴人始；窮乏不給者救之，當自下始，如此可得眾心矣！」〔註10〕

上面所舉蒙古君臣之事蹟與言語，在於說明其政治觀點並無異於漢朝廷之君臣，雖然入元以後多少都接觸一些漢人思想，而且《元史》為漢士所修，多傾向於中國本位以及儒家主流，自不免記錄與之相近的資料。就此而言也不盡然，如果參看前述由蒙古史料整理出的觀點，可知《元史》所載姑不論漢文化之接觸與漢士之偏心記載，當知蒙古君臣的政治觀念也有其自身之傳統與思想的淵源。至於其他如世祖、仁宗、文宗、順帝等接受漢化較多者，必有更多言行與漢文化相合者，自不待多舉了。

照前面所論，尤其是蒙古史料所舉者，原則上大有與漢觀念相合或近似，卻不能說兩者思想體系亦能如此，因為這些觀點只能作為思想體系中的「元素」之類，相同的元素未必建構出相同的思想，何況還有其他許多複雜的因素，如生活習俗、歷史傳統、現實環境等等。在一段記載中，多只言及某一觀點，或

〔註6〕　參見《元史》，卷27，〈英宗本紀一〉，頁5～7。
〔註7〕　參見《元史》，卷29，〈泰定本紀一〉，頁25、26。
〔註8〕　參見《元史》，卷130，〈完澤傳〉，頁14上。
〔註9〕　參見《元史》，卷124，〈忙哥撒兒傳〉，頁12上、下。
〔註10〕　參見《元史》，卷123，〈召烈臺抄兀兒傳〉，頁2下。

者記一問題對特定之人與事而作說明的一面，據此而論思想必至不全。如果集合這些觀點及其運用，再考察史事以配合，應該可以看出其思想的線索，藉此以觀與其他之差異，在資料貧乏的處境下，亦不失為一條可試行之途。

例如用賢才，有這樣的資料說：「得著賢能，不要使（他們）遠離自己；得著賢能，使用寶貝換取（他們的）喜悅，對你們（皇弟、皇子們）仍有大利」。〔註11〕在《元典章》中特別立了舉賢才一項要政，其中所要求的賢才包括：前代聖賢之後，高尚僧道儒醫卜筮，通曉天文、曆數，並山林隱逸名士，才德可用之士，廉幹人員，不肯賄賂權臣隱晦不仕者。成宗時的詔書中說：「天下之大，不可以亡治，擇人乃先務也……各舉廉能識治體者……務要皆得實材，毋但具數而已。」仁宗行科舉明言是求賢材，然復下詔求「隱居行義，才德高邁，深明治道，不求聞達者」。〔註12…〕

元代諸帝即位或改元，更容易看到舉用賢才之類的文字，如同漢人各代帝王一樣，似乎已成為格式，總要表明對賢才重視，這一點來看是無差別，而且也可以找到蒙古本有尚賢之傳統。歷代都遭到的問題是：賢才未必皆能大用，非賢才庸碌之輩或可在位，這其中還牽連到才與德之問題，以及能否識人之問題，如司馬光在《資治通鑑》之始，記三家分晉後的評論，即以才德論為發揮，他說：

> 夫才與德異，而世俗莫之能辨，通謂之賢，此其所以失人也。夫聰察強毅之謂才，正直中和之謂德。才者，德之資也；德者，才之帥也……是故，才德全盡謂之聖人，才德兼亡謂之愚人；德勝才謂之君子，才勝德謂之小人。凡取人之術，苟不得聖人、君子而與之，與其得小人，不若得愚人。何則？君子挾才以為善，小人挾才以為惡。挾才以為善者，善無不至矣，挾才以為惡者，惡亦無不至矣。愚者雖欲不為善，智不能周，力不能勝，譬如乳狗搏人，人得而制之。小人智足以遂其姦，勇足以決其暴，是虎而翼者也，其為害豈不多哉！夫德者人之所嚴，而才者人之所愛；愛者易親、嚴者易疏，是以察者多蔽於才而遺於德。……故為國者苟能審於才德之分而知所先後，又何失人之足患哉！〔註13〕

〔註11〕見《蒙古黃金史譯註》，頁48、49。
〔註12…〕　參見《元典章》，卷2，〈聖政卷之一〉；「舉賢才」項，延祐七年十一月。
〔註13〕見《資治通鑑》（臺北，世界）卷1，〈周紀一・威烈王二十三年〉，頁14、15。

司馬光之論固有所見，也有其時代背景，恐有評指其政敵王安石之意。朱熹對其所論有所意見，以為溫公之言有語病，《朱子語類》中說：

> 才有好底有不好底，德有好底有不好底，德者得之於己，才者能有所為。如溫公所言，才是不好底，既才是不好底，又言才德兼全謂之聖人，則聖人一半是不好底。溫公之言多說得偏，謂之不是則不可。〔註14〕

溫公之語是有微瑕，不過究其意思是重德行，雖有才而德行壞為最不可取，在此不多作討論。就元代舉賢才的要求來看，有時是須有德者（聖賢之後並不能保證必有才德，但以中國之傳統社會而言，即使無才也不致無德），有時並招才德兼具之士。我懷疑是元代較偏重於有才，然後有基本的德行操守為主，廉潔、高尚即可，但要識治體，有實材。這個假設一則可以下面提出的資料來觀察，一則可以回顧前面所言，蒙古傳統政治觀點中本就有德行的要求，這些要求也都與漢地思想相合，在沒有衝突的情形下，要求有德這一點不致產生問題。但有才這一點恐怕不然，司馬光的見解大致是一般漢士大夫都接受的，朱子雖有微言，但「謂之不是則不可」，重德輕才成為通則。至少在蒙古人的言語中尚未見到這種「不若得愚人」的觀點。

　　或許蒙古本身政論中已有德行之要求，大體上既與漢士所言無差，則進一步更高深的理論和思想體系等自不是所急需的，蒙古人憑此可成就大業而為統治者。他們在「奉長生天的氣力裏」，或者「有洪福的可汗」之下〔註15〕得到的國家，勤政不懈、謹慎守成，以其傳統的君德修養、為政之道等觀點治國持政，在思想上還沒有急需全盤漢化的念頭。但在現實政治上，治理中國的行政能力與人才卻非其所有，舉賢才自是其所急需者，而用有治理城市能力的西域人也與之有關。故而蒙古人思想中不可能會產生如司馬光之類的思想。他們有最高基本法的「札撒黑」（Jasagh）、有聖旨、上諭之類的「札兒里黑」（Jarligh）、有箴言之類的「必里格」（Bilig）等嚴格地遵守執行，〔註16〕這些可看作習慣法的不但拘束了不法者，同時也給德行有所規範。

　　蒙古人絕不認為是不重德行的，正如漢人亦絕不認為是不重才能的，但在處理兩者之間關係顯然有不小的差距。以蒙古人而言，切實尊奉其傳統習

〔註14〕見《朱子語類》（臺北，漢京）卷134，頁3下。
〔註15〕參見同註3，頁117、118。
〔註16〕參見《蒙古黃金史》，頁39。

慣法就是重德行。其法典之構成，除基本法中規定的軍事性質、行政規範、刑法、私法、牧地習慣等大類外，〔註17〕其他聖旨與箴言兩者，尤其後者多在建立游牧倫理與道德要求，本法為經典傳之後世，既可成其傳統文化之主流，又是法典中必守之明訓，故而執法的公正嚴明，其效力原應包括德行操守等之要求在內，乃必欲抽離法典傳統之外；而使之成為專屬的思想體系？往後是否依此發展則為另外一事，至少在元代以前尚未如此。

　　試就另一角度來看，中國上古所謂聖賢之君（周公宜可包括在內），皆有文治武功，其史蹟言行垂訓後世為教，成傳統之經典，後人皆謂此聖賢之教，此聖賢之事蹟，當時豈有意特為之書而成其思想者？故禮樂政刑皆為法典。蒙古法典亦正此種性質，如太祖成吉思汗所定法典，也無非禮樂政刑之屬，其中多有其北亞民族之傳統，加以整理後並滙合當時之禮樂政刑，又有可汗之教訓、事蹟等，此種法典不亦成為蒙古經典以垂訓後世、教化其國？

　　異質文化接觸之初實難有深刻之了解，尤其對於思想體系方面。在初期易於接受與了解者多在元素之類的概念，但未必能了解此元素在其思想體系中之地位與運作關係，以及時代之意義；乃至於如何處理以建構當代的思想。前述的才德問題，相信不論蒙古人或漢人都並重二者，但司馬光可以說寧願取無才無德者，亦不取才勝於德者，蒙古人則取才合於德者（或合於法典者），規定須具實材的要素，再合於法典，沒有漢人思想中重德治那麼抽象。或許蒙古質樸，約德於法，也可見其重實用，不尚高論。至於僧道儒醫卜筮一體並用其才，仕途多以吏進，宿衛歷練其才而入仕，世襲入仕亦原多充宿衛，特重工匠等科技人才，這些都可說明其重實用人才的思想，而與漢人重德治思想自有干格之處。

　　蒙古攻略華北及至滅金，金國舊有的官僚絕大部分也都成為蒙古新朝的政治人才，而各地藩臣為治需用人才，一時名士或舊官僚投入者不少，加之中國地區行政中樞的燕京亦是如此，此即借才異代的政策與措施。地位較高也最著名的耶律楚材堪為其中代表，他受到的重用就是以蒙古統治者眼光中的人才，而其政治表現就在行政能力的高強，關於這些問題下面再一併敘述。這裏只指出他正是走實用的路子，甚少高言理論，不論政治理論或道德修養等，只作簡略地提示，然後注重爭取表現之機會，頗能迎合蒙古的觀念，但他所倡之漢法根本異於蒙古自不待說，又大異於西域法，中間自有衝突而隨

〔註17〕參見島田正郎，《北亞洲法制史》（臺北，中國文化學院，民國53年），頁50。

勢消長，這是思想上的差異導致的決策，就政治人才而言，則蒙古新朝並無否認其能堪負大任。太祖晚年屢次對太宗說：「此人天賜我家，汝他日國政，當悉委之」這是對楚材的賞識，太宗也因之起用他參政，及楚材優越的表現使之更受重視，太宗說：「非卿，則天下亦無今日，朕之所得高枕而臥者，卿之力也」，〔註18〕當西域、宋、高麗等國使者來見時，太宗還特別指楚材，頗有炫耀之意，〔註19〕這些記載固不免渲染，但看楚材之經歷也相差無幾，這是蒙古帝王眼中可以持政之人才。

　　前章裏提到的王文統亦是如此，他與楚材都因被認為是政治人才而受重用，並非什麼德高望重之故，至於其失敗是其他因素而與之為政治人才無關。王文統的例子最有代表性；他被漢士眼中的大儒名臣們評擊為學術不純，意思即如才勝德者，但他曾獲重用而持政，反觀這些大儒名臣們，世祖雖雅重之，卻從不使之主持大政。當竇默、王鶚、姚樞等人於世祖前面斥王文統，以為其久居相位，必禍天下，世祖則問以何人可居相位？竇默即推以許衡，然「帝不悅而罷」，不正說明漢士心目中的宰相之才並非就是蒙古帝王所同意者。以許衡為北方儒學大宗但猶不可拜相，世祖且不悅，可知是差距相當大，然則世祖的看法又如何？《元史》中說：

　　　　（世祖）論王百一（鶚）、許仲平（衡）優劣。（孟攀麟）對曰：

　　　百一文華之士，可置翰苑；仲平明經傳道，可為後學。帝深然之。

　　〔註20〕

名士大儒恐怕未必是蒙古帝王心中理想的政治人才，連漢臣孟攀麟也有這種看法。

二、帝國性質與朝廷政策

　　成吉思可汗創建的蒙古帝國到忽必烈時有了重大的轉變，通常稱忽必烈以前為蒙古帝國時期，此後為元朝時期，其著眼之重點是以忽必烈將中國華北地區定為帝國之中心，即所謂入據中原地，採取漢地重心主義，建國號、改元等等措施，以繼承中國王朝之正統自居，及至滅南宋，確實一統中國，而此時又發生長期之內戰，即宗王對元朝廷之戰爭，以致各汗國成獨立之邦，

〔註18〕見宋子貞，〈中書令耶律公神道碑〉，《元文類》，卷57。頁834。
〔註19〕參見《元史》，卷146，〈耶律楚彬傳〉，頁6下。
〔註20〕見《元史》，卷164，〈孟攀麟傳〉，頁20下。

蒙古帝國分裂後的元朝廷就代表了中國。以忽必烈為劃分之界線固有其意義，不過要注意的是帝國雖有轉變，以蒙古地區為國家本位變為以華北為本位，但其性質上仍有未轉變者，下面即加以論述之。

成吉思可汗分封諸子弟，把帝國分為幾個大部交由宗室來治理，他們不是地區總督的性質，而是形成為幾個「兀魯思」（Ulus）形態，即邦、國家之意，其統治者可以有「汗」號，汗位之繼承為世襲，但不是完全獨立的另一國家，這是蒙古封建的一種形式。另外對於勳臣們也行一種分封，他們形成的是種「艾依瑪克」（Aimagh），即部族或部落之意，其首長亦是世襲性質。簡單地講，蒙古帝國即由各兀魯思與艾依瑪克聯合而成，「兀魯斯」可以看作聯邦國，其國的帝王（可汗）亦由「黃金氏族」（成吉思可汗家族）中世選產生，各兀魯思與艾依瑪克的首長們都參加「呼利爾臺」（大會）來選出可汗，易言之，帝國可汗是互選產生為其傳統。凡為黃金氏族的宗室都有資格角逐可汗大位。這是成吉思可汗所定，在此前未建立帝國，民族也未統合，蒙古本部可汗是種部族聯盟領袖性質，其產生也有習慣法的規定，但仍經過呼利爾臺的世選。〔註21〕成吉思可汗創建帝國後始以黃金氏族的成員為具可汗候選人之資格，準此，以漢地為中心的元朝廷亦只是一兀魯思，帝國之可汗各兀魯思皆可應選，並不只限於那一兀魯思。忽必烈為蒙古帝國的可汗而兼具元兀魯思的帝王，是以有雙重身分，故而其政策亦需顧及這雙重性格。

帝國性質仍是由各兀魯思與艾依瑪克之結合，這與皇位之繼承，中央與封建等，三者是相互關連。雖然自忽必烈破壞了傳統，不經忽利爾臺而自立為帝，長期內戰的結果，忽必烈只得到部分地承認他為帝國可汗之地位，他的後繼者元朝諸帝也只有象徵性的宗主權，實際上各兀魯思等都形同獨立之國。就蒙古整個帝國眼光來看，元朝諸帝皇位不只是中國的帝王，還有全帝國的宗主權，可能因此忽必烈破壞傳統而又不確立皇位繼承法，乃由於帝國性質不同，不單是中國的一個帝王而已，所以不能如漢式朝廷有固定的繼位原則，既要繼承中國之統又不採用中國式帝制，這種矛盾是複合朝廷所易見的，又以接受漢化之程度而有所不同。

成吉思可汗分封使各有分地，蒙古本土以其傳統由末子守土而給拖雷來

〔註21〕關於蒙古早期選立可汗情形，參見姚從吾〈說蒙古秘史中的推選可汗與選立太子〉，姚從吾先生全集（五）——《遼金元史論文》（上）（臺北，正中，民國70年）頁263～304。並見拙作，《早期蒙古游牧社會的結構》，頁84～86。

督家產；金國東部舊壞封於諸弟。將華北農耕地區與阿母河以西商業城市地區；置為可汗直轄之地，這兩處成為帝國的經濟基礎。忽必烈時代除阿母河以西之地外，其餘兩地與華北以及新得南宋地區，全都在可汗有效的直轄範圍之內，吐蕃、畏吾兒也在可汗權力之下。至少就有異於漢地的幾個地區，是元朝廷無法用漢式體制來直接治理的。在漢人思想中的天下觀，在言論上是可以無所不包，是「率土之濱」、「溥天之下」，但在勢上又不得不承認長城以外的「胡地」是屬於夷的另一天下，因此在政治思想上就以中國的天下為理論基礎，其對北亞民族等成為對國外的外交政策，各種的和戰、制夷論等應運而出。元代因帝國性質不同，政策上考慮亦不僅僅是中國一個朝廷的考慮而已，在漢士參政之際不免遭遇朝廷這種複雜的性質，思想上自有差異存在。

元代士人對於皇位繼承問題如同帝國性質一樣，皆成為固定的形式，即以漢法漢制為主。家天下思想定於黃金氏族，但世選的傳統多少可以沖淡狹窄的家族，故而可汗之立多有角逐之意。成吉思可汗以前家天下的意味更淡，忽利爾臺正是推選可汗制度的一個明證。以實力把持皇位又私心以之傳家，固然已完全破壞舊有制度，但漢法中家天下的思想正可以與之結合。蒙古帝國和元朝廷的皇位繼承問題，就反對破壞傳統而言，即可以武力相向，而權臣也正可以居中操持，故元代諸帝繼位迭生變亂是足以想見的。

中央與封建之問題與蒙古社會結構有關，在未一統成帝國以前自無所謂中央，強大勢力的形成是靠部族聯盟，游牧社會的領袖即有汗號的聯盟領袖，若以此為中央，則只是組織異常疏鬆的結合體，汗與其他部族長一樣是草原貴族，他們各有分地，以「庫里延」（Kuriyin）或「愛里」（Ayil）方式生活。聯盟可以自由加入或退出，聯盟領袖沒有如同君王般的最高權力。〔註22〕及成吉思可汗建立新的體制，組織了嚴密的蒙古社會，汗的權力地位絕不如從前聯盟領袖時期低落，他仍以傳統社會結構為基礎，實施游牧帝國的封建制度，萬戶、千戶的分封即準此而行，就部族聯盟的形態來看似無差別，但就其新組織與制度來看即成為了新帝國，而且在逐步加強之中。

另外，在蒙古史料中多見成吉思可汗言論上對賞罰的重視與執行之澈底，這是本其社會固有習慣而強調如法令者，其結果在法典中成為褒賞與刑罰二體系的同時存在。蒙古社會的發展，使其思想上要求對氏族及成員們利益相

〔註22〕參見同註3，頁29、43等。

反之行為加以處罰，反之，有利與有功者則加以褒賞，在其他社會中可能已從法的觀念進到道德的觀念之內，而在蒙古法典中猶見其存在。〔註23〕封建的意義一方面即有褒賞習慣，一方面有建立新帝國的構想。在《蒙古秘史》裏記載成吉思可汗討論立儲與分封時，要諸子們「分領封地，鎮守各邦」，並且以早年違背聯盟的親屬阿勒壇、忽察兒二人為戒，意即恪守封建之法。〔註24〕在分封尤赤時的降諭中有：「成為我相連的房舍，連體的身軀，注意維護正義！切勿破壞和平！切莫割裂統一！小心謹慎，做我觀看的眼目，察聽的耳朵！」〔註25〕同樣地，對諸弟合撒兒等的訓示中，一再強調其建國分封的理想；團結和平，共同遵守法典等。〔註26〕

分封的各大汗國之內，也進行著再分封，不論那一層次的封建對其中央而言皆有利弊。但在蒙古帝國或元朝而言，都是遵循其固有舊制，不只是先王之法（單純的法令），而且有其社會背景，歷史淵源。元代參政的士人未必了解及此，自然採取反封建的漢家思想。趙翼在《廿二史劄記》中有二條專論及封建，其一論曰：

> 明史謂元太祖平西域，封子弟為王。元亡，各自割據，不相統
> 屬，然其子孫散布於西北者其多，故中原雖失，而塞外苗裔仍不絕。
> 此一代封建之制，所以為後嗣計者，至深遠也。〔註27〕

但蒙古封建本意未必即在此，不相統屬是分地建國，共治帝國，而非獨立為國之意。不能保持和平與團結已失太祖本意，元亡自亡；而各汗國不全力以救，更非太祖初所預期。

其二論元代叛王，引王思廉所言鼂錯削地之議，並述乃顏勢強之事，說：「然則眾建而分其勢，又折圭分土時所當早計歟。」〔註28〕實則不只王思廉有議，姚樞亦有尊王抑侯之疏，〔註29〕漢士的尊王思想自不待言，然以蒙古立場而言，何能「折圭分土時所當早計」？

〔註23〕參見註17，頁14、15。

〔註24〕參見第255節，頁392，阿勒壇、忽察兒二人蹟見第123節、頁143、144、第179節，頁236。另見《元史》，卷1，〈太祖本紀〉。

〔註25〕參見註1，頁82、83。

〔註26〕參見註1，頁52、53。

〔註27〕見卷29，〈元封子弟尉馬於各部〉，頁427。

〔註28〕參見同前，〈元代叛王〉，頁428。

〔註29〕參見，卷158，〈姚樞傳〉，頁1下、2上。

第二節　士人之政治地位

一、仕　宦

《元史》中記載世祖曾對參知政事高達說：

> 昔我國家出征，所獲城邑即委而去之，未嘗置兵戍守，以此連年征伐不息。夫爭國家者，取其土地人民而已，雖得土地而無民，其誰與居？今欲保守新附城壁，使百姓安業力農，蒙古人未之知也，爾熟其事，宜加勉旃。〔註30〕

這段話自認治理漢地非蒙古所長，既與人才有關，選用漢人為治，實為其所必須，士人也因之在政治上有一定的地位。

就前章政治結構中各表列為參考，在統治階層（表二）與三品以上官員（表三）所計，漢人皆佔全國一半略多，可知其量不少。就中以士人階層而位高官者，至少也佔了一半以上，〔註31〕可知其質亦不差。在掌決策實權的宰相中士人所占比例極少，整個漢人的比例都佔不多，這是元代用人政策的決定，是士人與否為另一問題。民族色彩當係考慮在前，出身則為其次。故而漢人在仕宦上的待遇與地位是有先行了解的必要，在此大前提之下士人的政治也已有了概念。

幾乎讀史者皆知元代仕宦以蒙古、色目為長，漢人、南人居副的原則，但在前章中所論及所引資料已知研究之結果未必確然。下面仍要引些資料來看其仕宦原則的具體事實。

仁宗時有「故事，丞相必用蒙古勳臣」，〔註32〕此用丞相之原則與平章政事相類：「平章之職，亞宰相也。承平之時，雖德望漢人抑而不與」，〔註33〕雖然皆未確實遵守，但都係當時之公開言語記錄，也從未有人反駁，可知必為其祖宗成憲，因言之以故事。乃至於元末葉子奇有言：

> 天下治平之時，臺、省要官皆北人為之，漢人、南人，萬中無

〔註30〕見《元史》，卷8，〈世祖本紀五〉，頁22下、23上。

〔註31〕參見前章，表四之三，將吏進、科舉、薦舉、學校、徵舉等類合計，得52%左右，這幾類出身者皆屬士人階層，甚少例外。而其他各類中仍有些許屬士人階層，但出身在宿衛等類者。故知三品以上官員中，至少有一半以上為士人階層。

〔註32〕見《元史》，卷26，〈仁宗本紀三〉，頁4下。

〔註33〕見《元史》，卷186，〈成遵傳〉，頁19上。

一二；其得為者，不過州、縣卑秩，蓋亦僅有而絕無者也。〔註34〕此語證諸前章所論之資料知不免略有誇張之嫌，但大體所言也絕非全屬子虛，要之，即「元朝自混一以來，大抵皆內北國而外中國，內北人而外南人⋯⋯自以為得親疏之道」。〔註35〕據此，以下再引諸史料以證上述大體之旨。

太祖時有制使漢人不得預軍機。〔註36〕〈兵志〉中亦載有兵籍為軍機重務，漢人例不得知。〔註37〕朝廷調行省戍兵討賊，提調軍馬之官，缺不得人，而漢人依故事不得與軍政，遂至於眾莫知所為。〔註38〕當車駕幸上都時，樞密院官依例隨行，但須留員司院事，惟漢人不得與。〔註39〕凡此皆漢人於軍政上所受之限制。南人地位還略遜，故而南人不宜總兵，更為合其原則。〔註40〕又有奏論兵政機密，非蒙古之大臣則不得與聞，〔註41〕當元末社會不安之際，尤重此原則，顯見在防忌漢人之意。〔註42〕這些或許與職掌權力有關，而與仕宦於軍政之職無太大干係，但考察之結果卻適成正比。前章資料即已顯示出任軍職高官之漢人甚少，前述之原則雖也同於其他；即未必確實遵行，但比例究竟甚低。若再參以其他軍職，如宿衛諸軍，地方軍政、軍械掌管等，可知漢人與軍政實無多大參掌之機會，而政治上其他方面亦多類此原則。〔註43〕

監察機構的首長也有故事：「臺端非國姓不授」，〔註44〕據前章所述知此原則未守，西域人出任者有十五人，但漢人僅有一員，所破例亦絕多偏於西域，漢人極少。行臺方面亦是如此。廉訪使在成宗大德以前，係以蒙古、西域、漢人三種參用，似無限制，而後乃規定各道的二員廉訪使以蒙古人出任為原則，但西域人與漢人出任者仍不少，尤其是出任副貳的副使，以及御史

〔註34〕《草木子》（四庫珍本十集）卷3，頁14下。
〔註35〕見前註，頁22下。
〔註36〕參見《黑韃事略》（蒙古史料四種）〈徐霆疏文〉，頁10下、11上。
〔註37〕參見《元史》，卷98，〈兵志一·序文〉，頁3上。
〔註38〕參見《元史》，卷184，〈王克敏傳〉，頁7上。
〔註39〕參見《元史》，卷154，〈鄭鼎附制宜傳〉，頁11下。
〔註40〕參見《元史》，卷187，〈吳當傳〉，頁13下。
〔註41〕參見虞集《道園學古錄》卷18，〈賀丞相墓誌銘〉，頁295。
〔註42〕參見《元史》，卷184，〈韓元善傳〉，頁13下。
〔註43〕參見蒙思明，《燕京學報》專號第十六本，《元代社會階級制度》，頁45、46。關於漢人各方面地位的大要敘述，可參見劉崇文，《元漢人地位考》（中國文化學院政治研究所，油印本，民國57年）。
〔註44〕見《元史》，卷140，〈太平傳〉，頁4下。

臺的中丞。〔註45〕南人極受排斥，據程鉅夫說：

> 國家自平江南以來，內而省部密院等衙門，外而行省、行院、
> 宣慰司、總管府、州縣官並皆參用南人；惟御史臺、行臺、按察司，
> 獨不用南人，臣不知其說也……朝廷於江南設行臺按察……所用皆
> 北人，而無南人……。〔註46〕

而後雖然解除南人入仕省院臺之禁，但為數有限；如王都中曾任廉訪使、行
省參政等高官，在至正以前歷任四十餘年，史稱「當世南人以政事之名聞天
下而登省憲者，惟都中而已」。〔註47〕貢師泰拜監察御史，「自世祖以後，省
臺之職南人斥不用，及是始復舊制，於是南士復得居省臺，自師泰始，時論
以為得人。」〔註48〕周伯琦亦復如此，與貢師泰同擢御史，「兩人皆南士之望，
一時榮之」。〔註49〕正是因為少數，故史上也特別提出。

顯然葉子奇所言「內北國而外中國，內北人而外南人」的大抵情形是有
實例可證者。南士受到仕途的限制主要是政治因素，降服最晚、抵抗最激烈、
入元後叛亂亦最多。〔註50〕其次，南北地域觀念引起之磨擦也是值得重視之
問題。〔註51〕

在地方仕宦方面對漢人有所限制者為達魯花赤，至元二年（1265）世祖
所頒的永為定制是；蒙古人充各路達魯花赤，漢人充總管，回回人充同知，〔註
52〕這是明顯的牽制之意。在此前達魯花赤有漢人出任，而且性質較複雜，職
權輕重相差，凡征服各地區的城鎮州縣都派有之，有轄區相當大的大達魯花
赤或都達魯花赤，或管軍、管民不一，許多還是兼差性質，而有世襲之制。
大體上不出節鎮之意，可以視為地區內掌最高實權的長官，且有便宜行事之

〔註45〕參見洪金富，《成大歷史學報》（臺南，成大，民國 64 年）第二號，〈元代監
　　　察制度的特色〉，頁 234。
〔註46〕見《程雪樓文集》（元代珍本文集彙刊，台北，中央圖書館）卷 10，〈公選〉，
　　　頁 10 上、下。
〔註47〕見《元史》，卷 184，〈王都中傳〉，頁 4 下。
〔註48〕見《元史》，卷 187，〈貢師泰傳〉，頁 9 上、下。
〔註49〕見《元史》，卷 187，〈周伯琦傳〉，頁 11 上。
〔註50〕參見黃清連，《中研院史語所集刊》，第四十九本，第一分，〈元初江南的叛亂〉，
　　　頁 37 至 76。陶希聖，《食貨半月刊》，3 卷 6 期，〈元代長江流域以南的暴動〉，
　　　頁 35 至 44。
〔註51〕參見姚從吾，《政治大學邊政研究所年報》，第 1 期，〈忽必烈平宋以後的南人
　　　問題〉，頁 1～65。
〔註52〕參見《元史》，卷 6，〈世祖本紀三〉，頁 2 上。

權。因沒有正式任官之程序及人選規定，也不能視為固定的地方長官，而有臨時鎮撫之性質。〔註53〕

至元定制以後，各路、府、州、司、縣皆設達魯花赤，葉子奇說：

> 元路、府、州、縣各設立長官，曰達魯花赤，掌印信，以總一府一縣之政，判署則用正官，在路則總管，在縣則縣尹……達魯花赤猶華言荷包上壓口捺子也，亦猶古言總轄之比。〔註54〕

達魯花赤似不屬正官但掌印信以總政，正官即指一般地方首長總管、知府（府尹）、州尹、縣尹等。據《元史・百官志》知此二者地方首長的品秩、俸祿、職掌皆相同，然則差別何在？就在於掌印信，猶之乎前章所言燕京行省多人，而掌印信之行省則一人。就達魯花赤設立之初意與淵源來看，亦可知其在地方上為監臨意，是奉帝命為地方上宣差、監鎮。元人於此亦有說明：如王磐即指之為監臨官而州府官往往與之不能相下。〔註55〕胡祇遹說地方守令有蒙古一人鈐壓其上，此則達魯花赤。〔註56〕楊維楨還說明了地方行政的原則，其文為〈送旌德縣監亦憐真公秩滿序〉，此文作於元末至正時，仍逕稱達魯花赤於縣者為「縣監」，他說：

> 國朝監官、郡邑咸設達魯花赤，于官屬為最長，其次有令、有丞、有簿尉，又有案牘官以首領，夫六曹之吏，凡事會來，吏與令丞得相可否議論，然後白之達魯花赤；其署事也亦然。其職秩為甚尊，而職任為甚優。朝家近令以大事責守令，達魯赤任與令等，昔之尊而優者，今轉煩劇矣！〔註57〕

原來優任之職轉煩劇，係因元末社會已有動盪不安之勢，故所責加重。

地方正官之職掌與達魯花赤並無不同，非別有分掌，〔註58〕不過正官實際處理一切行政，可謂施政之首長，而達魯花赤為監官，總判政務，故定制之原則必以蒙古人出任達魯花赤，長於漢地行政亦須用漢人出任正官，西域人為副貳，三者可互為制衡。

以蒙人出任達魯花赤之原則事實上沒有、也無法完全遵守，《元典章》與

〔註53〕關於早期之達魯花赤可參見第二章，註27。
〔註54〕見《草木子》，卷3，〈雜制篇〉，頁10上。
〔註55〕參見《元文類》，卷58，〈中書右丞相史公神道碑〉，頁842。
〔註56〕參見《紫山大全集》（四庫珍本四集）卷15，頁14下。
〔註57〕見《東維子文集》（四部叢刊初編）卷4，頁31下。
〔註58〕參見楊培桂，《元史地方政府》（臺北，浩瀚），頁65～68。

《通制條格》中屢見有漢人冒名改姓、欺蒙上司者，也有因南方僻遠而蒙人不願出任者，〔註59〕但因達魯花赤性質不同，定制之原則必重申遵守，故史料中屢見禁令；至元二年（1265）之定制，至元五年（1268）重申，〔註60〕至元十六年（1279）又復申議，〔註61〕至元二十一年（1284）有放寬之明令；准許河西（西夏）、回回、畏吾兒等同蒙古人，而可出任萬戶府的達魯花赤，女真、契丹與漢人同，若女真、契丹人生於西北，不通漢語者，則同蒙古人；若生長於漢地則同漢人。〔註62〕這條放寬之明令亦早在至元六年即見，不過此時再度重申之。在〈選舉志〉中則說明了有非蒙古人充任之故：

> 以隨路見任并各投下朋差達魯花赤內，多女直、契丹、漢人；
> 除回回、畏吾兒、乃蠻、唐兀同蒙古例許敘用，其餘擬合革罷。曾
> 歷仕者，於管民官內敘用。〔註63〕

至元二十八年（1291）依原則詔令地方長官可選用漢人，惟除達魯花赤以外。〔註64〕諸王分地可自僻僚屬，有因借重漢人行政才能而任為投下之達魯花赤，或因漢人冒名改姓者，總之，常見有禁令。如大德八年（1304）之令，〔註65〕《元典章》中則載有數條，大德十一年（1307）為革除南人充任者，至大二年（1309）、四年兩申漢人冒名者，延祐三年（1316）規定改姓冒名者追奪不敘等等。〔註66〕

　　如此多的禁令限制亦正反應出不少漢人出任此職者，且依原則地方正官正為漢人仕宦之中心，全國路、府、州、縣等自有大量漢人為官僚。在至元二十八年之詔令中曾規定選用之漢人為有聲望、勳臣故家、儒、吏出身者，是知士人之仕途亦有其逕矣！

　　蒙人因對漢地行政有其先天之缺陷，如文字、公牘、刑名等，故必有許多仰賴漢人之處，如掌出納文移之經歷，掌刑名之判官等，皆以漢人充任，〔註67〕是更知漢人入仕之途甚廣。陶宗儀說：「今蒙古、色目人之為官者，多不知

〔註59〕參見註43，蒙思明書，頁40、41。
〔註60〕參見《元史》，卷六，〈世祖本紀三〉，頁14上。
〔註61〕參見《元史》，卷10，〈世祖本紀七〉，頁23上。
〔註62〕參見《元史》，卷13，〈世祖本紀十〉，頁7上、下。
〔註63〕見《元史》，卷82，〈選舉志二‧銓法上〉，頁18下。
〔註64〕參見前註，頁2上。
〔註65〕參見《元史》，卷21，〈成宗本紀四〉，頁13上、下。
〔註66〕參見《元典章》，卷9，〈吏部卷之三‧官制三‧投下諸條〉，頁7、8。
〔註67〕參見註43，頁78。

執筆花押」，〔註68〕葉子奇說：「北人不識字，使之為長官……」，〔註69〕若二氏之說屬實，其餘行政公文等更無法辨識，則不用漢儒、吏豈能行之？不怪乎《元史》上說：「江南事繁，行省官未有知書者……分命崔斌至揚州行省，張守智至潭州行省」，〔註70〕此則用漢士為高官之緣。李翀亦說明道：

> 國朝故事，以蒙古、色目不諳政事，必以漢人佐之；官府色目
> 居長，次設判署正官，謂其識治體、練時務也。〔註71〕

漢人佐之為正官，居長之色目即替代蒙人出任掌印。

除主官之外，一般令史、椽吏等等，庶幾非漢人不能勝任，此等職務直可視之為漢人的特權，亦即漢人之入仕尚稱容易。除法令規定不為漢人所仕之官僚外，再察看《元史・百官志》各級衙門之編制，可知漢人有相當寬廣的仕宦之途，何況法令之定也未必完全兌現。士人在其中至少可經儒、吏兩途入仕，其他各途仍不乏士人。故漢士在仕宦上有頗多機會，是量並不少限，而在差別之待遇，其中以不易掌大權而同與蒙古、西域人等為最。漢人（包括南人）是整個受到政策上防範壓制之故，並不論士人與否可知。如就仕宦之途來看士人的政治地位，尚堪稱可以，只不過要由那一角度來看的差別。

二、人事行政及待遇

《元史・選舉志》中說：

> 凡文武散官多采用金制，建官之初，散官例降職事二等。至元
> 二十年（1283）始陞官職對品，九品無散官，謂之平頭。勑蒙古、
> 色目初授散官，或降職事，再授，職雖不降，必俟官資合轉，然後
> 陞職。漢人初授官，不及職，再授，則降職授官。〔註72〕

此原則到至大四年（1311）時改為蒙古人降一等，色目人降二等，漢人降三等。〔註73〕很明顯地漢人待遇不同。

在考課方面，〈選舉志〉亦載有不同之待遇，大德三年（1299）記：

> 省議：各路譯史，如係翰林院選發人員，九十月考滿。除蒙古

〔註68〕見《輟耕錄》，卷2，〈刻名印條〉，頁44。
〔註69〕見《草木子》，卷4下，頁3上。
〔註70〕見《元史》，卷10，〈世祖本紀七〉，頁7下。
〔註71〕見《日聞錄》（臺北，藝文，守山閣叢書），頁6上。
〔註72〕見卷83，頁6上。
〔註73〕見《元史》，卷82，〈選舉志二・銓法上〉，頁1下。

人依准所擬外，其除色目、漢人，先歷務使一界，陞提控一界，於
巡檢內遷用。〔註74〕

再看大德八年（1304）所定中書省臣之議：

自內降旨除官者，果為近侍宿衛，踐履年深，依己除敘；掌宿
衛未官者，視散官敘；始歷一考，准為初階，無資濫進，降官二級，
官高者量降，各位下再任者，從所隸用，三任之上，聽入常調；蒙
古人不在此限。〔註75〕

由上二資料所載知蒙古人在考課遷用，以及敘遷上都不在常例所限之中，銓
選所定多用在漢人，明文規定蒙人享有特權。又或與其有關者亦優於其他，
如至元二十七年（1290）省議：

中書省蒙古必闍赤俱係正從五品遷除，今蒙古字教授，擬比儒
學教授例高一等，其必闍赤擬高省椽一等；內外諸衙門，蒙古譯史，
一體陞等遷敘。〔註76〕

蒙古字教授未必全係蒙人出任，亦有漢人充任，但其遷除則較一般士人充任
的儒學教授為優。漢人且受限制，南人應更受抑壓，故見仁宗時有「且如根
腳係江南入仕超陞之人，俱經回降」之行省咨文，〔註77〕又有「例革南士」
之記載。〔註78〕

　　承蔭之制在元代入仕中佔相當高之機會，而元初所定較緊，往後則加寬，
是仕宦之職官愈後愈有使子孫入仕之機會，且品秩較高，今錄二段資料比較
以明之：

諸官品正從分為一十八等，職官用廕各止一名，正從一品、二
品，子正七品敘；正三品，子從七品敘；從三品，子正八品敘；正
四品，子從八品敘；從四品，子正九品敘；正從五品，子從九品敘。
外攷六品、七品子，已後定奪注流外職事。〔註79〕

此係至元四年（1267）所制定。至大德四年（1300）有所更改如下：

〔註74〕見卷84，頁24下、35上。
〔註75〕見《元史》，卷21，〈成宗本紀四〉，頁13下。
〔註76〕見註74，頁24上。
〔註77〕參見註43書，頁53，引見〈通制條格〉，該文在《元典章》中亦見，卷8，〈吏
　　　部卷之二・承廕・職官廕子例條〉。
〔註78〕參見《元史》，卷192，〈王艮傳〉，頁8上。
〔註79〕見《元典章》，卷8，〈吏部卷之二・承蔭・品官蔭敘體例〉。

省議諸職官子孫蔭敘，正一品，子正五品敘；從一品，子從五
品敘；正二品，子正六品敘；從二品，子從六品敘；正三品，子正
七品敘；從三品，子從七品敘；正四品，子正八品敘；從四品，子
從八品敘；正五品，子正九品敘；從五品，子從九品敘；正六品，
子流官於巡檢內用，雜職於省箚錢穀官內用；從六品，子近上錢穀
官；正七品，子酌中錢穀官；從七品子，近下錢穀官。諸色目人比
漢人優一等蔭敘；達魯花赤子孫與民官子孫一體蔭敘，傍蔭照例降
敘。〔註80〕

大德蔭制品秩較至元制高，其面亦較廣而具體，此外，諸色目人明定優漢人一
等，或在至元制中無此差別待遇之規定。達魯花赤子孫所言欠明確，係指漢人
之達魯花赤或所有各種人？若有蒙古、西域人在內、則不可能與民官子孫一體
蔭敘，在元廷的政策上，蒙古人處處顯得不照漢人例則，西域人或比照之，或
同與漢人。達魯花赤子孫承蔭，《元典章》中說明「難依管民官品級取蔭」，規
定蒙古、西域、畏吾兒、乃蠻、唐兀等達魯花赤之應繼原則；總管府達魯花赤
之承蔭人，可充下州達魯花赤；為散府、諸州者，可承蔭子弟充縣達魯花赤；
為縣達魯花赤者，承蔭人可為縣尉、巡檢等，但宜審其根腳輕重而定之。此外，
特旨承襲者不在此例，至於漢人之蔭，則「擬同管民官體例」。〔註81〕此至元
七年所定達魯花赤承蔭之例。與上述大德四年所言及或不同，實則《元史》所
敘參看《典章》所錄始能清晰無礙；《元史》大德例所說「達魯花赤子孫與民
官子孫一體蔭敘」，正為《典章》至元例中，規定漢人之蔭同管民官者。蒙思
明於《元代社會階級制度》中論及此時，引至元七年例，說「惟當日管民官之
承蔭，何以異於管軍官，則不可考耳」，〔註82〕我以為至元七年例或不在於管
民、管軍官之別，而在於蒙古等北亞民族與漢人之差，故說其「難依管民官品
級取蔭」，而定其例，漢人則依一般管民官例以品級取蔭。其最明顯者有兩項
差別，一為達魯花赤，即蔭達魯花赤為蒙古等種人之規定，使各級達魯花赤能
多在其種人手中。二為依百官志所載品秩達魯花赤在路者為正從三品，蔭為府、

〔註80〕見《元史》，卷83，〈選舉志三‧銓法中〉，頁2下、3上。
〔註81〕同註79，〈達魯花赤弟男承蔭條〉。又《元史》卷7，〈世祖本紀四〉，頁2下、
　　　　3上，亦記此例於至元七年四月，《典章》則記為六月。又《元史》所記較簡
　　　　略，僅及諸路者可蔭充散府、諸州；散府諸州者，可蔭充諸縣；縣則蔭充巡
　　　　檢，不若《典章》所敘為詳盡。
〔註82〕見註43，頁51。

州者，以最低下州計為從五品，縣最低下縣為從七品，而管民官例，則以大德四年例言，正從三品，廳為正從七品，若以至元四年例言，正三品則廳從七品，從三品則廳正八品，類知其品秩差別甚大。

至元七年例，《元史》與《典章》所載詳略有差，而大德四年例亦復如此。《典章》所錄一些重要字句可提供不少線索或旁證；詳則不論，今取兩則來看。《典章》於定例前明申：「上位知識有根腳的蒙古人每，子孫承廳父職、兄職可，皇帝議也者，除那的以外……」，〔註83〕其下接續如元史所載，例後又重申蒙古人上位知識根腳深重者，取自聖裁。可知《元史》所載之例為對漢人而言。同樣在《典章》中又記延祐二年（1315）時，廳官有差別待遇，即腹裏與江南之別，從六至從七廳在腹裏，俱有陞轉定例，而江南則不許陞轉，此時對南人之限制頗有偏頗，故咨中書省議定更改而歸一律。

承廳之制到武宗至大四年（1311）又有規定：漢人子孫承蔭需試一經一史，能通大義者可免儤使，不通則發還學習，蒙古與西域人可免，其願試者則量進一階，〔註84〕知北亞民族之受優遇，而漢人承蔭也非全靠家世官宦即可。儤使之規定，早在至元五年（1268）即定；三品以下、七品以上，年二十五以上者，不支俸而儤使一年，但蒙古人仍不在此規定之內，另行定奪之。〔註85〕

在致仕方面的規定是循古代之通例，即七十致仕。大德七年（1303）規定三品以下官員，加散官一等，若子幼家貧者，給半俸終其身，可謂相當優恤。〔註86〕大德十年，以國家名器不可假人故，不加等，只於應得品級添散官，遙授職事。〔註87〕到皇慶二年（1313）時，蒙古、西域人之致仕優於漢人，以散官低於職事，故三品以下官員，職事與散官皆陞一等致仕。〔註88〕如此僅略優於漢人，幸未壓抑漢人致仕之所享。

在科舉、學校等出身方面，也顯得蒙古、西域人的入仕優於漢人，如〈選舉志〉中說：「蒙古、色目中願試漢人、南人科目中選者，加一等注授」。〔註89〕

〔註83〕見註79，〈職官廳子例〉。
〔註84〕參見註80，頁3上。
〔註85〕參見註80，頁2上。
〔註86〕參見《元典章》，卷11，〈吏部卷之五・職志・致仕〉。
〔註87〕同前註。
〔註88〕同前註。
〔註89〕見《元史》，卷81，頁5上。

凡科舉不中者，元制頗採優容之法，而授學官之職，如教授、學正、山長等，已言及之，但待遇有差，即蒙古、西域人年三十以上可授，而漢人、南人限年五十以上始授。〔註90〕

　　學校中較重要的國子學，其貢舉之士皆入仕授官。綜其制各方面觀察，仍是蒙古、西域人較受優待，現轉錄〈選舉志〉中所載其間之差別：

　　　　……其生員之數，定二百人，先令一百人及伴讀二十人入學，其百人之內，蒙古半之，色目、漢人半之，……武宗至大四年（1311）……復立國子學試貢法；蒙古授官六品，色目正七品，漢人從七品，試蒙古生之法宜從寬，色目生宜稍加密，漢人生則全科場之制。……漢人私試，孟月試擬經一道，仲月試經義一道，季月試策問、表章、詔誥科一道，蒙古、色目人孟、仲月各試明經一道，季月試策問一道。……歲終通行考校應在學生員，除蒙古、色目別議外，其除漢人生員，三年不能通一經，及不肯勤學者，勒令出學……。
　　　　〔註91〕

待遇上不能劃一均等，隨處可見及而無法備舉，如漢化的雍古族儒者趙世延，於延祐時參政入中書，仁宗以其非漢人，故署宜居右，〔註92〕蓋蒙古之俗尚右，知漢人則居左矣！如元末行樞密院曾議禁漢人、南人學習蒙古、畏吾兒字書。〔註93〕大德二年（1298）定各省提調軍馬官員之隨從，蒙古長官為三十人，次官二十人，漢人則限十人。〔註94〕職田之規定，至元二十一年（1284）定江南行省及諸司比腹裏減半。〔註95〕至元十六年定考課法中有守令不勤於職者，不論漢人、西域人，皆論誅且沒其家，是漢人與西域之官皆在嚴法限制之下，而獨不於此明定蒙人之律。〔註96〕

　　其他一些言語中也可看出對士人儒者的觀點，或有助於了解其在政治地位上被要求為何等角色；較早的耶律楚材，時太祖正用兵之際，故被指為：「國家方用武，耶律儒者，何用？」指責他的是因善治弓而受信用的常八斤，楚

〔註90〕參見同前，頁13上。
〔註91〕參見同前，頁15下～17下。
〔註92〕參見《元史》，卷180，〈趙世延傳〉，頁6下、7上。
〔註93〕參見《元史》，卷182，〈許有壬傳〉，頁10上。
〔註94〕參見《元史》，卷98，〈兵志一〉，頁15上。
〔註95〕參見《元史》，卷96，〈食貨志四·職田數〉，頁20上。
〔註96〕參見《元史》，卷10，〈世祖本紀七〉，頁22下。

材以「治弓尚須用弓匠，為天下者豈可不用治天下匠耶？」之語受太祖賞識。
〔註97〕太祖見知此二人，皆以其有不同的實用之學。

趙良弼於宋亡之時建議世祖，以設經史科培育江南士人，世祖問曰：「高
麗小國也，匠弓奕技皆勝漢人，至於儒人，皆通經書、學孔孟，漢人惟務課
賦吟詩，將何用焉？」良弼回答頗為中肯，以為此非學者之病，在於國家風
氣所向，若尚詩賦，士人亦趨向此，若尚經學，則亦從之。〔註98〕世祖即位
前就有龐大的漢士集團，不可能不了解漢文化與士人，觀其所言，仍重在實
用，若惟知詩賦之文人當不在其所取，如雖通經學、知孔孟者，必有實際行
政才能，始有其政治地位；至少看世祖所用之人，士人政治地位之高下，應
可由此點得知梗概。故而世祖並不有意排斥士儒，相反地還可看到他詔諭翰
林學士和禮霍孫說：「今後進用宰執及主兵重臣，其與儒臣老者同議」，〔註99〕
是知儒臣老者亦有其適宜的政治地位。同樣地，仁宗時亦有類似之舉，如李
衎「年德俱尊，國有大政，則偕諸老議之」。〔註100〕

世祖重實用不喜高玄之理，在政治上與學術思想上都有同樣的要求，《元
史》上有一段極好之記載說：

> 至元八年（1271），侍講學士徒單公履欲奏行貢舉，知帝於釋
> 氏重教而輕禪，乃言儒者亦有之；儒者類教，道學類禪，帝怒，召
> 姚樞、許衡與宰臣廷辨。（董）文忠自外入，帝曰：汝日誦四書亦道
> 學者？文忠對曰：陛下每言士不治經講孔孟之道而為詩賦，何關修
> 身？何益治國？由是海內之士稍知從事實學，臣今所誦皆孔孟之言，
> 焉知所謂道學？而俗儒守亡國餘習，欲行其說，故以是上惑聖聽，
> 恐非陛下教人修身治國之意也。事遂止。〔註101〕

對於士人儒者之認識有深淺，在政事上常有直接之看法，如蘇天爵曾推薦任
格，宰臣中有以任格為儒者，懷疑其能否治獄政。〔註102〕又前引孟攀麟論王
鶚、許衡而世祖以為是，亦都說明其政治地位即在於此。以往是「學以居位

〔註97〕參見《元史》，卷146，〈耶律楚材傳〉，頁1上、下。

〔註98〕參見《元史》，卷159，〈趙良弼傳〉，頁12下。

〔註99〕參見《元史》，卷10，〈世祖本紀七〉，頁4下。

〔註100〕參見蘇天爵，《滋溪文稿》（臺北，中央圖書館，元人珍本文集彙刊）卷10，
　　　　〈故集賢大學士光祿大夫李文簡公神道碑〉，頁396。

〔註101〕見《元史》，卷148，〈董俊附文忠傳〉，頁12下、13上。

〔註102〕參見註100，卷13，〈元故朝列大夫禮部員外郎任君墓誌銘〉，頁511。

曰士」〔註103〕這種專業的優越性，政治即為其生活之領域，唐宋以來更漸形成非士人無以入仕參政，非正途（科舉）出身或吏員等，士人皆有所不屑，而今之儒者被疑為能否治獄，又編之為儒戶，凡此種種皆背士人之願望。元代雖有黜吏弊、崇儒術之朝，但亦不過「詔學官未調者，悉補百司吏」，〔註104〕或因儒者之為學官，朝廷知久無遷調，略更其制的結果，是遷為巡檢之任。〔註105〕難怪黃溍有段感慨之語：

> 嗚呼！四民失其業久矣！而莫士為甚，非謂夫賤且拘之為病也，饋膳以厚之，給復以優之，所養有古之所無，而所就無古之所有，何哉？蓋昔之生齒眾矣！未有不使以士君子自為者，而今也惟以其占籍為斷焉耳。方儒服俎豆，熌然勃興，而秀人碩士，不得業乎其間者，比肩而是，彼施施焉、于于焉，逸居飽食而肆其力於負販技巧者，亦豈少哉，幸而有能砥礪激發，稍自出以售於世；或者且將縻之以簿書、束之以律令，使人伏其所長而效其所短，譬猶任劉累以販牛，責卞莊以搏蟲，抑又失其業之大者也！〔註106〕

就討論漢人在仕宦及人事行政與待遇上而言，處處顯得比蒙古、西域人為低，或者受到若干限制，南人又有若干單行法的限制，因而影響及政治地位又比北人為低自不待言，故論及漢人之政治地位當可含南人在內。漢人入仕數量上高過蒙古、西域各別的數量甚多，亦略高於這兩者之聯合，但不可以此說漢人政治地位高於兩者，前章中已知有決策權力之各種高官，在數量上已極少，數量上最居多者在中、下階層官僚，是量高於質。加以上面所舉各資料的實例，知係全為漢人遵守所設，若有全面性之政令法規，亦使漢人絕不得優於蒙古、西域。就元朝廷全國的政壇來看，漢人之政治地位自屬居下，亦或漢人擁有相當龐大之治權，以行政施治理之實，但決策之政權絕多在蒙古、西域人之手。

　　在此大勢之下，士人不過是漢人中一階層，其性質亦不與傳統相同。儒籍是諸多戶計中一種，地位雖不為低，但不若漢式朝廷般以為治國、治民之士，也沒有以往中國社會上之地位。元朝廷夷士人階層與其他相類，以其本

〔註103〕見《漢書》，卷24，〈食貨志〉上，頁2上。
〔註104〕參見蘇天爵，〈萬億綺源庫知事郝君墓誌銘〉，《滋溪文稿》，卷19，頁775。
〔註105〕參見同前，〈送韓伯敬赴甘甫巡檢序〉，卷16，頁231。
〔註106〕見〈送葉審言詩後序〉，《金華黃先生文集》（四庫叢刊初編）卷3，頁28下。

身政權之性質而用捨之。漢人之政治地位大體若何，亦不能以其為士人階層而有所突破，中期行科舉後，只不過增加士人入仕之途，未必有所改變，難怪人譏之為「粉飾太平之具」。〔註107〕

　　士人於政治地位上較高者，大多係本身有宿衛近侍之身分，或為勳臣世家之關係，而勳臣之家亦必有子弟入宿衛。否則即循吏進。此元廷重根腳不論蒙、漢，元人常有論及之。如權衡所記說：

　　　　元朝之法，取士用人，惟論根腳。其餘圖大政為相者，皆根腳人也；居糾彈之首者，又根腳人也；蒞百司之長者，亦根腳人也。

〔註108〕

士人無根腳者，多循吏進之途，餘則無法如之何也！

　　一般士人若不由吏進則由儒，即走校官（教官）之途，似乎與士人傳統格調較近，然則元代校官入仕之途甚難，茲以程端學所述之情形來看：士年二十五始得由鄉校薦之於郡，郡試後移憲核覆，約二、三年後始得為直學，相當於助教，掌理學校一般總務行政等，二、三年後再上於行省或府，核覆後三、四年，或授為學諭、學錄等，較快的要五、六年始能領其事，學錄甚至要十多年始領事。三年秩滿，復上於行省或府，又要十餘年始升為學正，或者山長之類，三年後上報都省部，再三年後始授為州教授。州教授三年後可升為郡教授，為郡教授三年始得入流為縣主簿。通常升主州教授之時也快到了致仕限休之年。因此，士由儒進者，得為州教授者只十之三、四，為郡教授者得十之二、三，入流為主簿者不到十之一、二，甚至終身亦不得入流為九品之卑官。三、四十年之歲月即如此仕途，可謂艱難無比。〔註109〕

　　這類情形正如《元典章》中所載：

　　　　自直學至教授中間，待試、聽除、守缺、給由，所歷月日，前後三十餘年，比至入流，已及致仕，情有可憫……。〔註110〕

由儒進不易，正所以由吏進者多之故。但不論如何士人入仕的量並不在少，其質的差異，正以見其政治地位不在以學術為考慮對象。而吏進居多，即以事功為衡量，反見政治地位以重實用之表現為主。

〔註107〕見葉子奇，《草木子》，卷4，頁2。
〔註108〕見權衡，《庚申外史》（豫章叢書，臺北，藝文）卷下，頁27上。
〔註109〕參見《積齋集》（四明叢書，臺北，中國文化學院）卷2，〈送花教授秩滿序〉，頁15上、下。
〔註110〕見卷9，〈吏部卷之三‧官制三‧教官‧正錄教諭直學條〉。

第三節　士人論政

一、為政大要

　　士人論政包括在朝與在野者，通常可分兩項主要部分：其一為建構其政治理論，其二為對時政之意見等，此兩部份多相合，亦不必分別之。本節所述不在討論元人之政治思想，只就其著作或言論中看士人論政之重點。

　　先看在野的士人。布衣論政向為傳統美談，元代也可找出極好之例，如趙天麟、鄭介夫。二人所論甚長，僅將要點整理如下，〔註111〕以與在朝者相參看。

　　天麟於至元末進〈太平金鏡策〉，大體可分為幾類：（一）中央政制方面：以中書令與樞密使曾使皇太子兼領為不當，宜選賢才任此重職；皇太子重在選耆碩而早加輔導，不需降居臣職。（二）重禮法並正風俗方面：倡言宗廟祭祀之要，同時陳述祭禮之制，指出藉田之禮與公桑之儀皆未施行，似有所不足。其重禮法尚有論服色之處，又與正風俗有關，其要點如下：以為服色有定制，而市井有敢居服者。車馬之制有定，市井亦有駢駢駕車與士大夫無異。公庭出入沒有與庶人區別之法，無體制可言。僧尼道士不遵本教之服，常雜混常俗。世俗尚奢，權吏、濫官、豪富子弟以貞廉為愚，以節儉為恥。凡此皆禮法不重，風俗不正之故。（三）澄清吏治、振肅綱紀方面：又分為三項。其一為清簡建官，是設紀張綱首要，主張官不用多而在乎得賢，政不必煩而貴於省。其陳指冗官之弊有三，即保薦多而不及考校，雜流貨賄進行，造成選法之弊。推諉塞責造成政事之弊。臨官浮濫，刻剝苦役造成軍民之弊。故而嚴選法、去冗官、勤考核則可定民業，天下即可太平矣。其二為厲臺憲。主張國家雖有監察制度，但宜委任於專，加重職權，體統則可肅。其三為明罰飭法以振肅綱紀。主張不得濫赦，俾姦人貪吏可革面洗心，此順大道以正生殺。（四）土地改革方面：有意興復井田古法，並加以敘述，但以先行限田之法為主，可免驟然騷動。

　　到成宗即位時，天麟又上策論政。其〈逃民策〉專論民政，以為逃民之故有五：一為天，指自然天災。二為官，苛刻役歛，結果富家以賂免，貧者難以獨任。三為軍，即賣田以贍軍資。四為錢，即舉債不能償。五為愚，不恤艱難，悔恨莫追，是民智愚昧之故。他以為免除逃民之責任在官方，先循

上述缺失解決之，而後尚要絕濫官、限田產、重農桑、設義倉，如此才是務本之政。其言貢物之害，指奇珍異獸等無益於國，宜不取，取之有三害；異物蕩心是害之一，外國以為國家有所嗜好，是害之二，耗費轉運之力役不小，是害之三。其餘所論及項目繁多，大體在於宗室之教養、嚴定補蔭之法、革藩鎮、主政中書，選法以賢能、稱職為主，而不計資序。又如立社倉、置諫院、定軍役、除差稅、惜農時，開武科、設天馴監、廣群牧所等。又論人才、辨三德，以為言商計者為聚斂之臣，笞杖而復官者皆無恥之輩等。

　　鄭介夫上策論政略晚數年，成宗大德年間上〈太平策〉，主要的內容亦略作分類敘述之：

　　其一、關於澄清吏治方面的幾個重點：在用人上以業儒之士人，即仕路出於儒士為原則，因此除選官吏就必須有定法，以免奔競之路。入仕為吏者需通儒，而儒亦諳吏事，使儒吏相通、相有，不可偏廢。即所謂以儒術緣飾吏治。吏治政風之要則在於厚官俸而均之，去冗濫之官，既不增加財政負擔，又可提高行政效率，據此則可要求官吏廉潔，革除贓吏之弊，同時也獎勵廉能。

　　其二、關於財經制度者：論鈔法重硬幣，以為錢是萬世之長計，不易銷毀，而鈔為一時之權宜。論鹽政，主張仿效劉晏之權鹽法，委之有司取辦，使鹽有定額、亭戶有定數、私煎有定罪。論刷馬法，以為與和買無異，最為擾民弊政，宜行廣馬之法，設專官擇牧地以養之。

　　其三、關於社會民生者：主張行限田之政，可免兼併於強豪，以利民生。論戶計制度，指出弊在勞逸不均。為益於社會民生，則以立義倉為要務，使百姓平日即輸納已粟以充之，由鄉里、縣司督責，或者倣漢制輸粟為郎，宋制官賣度牒等例，亦可輔助以行。對於宗教團體享有特權指責甚多，他以為佛道皆變質為攬權之豪霸，恃寵作威，害政亦害民，於國家財經也有莫大之損失。

　　其四、關於禮法風俗等：指出風俗敗壞，不守禮亦不守法。其厚風俗方面有五事可行，一為禁止抑良為賤，如民間盛行之「嫁漢」、「把手合活」、「坐子人家」等。二為奴告主者勿受，此為唐法，使上下正名。三為朝廷率先領導祭祀、行孝等，並定親在分產與違生事死葬者為不孝之罪。四為倡人倫，杜絕買賣人口之陋習，以及「人市」之現象。五為定服飾，官品九等，庶民六類，服飾不得僭踰。法刑訂定以執行方面，指出「有例可援、無法可守」

之弊，民間自編之斷例條章、官民要覽等亦不合時用，故宜先訂定法綱。其他如禁私酒、私宰、奸盜、買賣婚姻等。

其五、其他政策性或綜合性者：先論立皇太子法，並重視其教育等，再論諸王公子例稱太子之不可。言及怯薛國法，以為嚴格成員，不得濫取、冒充等，言及后黨，宜注意外戚之流弊。言及官署衙門，不得重疊紛雜，否則事權不一，大礙政令。言及朝綱政風之弊，指斥尤為激烈，舉凡朝廷措施以求人、求言、監察、議獄、愛民、務農、設官、對越等等，皆同虛文，名實不符。

趙天麟、鄭介夫二人之政論，時間在世祖末成宗初，可謂屬同一時代，正足以反應當時的政治與社會狀況，所論大都相類似，也以對時政意見為多，要之以清吏治、用人才居重，這也是中國士人問政所著重之傳統而並無改變。其餘幾點也可以看出古今士人思想相通之處，以及元朝時代之背景；如皇太子問題，欲行漢法，根本無蒙古世選之意，而極重太子教育，正是儒家思想消極限制君權之法，在君主制下亦唯有及早教育太子為仁德之君，使其將來能自制而不濫施權力，故皆主張早定太子、及早教育之。土地問題，言井田只在託古以重，實則在於限田，宗王、豪富、官家、僧道等兼併土地，又因元人重財利；朝廷亦以財利為倡，土地之集中只在不違法即可，朝廷又普遍賜田予貴族，此皆造成限田之議的產生，非欲憑空行井田之理想，實在針對時事而論之。至於禮法服色等亦完全是漢法，欲「變夷為夏」，原來歷代朝廷也重視這些。

鄭介夫所論稍晚於趙天麟，其中都可包括趙氏所論，可知朝廷並未有所改革或者接納，而鄭氏所論較詳，措辭亦烈，尤其談到虛文政治等項，其中有「今翰林多不識字之鄙夫，集賢為群不肖淵藪，編修檢閱皆歸門館富兒，秘監署丞半是庸醫」等語，其非實情可知，若為強調而誇張恐怕亦不至此，大概有經後人更改字句之故。鄭氏後經省臣之薦，曾任縣丞以終。趙氏則未見入仕之記載，故二人皆未得大用，無法知其施政與論政之間事。不過與下述在朝士人之論實則相近，可知朝野間士人之相通處。

在朝士人之論政，以史傳資料考察為主，所論範圍相當之廣，亦綜合整理得其大要。〔註112〕

―――――――――――――――

〔註112〕以三史傳記資料為本，檢閱言論部份分別條例之，其中許多士人有施政之實績，但無具體論政之記載者則不取，或有論及學術而與政論無關者亦不取。

（一）關於君德修養方面，依論及次數之多寡，其內容
　　包括有

親君子遠小人或親賢遠劣，其次為論帝王修身，言德治與君德，以及納諫等。其他則為親親之道、皇太子教育、畏天法祖、務本清源、好善、力學、勤政等等。可知親君遠小、修身、納諫三者為論帝王方面最常見之觀念。許多士人也只標示帝王宜重君德、行德治等，但未論及其中之細目，相信亦不外乎上列三者為主。親賢遠小務使帝王先能識人，以品德為賢、為君子之標準，日與賢者為伍，則帝王雖不必賢，亦不至受小人蠱惑，則國家若不能大治亦可守成。但君德之本在於修身，亦正是大學所言；自天子以至庶人皆以修身為本，修己可以敬、可以安人、可以安百姓，儒家所言德治在於化人，此不惟君主宜如此，「政者正也」，君子亦如此，修身與親君子是密切關連的。修身既成為政者的基本要求，也成為最高標準，政治就是修身完成的表現，其始點與終點並不出此義，故而德治、仁政即一，修身以化人即德治。元代士人論政在這方面尚未脫離儒家傳統，即使在宰相方面也是如此要求，所以在漢人中會推舉許衡為相，在蒙人中要擁護安童，其中雖有漢法之爭，但偏重品德不急功利，未嘗不是修身以求德治的思想所衍出。納諫是針對前二者若有不足時之補助，與兼聽達聰之意相通，以求無有疏漏壅塞。也有一種謙虛之意，則又與修身之品德相通。

重君德修養之例；如姚樞「首陳二帝三王之道，以治國平天下之大經彙為八目：曰修身、力學、尊賢、親親、畏天、愛民、好善、遠佞。次救時之弊……」。〔註113〕又如張珪上疏論以天人之際，災異之故，其內容則有「修德行、廣言路、進君子、退小人、信賞必罰、減冗官、節浮費，以法祖宗成憲。累數百言……」。〔註114〕

（二）關於政策之原則或施政之基本方向等方面

所見最多者為訂定典章律令，節儉止斂，止殺弭兵，愛民為本等類，其次則有立綱紀、倡孝道、崇儒學用儒臣、廣開言路、尊堯舜及孔孟之道、任賢相、行仁政、崇經學、正名分、尚文、揚善革弊、行漢法等等。

典章律令之訂定，有因紊亂不一而重新修定之意者，也有因缺乏不全而

〔註113〕見《元史》，卷158，〈姚樞傳〉，頁1下。
〔註114〕見《元史》，卷175，〈張珪傳〉，頁2下。

增定者，其中反應時政較多，行漢法漢制之寓意亦在其內。蒙古的北亞法系自不宜亦不足適用於中國漢地，兼行西域法與漢法，但兩者又復水火不容，未能全盤訂定，元初所用士人行漢法亦皆承金制，典章訂定實有多重困難，加之元朝廷之性質以蒙古本位為主，事事常有其單行法或特例行之，這些在基礎上之干擾若干未能消除，即不可能有根本典章律令之出現，其影響及官制、銓選、人事等方面，最易見雜亂不一之處。如此有根本未立之感，故而士人論政多疾聲大呼於此。

節儉止欲是儒家節流之思想自不待贅言，故元人每論及此多反對言利、斥胡賈，指這些言利聚財者，皆學術不純、或心術不正。凡注重理財者往往概視之為聚歛，其中自有可辯論之處，簡言之，理財未必即聚歛，元代士人言論中也不乏贊成理財者，但皆反對聚歛，可知他們心目中確有分別，如程端學說：

> 古之煮海以為利，非直富國而已也，將厚民生而圖依以富也，今利歸於公者有經，而民被其毒者無已，豈非以其法有未盡者哉？
> 〔註115〕

元代士人多以吏進入仕、操刀筆、抱案牘、必有躬親理財之政，在政論中也多有關之策。元風尚利、重理財，此所以西域人受重用之大端，而蒙古人傾向實用主義，對事功表現多重在財利方面，也從不諱言事功。漢士大夫多諱言財利事功，而華北金朝情況遠不如南宋之忌事功，尤其學術界對此尤有爭議，最顯著者莫若朱熹與陳亮之辯論是多人所知。受程朱之教而奠定朱學於元代之領袖許衡，基於時代環境，對此尺度亦不得不為之放寬，在《國學事蹟》中記載他的言論說：

> 先生言為學者，治生最為先務，苟生理不足，則於為學之道有所妨，彼旁求妄進，及作官嗜利者，殆亦窘於生理之所致也。士君子當以務農為生，商賈雖為逐末，亦有可為者，果處之不失義理，或以姑濟一時，亦無不可，若以教學與作官規圖生計，恐非古人之意也。〔註116〕

南宋學術思想上有極高之成就亦不免亡國之禍，故程鉅夫雖為南士，但他在〈送黃濟川序〉中指責士大夫們，以為滔滔皆晉清談之風，雖然未明言此即

〔註115〕見《積齋集》，卷2，〈送張大方之任序〉，頁8下。
〔註116〕見《許魯齋集》（叢書集成簡編）卷之6，頁70。

宋亡之因，但說「頹靡壞爛，至於宋之季極矣！」，所以窮變敝新是固然之理。
他對士大夫的批評，以及元代重事功與理財之看法如下：

> 數十年來，士大夫以標致自高，以文雅相尚，無意乎事功之實；
> 文儒輕介胄，高科厭州縣，清流恥錢穀……國朝合眾智群力壹宇
> 內，自莞庫達於宰輔，莫不以實才能、立實事功，而清談無所用乎
> 時……六典之經邦國，大學之平天下，於理財一事甚諄悉也，而士
> 大夫顧不屑為，直度其不能而不敢耳，詭曰清流，以掩其不才之羞，
> 此清談之所以誤晉，尚忍言之哉？近制錢穀官與司民社者，一槩選
> 而加優焉，勸人以事功之實如此也。〔註117〕

元朝廷之政策與風氣在此，偏重於開源，而儒家理論似偏於節流，故節儉止
歛之論多見。或許兩者基本路線不同，重開源在元代成為政策，而儒家視理
財為技術問題，基本政策唯有仁義而已，何必曰利，故許衡可以言利來變其
世，但要「處之不失義理」，若不知義理所在，在下則為刀筆鄙吏，在上則為
聚歛之臣，他們一派的士人就認為阿合馬、桑哥等善於理財者為聚歛之臣。

漢文帝時丞相陳平，以為錢穀理財有所司而非宰相所知，宰相佐天子以
定全國之政策〔註118〕可知理財屬有司為技術性之行政，宰相所重是最高層次
之政策性問題。因人與國皆須治生，故不免有財利，但原則上以節流為主，
此與人之道德修養亦相關；節儉為美，開源重利欲，為道德不足，故政策上
首重財利不為儒家思想之旨。而即使為應世變，仍要以義理為主。或許儒家
深究人性，唯恐出現上下交征利，以及人欲橫流之世，乃不得不排除或輕視
易於引誘至此的相關問題，故偏於節儉省費，不願開源財利，是儒家教化上
之考慮也。

止殺弭兵與愛民為本是相關連而論者，但後者並不只在戰亂時提出，而作
為施政之原則概念。止殺之論多出現於蒙古滅金、滅宋之際，有在大軍出征之
時，有在攻城略地之後，要皆在保民之命，士人在此之努力尤多。弭兵之議多
在對外征伐時，征伐的觀念蒙漢有些許差別，漢人是以有道伐無道，遠人不服；
則修文德以來之，要耀德不觀兵，若有外國的直接威脅時，和、戰、用夷等討
論始興。蒙古人自成吉思可汗創建帝國以來，一直都未停止向四外發展，是為
在建造中的新帝國，而不是止於一定範圍之內的國家。帝國由各個「兀魯思」

〔註117〕見《程雪樓文集》，卷14，頁3上～4上。
〔註118〕參見《史記》，卷56，〈陳丞相世家〉，頁9下、10上。

聯合形成，因此在進取的行動之中，戰爭自不可能避免。至於修文德以來之恐怕被視為不太實用的。例如成吉思可汗即以戰爭進取是人生之樂。〔註119〕世祖欲征日本，崔彧以民不聊生而致叛變達二百餘所為諫，但「世祖以為不切，曰：爾之所言如射然，挽弓雖可觀，發矢則非是矣！」〔註120〕

（三）關於吏治方面

士人所論幾乎全集中在銓選之法上，根本上是由於吏進入官居多引起的討論，這與傳統對儒士與吏之看法有關，其詳留待下文論之。其次則論及俸祿、官吏進修等。行漢制俸祿正是規納北亞民族所缺乏者，世祖即位後始定元之官俸，〔註121〕此係受潛邸士人之建議，如劉秉忠、姚樞、張德輝等人。〔註122〕遼太宗耶律德光入據中原滅後晉時（947年），漢將趙延壽曾請定軍食廩祿之制，但太宗說：「吾國無此法」，有所謂打草穀等。〔註123〕當成吉思可汗初得部份漢地時，亦有蒙古群臣以為得漢人無用，不如盡殺之，使草木暢茂以為牧地。〔註124〕可知北亞民族的契丹初無漢制廩祿之類者，蒙古貴族也以草原本位為主，這些都說明其觀念之差距，士人之努力規約亦在於此。

官吏進修多是針對入仕途雜而有不學之官吏，以及近侍宿衛們聽講，還兼及貴游子弟受學等。近侍宿衛是入仕要途，且多能擠身高品，貴游子弟除入宿衛外，尚可廕襲為高官，對此兩者要求進學亦無非是為吏治之澄清，是在無法改革元制中的一種彌補之法。

（四）關於人才、教育、科舉等方面

這三者常相關連討論，可知士人多以為人才之出不由科舉即由學校，此為人才培養之正途，故對學校、科舉等的討論也因此極為重視。學制與學校之功用論述較多，亦兼及學校之弊，如虞集的學校之議，時當仁宗初行科舉之際，而虞集仍以學校為治根源之制，〔註125〕他對科舉與程朱之學皆有推重，

〔註119〕此為波斯史料史集中所載，見《多桑蒙古史》，上冊、頁160。

〔註120〕參見《元史》，卷173，〈崔彧傳〉，頁7上、下。

〔註121〕參見《元史》，卷96，〈食貨志四·俸秩〉，頁1上、下。

〔註122〕參閱《元史》三人列傳，劉秉忠見卷157，頁3上，姚樞見卷158，頁2上，張德輝見卷163，頁11下。

〔註123〕參見《資治通鑑》，卷286。

〔註124〕參見《元文類》，卷57，宋子貞，〈中書令耶律公神道碑〉。又波斯史書上亦有類似記載，見《多桑蒙古史》，頁150。

〔註125〕參見《元史》，卷181，〈虞集傳〉，頁5下、6上。

但對科舉獨取程朱似有微言，尤對吳澄之受排斥深表不然之意，除去《元史》中有關數人之傳記，如程鉅夫、李孟、許師敬、元明善、虞集、吳澄等人外，虞集在其文集中也有幾處透露個中消息。〔註126〕且不論學校、科舉之各種意見，甚至切指弊端等，原則上元代士人皆重視之，也正是其努力之目標。受到漢化影響之蒙古、西域人等也有同樣之看法，為之爭取、議論。〔註127〕在元人思想中，學校、科舉與人才之關係有一體之用，例如王惲在《烏臺筆補》中有篇〈請舉行科舉事狀〉，其中說到：

> 聖意每云尋好人者，且好人者大概解官事、識廉恥，以公滅私，不作過犯之人，若科舉事行，必須先立學校，或人人力學。學校者，國家之化原，人材之大本也。但自教育中來人，終是通古今、解公事、知廉恥、識忠義、鮮過犯，如此豈非好人歟？由是觀之，庠序、科舉以之育材取士，最為急務，理合舉行。〔註128〕

蒙古人重實用，實用之人才亦可由科舉中取得，至元十二年（1275），徒單公履請行科舉，奉詔與楊恭懿共議，恭懿說：

> 明詔有謂，士不治經、學孔孟之道，日為賦詩空文斯言，誠萬世治安之本。今欲取士，宜勑有司舉有行，檢通經史之士，使無投牒自售，試以經義策論。夫既從事實學，則士風還淳，民俗趨厚，國家得才矣！〔註129〕

雖然如此，考試究竟是屬理論性質，其有否實效，則難免懷疑。仁宗行科舉取士，備受士人讚譽，因之在元史中地位極高，屢見元人言其厭刀筆，崇儒治，但惜未見其有關定科舉之宏論，他亦不過說：「千百人中豈無一范仲淹者？」〔註130〕

　　揭傒斯以為致治當以儲材為先，〔註131〕故而對學校、科舉兩者皆有議論，也很能代表一般士人之看法，其對科舉與人材，以及士人職志等，在〈送也速荅兒序〉一文中透露出來；他以為為儒、不為儒，不在時代人士之賢愚，

〔註126〕如《道園學古錄》，卷5、〈送李擴序〉，卷8、〈藍山書院記〉，卷12、〈代中書平章政事張珪辭職表〉，卷34、〈送朱德嘉序〉等。
〔註127〕參見《元史》，卷130，〈不忽木傳〉，傳中即有不忽木、堅童、太荅禿魯等人。卷143，〈小雲石海涯傳〉，頁13上。
〔註128〕見《秋澗先生大全集》，卷87，頁831下。
〔註129〕見《元史》，卷164，〈楊恭懿傳〉，頁1下、2上。
〔註130〕見戴良，《九靈山房集》（四部叢刊初編）卷21，〈遜齋小薰序〉頁149下。
〔註131〕參見《元史》，卷181，〈揭傒斯傳〉，頁16下。

而在於朝廷之導向如何。元代一統六十餘年,教化不行,風俗日壞,奸宄屢作,是因為任法律、務財用之故,仁宗雖行科舉,但孔孟之道仍未大治,其原因是如此:

> 仁宗皇帝在位日淺,得人未眾,作養之士未成,新菓稚蘗,不足以勝夫深根蒂固,牛羊日夜又從而牧之,信道篤者,類指為迂潤,稍出芒角為國分憂者,盡格之下位;急功利者,遂從而彌縫附會,覬旦夕之餘景,而不知已為他人所銜轡矣!自是法律重儒者愈輕,群然鼓簧謂士不足用,科舉無補於國計,不罷不止!烏呼!果孰為國計哉?……君子之學,非所以為富貴利達之謀也,所以進貢其德而達其才者也,故學不止于為進士,夫文以制治,武以定亂,法律以輔治,財用以利國,皆君子之事所當學者,且文武非兩途也,用之制治則文,用之定亂則武,非文之外有武,武之外有文也。法律非不任也,任之以為輔治之具,非為治之本也。財用非不務也,生之有道而用之有節,非瘠民以肥國也。故君子之學也,用以致其君則為堯舜之君,用以治其民則為堯舜之民,非徒學以自別于農工商賈而已。

國家對待士人,以及士人之自待,是:

> 國家養之必以其道,待之必以其誠,必盡其才,非徒用以竊任賢之名而已。然學在我,養不養,用不用,非所計也,而用不用定關天地之否泰,國家之盛衰,吾道之通塞,此君子之所憂不敢計焉者,……勿以科舉興廢為去就,當天下任者,倘有仁人之心,不忍坐視淪吏于苛暴慘刻,必有為國家計者也。〔註132〕

這個說法與劉岳申相同,以為士人為學是本職,而非為科舉。〔註133〕

揭傒斯對於學校之意見,他以為朝廷雖間用漢法,有崇儒興學之意,但並不理想,其原因是「旬宣之道未盡,廉恥之化未興,訏病之風未除」之故,而學校職教成為入仕之門,一則「規錙銖、計升斗是急」,又使「並緣之吏,間窺隙伺,日相與為欺」。自然學風敗壞,〔註134〕究其意是指士儒在元代地位已與傳統脫節,而與學校有關的入仕之途,是造成此弊之癥結。

〔註132〕參見《偈文安公全集》(四部叢刊初編)卷9,頁84下～85上。
〔註133〕參見《申齋劉先生文集》(元代珍本文集彙刊)卷2,〈贈李生歸蘄州敘〉,頁97。
〔註134〕參見同註132,〈送劉以德赴化州學正序〉,頁82下～83上。

揭傒斯所指學校之弊與虞集大體相似，虞集也以為學官制度不良，以至師資頗有問題〔註135〕但他以學校為治平之根本，恐怕也是多數士人共通的看法，如前面言及之王惲，另外如許謙，他有〈學校論〉特言此意，「為治不本於學校，不法於三代，吾未見其可也」是其宗旨，他以為：

> 三代取士於學校，為致治之術；後世養士於學校，為飾治之文，治道所以不同者，在於學校廢興而已。〔註136〕

（五）關於法治方面

所論之重點多在於刑賞分明以昭威信，這不止是對一般平民如此，其於宗親貴族亦如此，其中雖然有論慎賞罰者，但也不主張濫赦。其餘如明號令、重法制等都在這範圍之內。典章律令之訂定，以之行法治，是故二者相依。而用以規約官吏也在於信賞罰，因此監察制度的部份也隨之被強調了。

行法治所據之法律始終不夠理想，也正反應出何以對典章律令等有許多議論。蒙古法典是習慣法、判例，未能適用於中國，鄭介夫已說過元代當時是「有例可援，無法可守」。而元初實多用金律，〔註137〕其後用世代吏業出身的何榮祖製定《至元新格》，以及《大德律令》等書，這些恐怕也是以金律為本，而略有放寬，但都沒有正式頒行，〔註138〕直到英宗時完成之《大元通制》為正式之法律，〔註139〕其時已過元朝之半了。

在儒家思想中通常是重禮治，以法治為輔，但漢法未獨尊，禮治未大行，求法治亦不失為整齊之方，況元人多以吏進，言法治多能類通。但原則上雖明賞罰並不嚴苛，多以寬簡為政，這與禮治、德化為主思想還能不背，至其精神在士人所寫之《經世大典・憲篇》各序文中最能表現出來。〔註140〕

偏重於禮樂教化在行政效率上似乎不如重於法治，元代士人所論法治多在於別善惡之明賞罰，其為政之道仍本禮教德治，就這點來看，行政效率或不如西域人。《元史》中有段記載說成宗初立時之上諭道：

> 諭右丞阿里、參政梁德珪曰：中書職務，卿等皆懷怠心，朕在上都，令還也的迷沙已沒財產；任用明里不花，皆至今未行。又不

〔註135〕同註131。
〔註136〕見許謙，《白雲集》（叢書集成簡編）卷3，頁37、38。
〔註137〕參見《元史》，卷102，〈刑法志一・序文〉。
〔註138〕參見同前，另見卷168，〈何榮祖傳〉，頁17～19上。
〔註139〕同註137。
〔註140〕參見《元文類》，卷42，〈憲篇〉。

約束吏曹，使選人留滯。桑哥雖姦邪，然僚屬憚其威，政事無不立決，卿等其約束曹屬，有不事事者笞之，仍以朕意諭右丞相完澤。

〔註141〕

桑哥厲法而行，其主政時「鐘初鳴，即坐省中，六曹官後至者，則笞之」，趙孟頫即因之曾受笞，後投訴於都堂，右丞葉李以刑不上大夫，辱士大夫如同辱朝廷說之，於是桑哥親自慰問孟頫，而後笞杖只限於曹史以下。前此，孟頫曾與尚書劉宣馳驛江南，奉詔問行省丞相慢令之罪，凡左右司官，及諸路官，可以逕行笞之，但孟頫受命後北返，不笞一人，「桑哥大以為譴」，〔註142〕其間差別如此。

金代盛行笞刑，濫及士大夫，前已言及（參見緒論），在元末修《金史》中，所列的〈酷吏傳〉，皆不離笞刑之濫用，批評用重典，「嚴而少恩信」等，〔註143〕在循吏傳中所列諸人，皆以「清慎才敏」而稱道之。〔註144〕再看《遼史》的能吏傳，認為「治民、理財、決獄、弭盜，各有其人，考其德政，雖未足以與諸循吏之列，抑亦可謂能吏矣！」〔註145〕《宋史‧循吏傳》說：「承平之世，州縣吏謹守法度以修其職業者，實多其人，其間必有絕異之績，然後別於賞令，或自州縣善最，他日遂為名臣……」。〔註146〕在《遼史》中分別了能吏與循吏，但卻缺乏明顯之界說，到底如何確定其間之區別？綜觀所採之列傳人物，大體上有行政能力較佳者則稱為能吏。循吏則涉及有道德傾向，或者言論涉及面較廣，不只關乎其職分內所守，有的則歷仕數地皆有政績者。另外，遼、宋史皆不及酷吏，唯獨金史，豈以為金律嚴密，笞杖濫施之故？除此之外，《金史》上的酷吏主要是有一普遍特性，即「尚威虐以為事功」，而宣宗用胥吏，又喜刑罰朝士，結果形成風氣，酷吏因之而成。〔註147〕

士人論法治重在別善惡而明賞罰，但以寬簡為主，反對苛虐。元人修三史，獨於《金史》中指斥酷吏，他們嚴法但苛虐，尤其指責的重點是虐及朝士，侮辱士大夫之尊嚴，正與桑哥的行為一樣，這應該是有其意義的。原來

〔註141〕見《元史》，卷18，〈成宗本紀一〉，頁8下。
〔註142〕見《元史》，卷172，〈趙孟頫傳〉，頁5下、6上。
〔註143〕參見《金史》，卷129，〈酷吏傳〉，頁1～2，及其序文。
〔註144〕《金史》，卷128，〈循吏傳〉，頁18上。
〔註145〕見《遼史》，卷105，〈能吏傳〉，頁1上、下。
〔註146〕見《宋史》，卷426，〈循吏列傳〉，頁1下。
〔註147〕同註143。

酷吏在《史記》與《後漢書》中並非一律遭受指責，其定義也不同於後代，他們必然是有行政能力者，不過有些人是忽略了為政的道德效果，而一味從法。大約到唐代時則認為酷吏是壓迫百姓者，〔註148〕元代所強調之酷吏，不只是苛刻嚴刑，而且辱及士人尊嚴。

（六）關於禮樂儀制方面

原則性提倡禮樂之教者最多，其次則為論祭祀以及服色等。這些原以蒙古本俗為主，初雜金、夏之制，再參以宋制，成為胡漢雜糅的現象，還有些禮儀仍以其本俗行之。如祭祀之禮，是漢文化中很重要的一項，《元史》中說：

> 郊廟之儀，禮官所考日益詳慎，而舊禮初未嘗廢，豈亦所謂不忘其初者歟！然自世祖以來，每難於親其事，英宗始有意親郊，而志弗克遂久之，其禮乃成於文宗⋯⋯豈以道釋禱祠薦禳之盛，竭生民之力以營寺宇者，前代所未有，有所重，則有所輕歟？或曰北陸之俗；敬天而畏鬼，其巫祝每以為能親見所祭者，而知其善怒，故天子非有察於幽明之故，禮俗之辨則未能親格，豈其然歟⋯⋯。〔註149〕

蒙古在這些方面的儀制習俗等不與漢法同，其初雖採金制，但金制亦多漢法，而金初起之情形正與蒙古相類，至於遼初也是如此，這正是北亞民族與漢民族間文化之差異。〔註150〕不惟儀制有差，對於這些方面的觀念與理論恐怕亦有相當大的不同。

兩宋學術思想為近古之本源，金、元皆受重大影響，其關於禮樂方面所言並不出宋人所論，也是建構儒家政治學中的重要環節。如歐陽修在這方面就有很精闢的理論，他在兩篇〈本論〉中說明了堯舜三代之為政，設井田法、定賦稅等，說到禮樂之作就是對人性與生活中完整考慮之結果，為行德治以化民，須垂教於民，他說：

> ⋯⋯然又懼其勞且怠而入於邪僻也，於是為制牲牢酒醴以養其體弦，飽俎豆以悅其耳目，於其不耕休力之時，而教之以禮。故因

〔註148〕參見劉子健，〈中國史學中一些官僚的分類〉，《儒家思想的實踐》（臺北，商務，民國69年10月），頁223。

〔註149〕參見《元史》，卷72，〈祭祀志一・序文〉，頁1下、2上。關於元代禮樂之沿革大要，參見卷67，〈禮樂志一〉，其序文部分，輿服則在卷78。

〔註150〕關於蒙古本俗儀制等，可參見《蒙韃備錄》、《黑韃事略》二書所記。女真之金，可參見徐夢莘，《三朝北盟會編》，卷3、卷166等。遼初可參看《遼史》，卷74，韓延徽、韓知古、康默記等三人之列傳。

其田獵而為蒐狩之禮，因其嫁娶而為婚姻之禮，因其死葬而為喪祭
之禮，因其飲食群聚而為鄉射之禮。非徒以防其亂，又因而教之，
使知尊卑長幼，凡人之大倫一也。故凡養生送死之道，皆因其欲而
為之制，飾之物采而文焉，所以悅之，使其易趣也，順其情性而節
焉，所以防之，使其不過也，然猶懼其未也，又為立學以講明之。
故上自天子之郊，下至鄉黨，莫不有學，擇民之聰明者而習焉，使
相告語而誘勸其愚墮。〔註151〕

他以為行王道即三代之政，也就是制禮作樂，則耳聞目見無非仁義，若「王
道不明而仁義廢，則夷狄患至矣」，朝儀禮樂等「然非行之以勤，浸之以漸，
則不能入於人而成化」，其正反兩面的意思是非常明顯的，因此他在修《新唐
書》的〈禮樂志〉就直截地說：

由三代而上，治出於一，而禮樂達于天下。由三代而下，治出
於二，而禮樂為虛名」。〔註152〕

接著說明治出於一，是自朝廷至民事皆出於禮，使天下能安習而行之，以化
民成俗，三代以後之政是簿書獄訟兵食等，至於三代禮樂只具名物而藏於有
司，所以治出於二，禮樂為虛名，他嘆道：「嗚呼！習其器而不知其意，忘其
本而存其末，又不能備……之禮在者幾何！」

　　恢復三代先王之理想，重建人類生活的新秩序，不只是歐陽修表現出這
樣的傾向，而是普遍存在於儒家士大夫的思想之中，即使是他們彼此之間對
於復興此理想的細節中有許多爭論，無疑地都流露出對此理想的狂熱與執著。
如王安石對禮樂亦有專論，他論說之角度與取材偏重於心學上，但他也相信
「百工之事，皆聖人作」，他說：「先王知其然，是故體天下之性，而為之禮；
和天下之性，而為之樂」，而後世多不明其理，成為「驅禮樂之文以順流俗為
事」，同樣地，他也有復興先王建禮樂之意。〔註153〕

　　在元代士人論政中強調之禮樂等，有言及儀制為主者，亦有綜論及復興
先王理想者，這兩者有時不能確然分別，因儀制雖為文，但也本於先王之法
意，並非只知順流俗而不悉先王之意。在對禮的意義上，有時是指祭祀等的
宗教意味，有時專指制度意義的禮制等，有時成為複雜、廣泛的哲學觀念，

〔註151〕見《居士集》（臺北，世界，歐陽修全集本）卷11，〈本論上〉，頁122。
〔註152〕見《唐書》，卷11，〈禮樂志一・序文〉，頁1上。
〔註153〕參見《王安石文集》（臺北，河洛）卷41，〈禮樂論〉，頁125。

如禮義、仁等并論之。在此尚有須注意者，即元代朱子之學盛行，對禮樂之論也多受其影響，朱子於經學中特重禮，而其治禮，以社會風教實際應用為主，他有編修禮書之計畫，宗旨在考古通今；窮本原則在古為禮，通流變則在後世之制度。〔註154〕在《朱子語類》中有這些記載：

> 問：天之將喪斯文，未喪斯文，文即是道否？曰：既是道；安得有喪未喪？文亦先王之禮文，聖人於此極是留意。蓋古之聖人既竭心思焉，將行之萬世而無弊者也，故常恐其喪失而不可考。〔註155〕

> 問：呂氏云：文者前後聖之所修，道則出乎天而已，故孔子以道之廢興付之命，以文之得喪任諸己。曰：道只是有廢興，卻喪不得。文如三代禮樂制度，若喪便掃地。〔註156〕

道不變，故只有興而不喪，禮樂制度本道而立為文，貴知世變而知文可變，但因革損益皆必有文，否則文喪則掃地。道可付諸命，文之得喪則任於己，興文即制禮作樂，並非必欲復古，但求不違道。若以先王之道即是基本精神所在，要把握此精神亦即不違道，若有違道，則禮樂之文雖存亦是虛文，甚至連虛文時或有喪。朱子論古者三公坐而論道，以及尊君卑臣之事，是論文，亦是論道。〔註157〕

朱子重禮即重小學，以灑掃應對進退之節，愛親敬長隆師親友之道始，這些皆為禮，由此可以修身至於治平。至於家禮、學校、家範、女戒等無不屬於禮之最早與最親近的教化。〔註158〕照朱子之意，禮樂其實就是天理之自然，節文與和樂也是天理之自然。天理本是道貫直下，不過聖人就其中設界分段，其本末仍一，裏外皆同，但不可差其界限，否則即不合天理。〔註159〕

禮樂等制原為各朝廷必要之設施，且不論是裝點門面或真知教化，元代士人致力於漢法之行，自然要推行禮樂之文，而朱子以禮樂即合於天理，聖人先王之教化在此，更有理論基礎用之發揮。如胡祇遹在〈禮樂刑政論〉中即說明修身以化人的德治觀念，又說：

> 恐身教之不能齊一，禮樂刑政由是舉……隆禮由禮，為有方之

〔註154〕參見錢穆，《朱子新學案》，第4冊，〈朱子之禮學〉，頁112、141。
〔註155〕見卷36，〈子畏於匡章〉。
〔註156〕同前註。
〔註157〕參見《朱子語類》，卷128，〈本朝二・法制〉。卷134、〈歷代一〉。
〔註158〕參見同註154，頁165～177。
〔註159〕參見《朱子語類》，卷87，〈禮四・小戴禮〉。

士，不隆禮不由禮，為無方之民……天理之節，文人事之儀，則知
出於自然……。〔註160〕

但法令刑罰是輔治之具，治之本在於仁義禮樂，其以禮為治平之本，此又與
戴良所論相同。〔註161〕

　　胡氏以為出於自然，合於天理，故禮樂不是額外求其限制，勉強得之，
因此在〈禮樂論〉中又說：「學者務外，不求諸內，不知禮樂之固有」。〔註162〕
這些天理、自然之說與朱子所言是相同的。

　　程矩夫記載陳庚教人本諸仁義道德，其為政以禮有很好的說明：

　　　　或問政，曰：以禮，曰：何謂禮？曰：臨事以敬，律身以義，
　　用人惟賢，養民惟惠。體風俗而施教，察過失而立防，行之以寬柔
　　簡易之道，輔之以中正裁制之宜，謹之以進退賞罰之節，故曰：有
　　禮，政事得其施；無禮，政事失其施也。〔註163〕

將修身、從政與實際治民以禮聯貫起來，亦是對禮之本體與用能確切把握者。
雖不談三代先王、天理等，亦可知其義也！

　　主程朱之學的隱士陳樵，以理一分殊之義論禮。他以神所知之即為智，
知天下殊分即為禮，知分之宜即為義，知天地萬物一體即為仁，禮復則和之
即為樂，由此之道則可達修齊治平之地。接著又進一步解說之：

　　　　國家天下一枳也，枳一穠而穠十焉。枳有穠而一視之，其於人
　　則仁也。發而視之，穠有十；則等有十，其於人則君臣父子長幼之
　　等，夷刑賞予奪之殊分，所謂禮也。視十為十者，禮之異，視十為
　　一者，仁之同。分愈異則志愈同，禮愈嚴則仁愈篤者，先王之道也。
　　分愈異者志愈同，故合枳之穠……禮愈嚴者仁愈篤，故治國家天下
　　者不以禮，則彝倫斁、禮樂廢、而仁亡。是故洙泗伊洛朝夕之所陳
　　者，天下萬殊之分，視聽言行之宜，所操者禮之柄耳。故學聖人者，
　　必始於禮焉！……理一分殊之義廢，則操其杖葉而舍其根本。〔註164〕

〔註160〕見《紫山大全集》，卷13，頁6。另見卷21，頁4，〈論治道〉。
〔註161〕參見同前，卷21，頁19，〈論按察失職〉。戴良所言見《九靈山房集》，卷21，
　　　　〈禮學初範序〉，頁149。
〔註162〕參見同前，頁5。
〔註163〕見《程雪樓文集》，卷21，〈故平陽路提舉學校官陳先生墓碑〉，頁10上、下。
〔註164〕見宋濂，《宋學士文集》（四部叢刊初編）卷4，〈元隱君子東陽陳公先生鹿皮
　　　　子墓誌銘〉，頁36、37。

對於禮經之學的研究者，其看法多同，如敖繼公認為是聖人以其為正天下之具，而且先王之世，人無貴賤，事無大小，皆有禮以行。故研究古禮不但可以保存學術，自然也是講明先王之意。〔註165〕汪克寬作《經禮補逸》，除要觀察會通之禮外，「而天之所秩與造化之運不容易者，卒歸於性命之正，則三代可復也」。〔註166〕吳澄作《儀禮逸經》，說是學術之研究整理外，亦是「我愛其禮」之意。〔註167〕似乎與孔子所言「爾愛其羊，我愛其禮」之間有連接的線索了。

關於官制方面則多與選法、人才等方面有關，所討論之範圍有重名爵、蔭襲等，主要在免於浮濫。而論中書主政，主要在免政令旁出。其餘多在檢討或說明官職之廢立等，如王磐勸止廢除按察司，〔註168〕王思誠議置行省丞相以專方面。〔註169〕諸如此類甚多，而其言論有詳有略，以條例項目者居多。還有與吏治之澄清方面有關者，如常見汰去冗官之議，強調能去冗官、慎選法，吏治自易澄清。元代議去冗官者甚多，亦可見其官制祿職有浮濫之處。又去冗官可省浮費，於國家財政等又有助益，這不只是元代盛行之政論，歷代也可常見，故可以說成為中國論政者的一個傳統要項。

（七）關於政令措施方面

此多不勝舉，較常見者為獎勵農桑、減徭役、賦稅、抑佛道之過盛、恤貧民、通漕運、驛站、收藩鎮之勢權，以及有關鈔法、鹽法、逃戶、括田、風俗、養老、義倉、平準、馬政、軍政等等。除去原則性的言論外，多係對時政之意見，內容包括極廣。重農與減賦役幾乎成為論政者的基本原則，元代亦不例外。值得注意的是元代貿易發達，國際上的商利問題，以蒙古帝國之關係應該有活躍的討論才對，但在所見士人之言論中幾無所及，不知是否只重國內自足之貿易，或者不喜言商利之傳統所致？抑或國家貿易之政不在漢人之手的緣故？

綜合討論政事者，在文集中較多見，如胡祗遹、程鉅夫、王惲等，多在吏治政令等，所言也在上列各項之內。〔註170〕特記於此，以備參考之。

〔註165〕參見敖繼公、〈儀禮集說序〉（《通志堂經解》），頁1下。
〔註166〕見〈經禮補逸序〉（《通志堂經解》），頁5下、6上。
〔註167〕見〈儀禮逸經傳序〉（《通志堂經解》），頁2上、下。
〔註168〕參見《元史》，卷160，〈王磐傳〉，頁4下。
〔註169〕參見《元史》，卷183，〈王思誠傳〉，頁6下。
〔註170〕胡祗遹，《紫山大全集》，卷22，〈論時政〉。程鉅夫，《程雪樓文集》，卷10，〈奏議存藁〉。王惲，《秋澗先生大全文集》，卷83至92各卷內〈烏臺筆補〉，〈事狀〉等。

二、入仕之議

隋唐行科舉以來至元代已有八百餘年歷史，北宋早亡，但遼、金亦行科舉，金與南宋之亡，科舉不復。長期習於科舉入仕為正途的士人，至此乃有失落之感。從政可以是傳統士人主要的出路，他們亦以之為責任而「當仁不讓」者，科舉正提供一條通往官僚王國之路，金、宋之亡，此路遂斷絕不通，為達到內聖外王之業也好，只為干祿也好，總是失所憑藉。

元初亦有入仕之法，除宿衛、廕襲等蒙古之法外，多由辟舉入仕，軍功自是歷代不免之途，尤其創業之際，軍功入仕比例甚高。辟舉居多的士人入仕，多充任中、下級之官與吏，而其中下級之僚吏又較多，中級以上之官以宿衛近侍等出身者居多。終元一代，士人入仕以吏進為主，另外一個士人的本職——教學方面亦可入仕，即所謂由校官起身之儒進，由儒進而顯達者甚少，其餘初進亦多係補吏之職等。中期行科舉以後，時間短而得人少，其仕途與政治地位遠不如以往科舉通行之朝代，不過多一仕途而已。在前章中已對這些提出統計之資料作為參考，於此不再重申。

元代之官以吏進佔絕大多數，士人之入仕也以吏進居多，故從政也就多以吏職而起身。從唐宋以來士人的眼光中是不願亦不屑為吏，士人為儒而以為是大不同於吏，這個相當長的傳統給予元代士人沈重之心理負擔，以及許多困擾。

一般士人入仕唯有任吏之途，這是元制如此而無可奈何，議論屬議論，朝廷無意改變而士人有意入仕，也只好暫時遵從，但由吏出身似乎宦途也不差，胡祗遹即指出吏人出身太速之情形，〔註171〕這也無形中使吏進入官成為熱門。非士人階層之類更因此擠身流品，可以說打破過去政壇中的秩序。這情形到大德初時已形成因入官吏進，加之人事制度不良，致品制異常雜亂。〔註172〕但「刀筆吏可速達」又正是其時寫實的狀況。〔註173〕

元初士人為吏不是有志者所願意，多人已指出其時因官府草創，軍旅、章程、錢糧等等必須刀筆為之，故時尚盛行召辟士人為吏，以處理這些瑣務。〔註174〕若以儒士身份則得不到歡迎，因公卿們都偏愛胥吏。〔註175〕士人心中

〔註171〕參見《紫山大全集》，卷22，〈論時政〉：「吏人出身太速，才離府州司縣，即入省部；才入省部，滿一考即為府州司縣」，頁30。
〔註172〕參見《滋溪文稿》，卷11，〈元故嘉議大夫工部尚書李公墓誌銘〉，頁13、14。
〔註173〕見《程雪樓集》，卷20，〈彭城郡劉文靖公神道碑〉，頁1下。
〔註174〕參見《滋溪文稿》，卷12，〈元故奉元路總管致仕工部尚書韓公神道碑銘并序〉。

嚮往之科舉不行，其「無致身望，而其急也滋甚，尤可哀也！」〔註176〕這種情形之下，只有參與刀筆胥吏行伍之間，趙汸於此有簡要的說明：「元初百司庶事舉，士亦得浮沈吏職，賢否混淆，有志者無以自見」。〔註177〕這的確是當時一般的寫照。

　　吏進入仕在執行上最大之缺失即如上述「賢否混淆」，僥倖求進者，又多行賄賂之法〔註178〕這在元初之時極為議者所重視；他們指出若取之不法，則奔走請託，憑藉關係，而無所不逞其私，結果人才未必能得，賄利之風大開，甚至有贓污負罪者也可營私而入吏，這些人若登津要，則將肆其狡猾之虐了。〔註179〕當時試吏員之途也甚為淺漏，只在貼書寫發之間取之，如此稍通文案即可為吏，〔註180〕可知根本不是士人所任之職，倒是真正雜流刀筆的大好機會。

　　吏進為官雖多，但以士人處之恐怕不易：

　　　　夫入之以吏胥進而膺一命之寵，難矣哉！其始也籍其名於有司，
　　率數年始食於上，三考始一升，又三考得改授，其間官長之喜怒，
　　庶物之埤益，錢穀之虛盈，功過毀譽之相尋，利害禍福之所倚，置
　　身僥倖之地而後能豫，蓋有皓首而不遂者焉！〔註181〕

這種情形類似科舉的進士出身之士，元末的趙汸即以為進士在元代的仕途及環境並不如意，他說進士出身者，行省可辟之為椽，而椽吏多者有數十人，進士不過四、五人。又公卿大夫主行省者好惡不同，故而獲上道難；同僚之吏是品流異趣，則交往也難。〔註182〕在上級為官者，尤其高品大臣，非士人者居多，自是好惡殊旨，不論是吏進或科舉都不易獲上，同僚間非士人則難以相交，應該是格調不通之故，這也是仁宗對李孟所說的氣類不合。〔註183〕

頁 2，《道園學古錄》，卷 5，〈送彰德經歷韓君赴官序〉，卷 15，頁 63。〈嶺北等處行中書省左司郎中蘇公墓碑〉，頁 144。《金華黃先生文集》，卷 37，〈承務郎建德路建德縣尹致仕徐君墓誌銘〉，頁 390。

〔註175〕參見《滋溪文稿》，卷 19，〈李尊道墓誌銘〉，頁 7。

〔註176〕見趙文，《青山集》（四庫珍本初集）卷 5，〈趙淵如字說〉，頁 20 下。

〔註177〕見《東山存稿》，卷 2，〈送高則誠歸永嘉序〉，頁 43。

〔註178〕參見鄭元祐，《僑吳集》，卷 11，〈海道都漕運萬戶府達魯花赤和尚公政績碑〉，頁 488。

〔註179〕參見魏初，《青崖集》，卷 4，〈奏議〉，頁 8 下。

〔註180〕參見同前，頁 33 下。

〔註181〕見《積齋集》，卷 3，〈送陳子敬序〉，頁 7 下、8 上。

〔註182〕參見177，卷 3〈送萬元哲還臨川序〉，頁 26 上。

〔註183〕參見《金華黃先生文集》，卷 23，〈李孟之行狀〉，頁 226 下。《元史》，卷 175，

　　元代士人對儒與吏有區別看法，所指之吏為非士人階層之吏，故儒往往成為士的代用語。對吏之看法實亦不出一般之見解。當時將儒與吏對比來看是世人以儒者迂濶；對事情則濡滯，對時務常鄙薄之，但吏者即舞文弄法以肆苛刻，專事迎逢以為變動，絕少怛惻愛民。〔註184〕最易見其弊者，是當科舉廢時，除官多非士人階層，胥吏貪污雜進，獄訟不理，譁訐之風日興，以為係民間奸弊，實則是胥吏所致。〔註185〕胥吏在行政上是「較簿書期會以為得失」，〔註186〕故而「興學養士之規，固非俗吏之所能為」，〔註187〕因為其習性是只重個人之私利，而不顧及於公。〔註188〕楊維楨對元代之吏有綜合的說明，他指出儒者視吏為俗流，而吏則以儒為迂濶，儒、吏是始終相兵而不相謀。又認為吏者並非全然不知道修齊治平的說法，但一旦為官，則顛倒悖亂，全與道相戾。接著又說：

　　　　……今之吏者，揣摩狙伺，深詆巧文，力制長牧，氣壓豪町，
　　稱為能吏；苟媮刻薄，恃以為治具，而欲望其國理民安，是亦知行
　　而求前矣。〔註189〕

吏之特質如此，吏弊又重，但元代始終重吏，以為最能實用、有期效，以至於有「吏廉無才，不若亡廉而才」之論。〔註190〕

　　王惲是元代論政治時事較多的一位，他曾寫「吏解」一篇，見解稍有不同：他以為「吏之不學，取之無術也」，吏的地位低、工作繁雜，而長官督責嚴速，因此吏之習性始如世人所見，其實吏之性原非如此，全因勢所造成，只因為「干祿無階、入仕無路，又以物情不齊，惡危而便安」，致使雜流入吏，品質原本不好，加上勢之造就，成為元代通見之吏。〔註191〕王惲認為吏進並非不可行，兩漢名臣宰執出身也多吏進，只是元代行此法要特別注意選法。仍舊是選拔人才制度上求其完善的論調。

　　　　〈李孟傳〉即本於此，所載相同。
〔註184〕參見《滋溪文稿》，卷13，〈元故翰林直學士贈國子祭酒范陽郡侯謚文清宋公墓誌銘并序〉，頁9下。
〔註185〕參見同前，卷7，〈大元贈中順大夫兵部侍郎靳公神道碑銘〉，頁8上。
〔註186〕見程端禮，《畏齋集》（四明叢書）卷4，〈送王副使序〉，頁8上。
〔註187〕見劉岳申，《申齋劉先生文集》，卷6，〈南康路儒學重修記〉，頁9下。
〔註188〕參見楊維楨，《東維子集》，卷4，〈送郭公知事還湖州序〉，頁30上。
〔註189〕同前註，〈送孔漢臣之郡武經歷序〉，頁34上。
〔註190〕同前，卷5，〈送省理問所提控范致道序〉，頁36上。
〔註191〕《秋澗先生大全集》，卷46，〈吏解〉，頁476上、下。

　　名儒吳澄的看法也有部分與王惲相同：他以為漢初任用文吏之士，宰相
往往出身於此，吏進顯得貴重，故而為吏者也能自重。後代吏道漸漸式微，
到宋代時最為極至，而元初之時類似漢初，但十數年後吏習不變，原因是雜
有南宋舊吏於其中之故，但南宋是素來輕賤吏職者，如此元吏則壞。唯士人
由儒選入仕者則不同，尚不致如吏進者風氣不良，以及品質相差之懸殊。〔註
192〕吳澄似乎以為元初用吏進並不必然敗壞，如漢初亦可為治，但因有南宋吏
習之加入，以致吏壞，吏習最顯著的弊病，也正是為人所輕賤之處。吳澄在
〈贈梁教諭序〉中又說：

　　　　今貴儒而賤吏，貴儒者；非徒貴其能，蓋貴其廉也。賤吏，惡
　　其不廉。〔註193〕

他以為由於古代之吏並不輕賤，地位並不同於今而能士吏相通，於今賤吏，
除去其不廉之外，還有貪刻之弊，在贈袁州路椽張復先的序中說：「古吏如同
府史，受祿與下士同，……吏習於貪刻；故賤之。」〔註194〕

　　雖然吳澄說儒「非徒貴其能」，事實上儒之能是常受懷疑的，在前面已討
論到這個問題。程鉅夫為南士，南宋重儒輕吏，對於此問題較為敏感，他在
送朱芾的序中談到不少，對於時儒亦有失望之感：

　　　　昔在西都，厭馬上而刀筆；刀筆厭而儒生。盡罷百家之言，獨
　　與儒者共治，卒之多文少質為天下笑，不得已求篤行孝謹……雖齊
　　魯質行諸儒亦自以為不及也，而儒者自是絀矣！夫孝謹，天下之善
　　行，儒者之常事，而未足以盡儒者也，儒者不及而他人及之，儒者
　　有餘責矣！然而西都所用可笑者果儒者乎？嗟夫！世之非儒也舊矣！
　　吏之不儒也久矣。吏不儒，吾無責於吏也，儒而吏，吏幸也。苟祿
　　俸累月，日隨群而入，逐隊而趨，儒乎儒乎！如斯而已乎？夫儒者
　　之功用未易以一言盡……。〔註195〕

在程鉅夫所見之儒者是多文少質，其在政治上之才能可知，難怪有「今世見
章句儒無以勝文法吏也」〔註196〕之語，不只如此，甚至在儒者基本之要求上
都不能做好，原來「世之非儒也舊」，在正面上或許世之不了解儒，但在反面

〔註192〕參見《吳文正集》，卷24，〈贈何仲德序〉，頁20。
〔註193〕見前註，卷28，頁1。
〔註194〕見同前，頁5。
〔註195〕見《程雪樓集》，卷14，頁11下、12上。
〔註196〕見《畏齋集》，卷3，〈送宋主簿詩卷序〉，頁12上。

上即有支持非儒之原因。此外，儒任吏職是「吏幸也」，但若真正成為胥吏而失去儒士本質，卻是悲哀之事。這一點他在〈艾君哲阡表〉中有所強調：

> 且責功利於儒，或儒以功利為事，是皆道之不幸，而世亦由以大不幸者。是故君子體仁而行義，苟用焉而體不具，謂之支離之民。〔註197〕

在這篇文章之始，他先表示對世人說儒者無用的疑惑；以為君臣、父子、禮樂刑政、養民等等先王之道，周孔之教，是儒者所傳，今治天下者也都奉行此先王之道，周孔之教；反說倡傳此道、此教之儒者為無用，「惟誦之、道之、而鄙之也」！這正解答了「世之非儒也舊」，以及「道之不幸」的所指。

但元人也不諱言士儒的一些性質或者缺失所在，如下述幾個明顯例子：

程鉅夫說儒者之通患在議論多而事功少，〔註198〕陳旅以為士人易為世所輕者，即往往持古人所不可行於今者，而強行之。〔註199〕程端禮認為士之談詩書而略事功，其由來已久，以至俗吏視儒為不足用，〔註200〕這與程鉅夫看法相同。程端禮還以為古制是為官擇人，而後世之士，輕視小官、卑視理財，以致於小人用事而民生困頓，〔註201〕他有贊成士儒為吏之意，以其合於古制。大體上儒吏之間是如戴表元所記：「世之言；儒者必擯吏，習吏者必違儒」，此與汪克寬在省試策問所言相同，也與馬端臨在吏道考中所論相同。〔註202〕

王惲寫了〈吏解〉一篇，又為士人寫〈儒用篇〉，同樣地為世人以儒士無所用而辯解之；他說：儒者抱負仁義禮樂，有國者恃之以為治平之具，故而國家應負養士之責任。認為士儒無用是因不見其所用，當其為用時，則卓越之才莫可企及。同時他舉出中統初用儒士之效，而後反輕視儒用，儒士「是豈智於中統之初，愚於至元之後哉？」故知士之貴賤，端賴國家對之的輕重及用與不用之間，儒士本身之用並無改變。接著提出國家養士取才之重要，他感慨地說：

> 嗚呼！儒乎其微至于滋乎！斯文在天無可絕之理，是恐不止不

〔註197〕見《程雪樓集》，卷22，頁16下。
〔註198〕參見同註195，〈送陸如山歸青田創先祠序〉，頁6下。
〔註199〕參見《安雅堂集》，卷5，〈杜德明同知唐州序〉，頁204。
〔註200〕參見《畏齋集》，卷3，〈送薛學正歸永嘉序〉，頁21下。
〔註201〕參見前書，卷4，〈送虞成原夾浦務代歸序〉，頁1下。
〔註202〕《剡源戴先生文集》，卷1，〈當塗戶曹橡續題名記〉，頁22下。汪克寬見《環谷集》，卷3，頁1至3下。馬端臨所論，見《通考》（京都，中文出版社）卷35，〈選舉八‧吏道考〉，頁330。

行，不塞不流之意耶？〔註203〕

元代士人雖然對其本身階層有所評議，但都認為在當時環境下仍有大用，相信在任何時代士人也都不會否認此點的。儒吏間的情形如此，士人欲為儒，但傳統之地位在元代已不復有，不論「儒乎其微至於滋乎？」或者「是皆道之不幸」，一般士人凡要入仕者，非儒進即為吏進，儒進之途艱難，吏進易且速，造成士人多入吏途，對於入仕為吏的行為本身，元人亦有些許議論。

在前章用人與取才中已討論及吏進，其試吏之法的原則是「儒吏兼通」，這即是士人論政所努力之結果，在現實環境不易變動之下，所爭取的彌補方法。但士人爭取之重點在於恢復科舉，吏進只是不得已之處，故而在討論中元人提出以儒術緣飾吏治之論。

前舉鄭介夫所上太平策中即提出儒術飾吏治，觀其本意是要儒通吏事，而吏通儒術，否則儒為不識時務之書生，吏為不通古今之俗子，且儒吏本是合而為一者，不宜使之分途。換言之，他所謂之緣飾是在於相通。楊維楨認為元代中期以後未有吏不通經，儒不識律者，他說：

> 我朝混一海宇，承平百年，方以儒道理天下，士往往繇科第入官；凡讞一獄、斷一刑，稽經援史，與時制相參，未有吏不通經，儒不識律者也。〔註204〕

這段話是指進士入仕者多能「稽經援史」，是否即漢代「經義斷獄」之意？按楊氏此文係為梁彥舉所著《刑統賦釋義》一書的序文，該書之內容是「上探經傳律疏史鑑有可證者，而又折之以己意，推諸苛密而歸諸仁厚，蓋傳霖氏之忠臣矣」，傳霖即《刑統賦》之作者。楊氏贊譽梁彥舉是精于法家之律，又明于儒者之經史，可謂時之通才。推究其意是重於儒吏相通的「稽經援史」，恐與漢儒「經義斷獄」不同，也未討論如此深刻。

楊氏在〈送嘉興學吏徐德朋考滿序〉中又說：

> 聖朝三歲一大比，與其賢者、能者，布列中外，蓋欲收儒效於天下，而致隆平之治也。猶慮所選者有遺才，州郡庠序司之吏復用文學生，使以儒釋吏事，其望儒之效切矣！〔註205〕

因為要「收儒效」，故而「以儒釋吏事」，亦即任儒士為吏職，似乎在於提高

〔註203〕同註191。
〔註204〕見《東維子文集》，卷1，〈刑統賦釋義序〉，頁14上。
〔註205〕見前註，卷5，頁37下。

吏之品質，使儒士治民間常事，可以「致隆平之治也」。在此為士人入吏提供了朝廷的理想，則以吏進之士可以得到安慰，而去「釋吏事」。「釋」就成為處理、行之意了。

吳澄對於以儒入吏的看法也與之類似，他說這是「上之人欲革吏之心也」，〔註206〕因為吏習貪利、不廉，若以品質高的儒士為吏，可收儒用之效，改變同僚吏之心。

尊主朱子之學的程端禮，有不少地方談到以儒為吏可收真儒之效。他認為古代士吏不分，可以「入治出長；用咸宜之，而真儒之效始白」，但後世則「士始離事以為學，浮華苟偽成俗，而士少可任之材」。接著就正式提出漢代以儒飾吏事之說，舉世所論倪寬為言：

> 余獨曰未也，當曰：以儒術行吏事，不督曰飾也；飾，文飾也。
> 若曰飾吏事，則以張湯之深文，已能取博士弟子員為廷尉獄吏矣；
> 奚俟於寬？嗚呼！此獨未免以儒者章句為文法之助也！〔註207〕

事實上，不幸正如其言，漢代就是「以儒者章句為文法之助也」，「飾」就是「文飾」，也就是附會、因緣假飾，不只兒寬，董仲舒與公孫弘皆是以經術潤飾吏事，而得天子愛重的，這是漢代儒學法家化的關鍵。元末葉子奇說：「惜乎王以道文統，行吏道以雜之，以文案牽制，雖足以防比人恣肆之姦，而真儒之效遂有所窒而不暢矣！」〔註208〕

程端禮還特別寫了一篇〈儒吏說〉發明其看法，他說：

> 儒為學者之稱；吏則其仕焉之名也，名二而道一也，儒其體；
> 吏其用也。學；古入官，古之制也。臯、夔、稷、契、伊、傅、周、
> 召，無儒吏之名，而無非儒吏之實。周官九兩，始曰儒、曰吏，亦
> 因其得民以道與治而言之耳。李斯嚴是古非今之禁，一以吏為師，
> 儒吏雖分，而道法裂。蕭、曹以秦吏相漢，至趙、張而文法弊極矣，
> 漢法非不知用儒以救之也，有一董仲舒不能用，所用者，不過章句
> 儒。嗚呼！章句儒與文法吏，其弊等耳，兒寬；儒也，能以儒術飾
> 吏事，當時稱之，……自許文公得朱子之學，以光輔世祖皇帝，天

〔註206〕同註194。另參見卷30，〈贈張嘉符序〉，頁15上。
〔註207〕參見註201，〈送浙東帥橡朱子中考滿序〉，頁10上、下。
〔註208〕見《草木子》，卷3，頁11下。關於儒術緣飾吏治，以及儒學法家化之問題，參見余英時，《歷史與思想》（臺北，聯經），〈反智論與中國政治傳統〉，頁1～46。

　　　下學者始知讀朱子所釋之經，知真儒實學之所在，然則士生今日者，

　　　可不自知其幸歟！誠能讀其書，而真修實踐焉，以儒術而行事於從

　　　政……子夏曰：仕而優則學，學而優則仕，然則儒吏果二道，而有

　　　所輕於其間哉？〔註209〕

漢代與元代都不乏以吏進為公卿宰輔者，其鄉里貢舉之法多有類似之處，元人也有言及於此者，除前述外，如蘇天爵說：「先儒有言：兩漢名臣多出於丞史、小吏」。〔註210〕黃潛說：「國家……其貢士之法即鄉舉里選之遺制也」。〔註211〕漢與元初皆無科舉，元中期以後之科舉，在入仕之途上遠不如吏進，士人階層之入仕環境相差不遠，故而儒術飾吏事之論易於引用產生。

　　照程端禮的看法，自然不易見及儒學法家化，以及尊君卑臣之用心。若只以入仕之行為來看，以儒士行吏事似無絕對不可，上面所舉的例子其意思也都如此，故而舉漢代循吏之故事，勸勉士人勿以任刀筆自愧者有之，〔註212〕以「委吏乘田，孔子雖不以之為進身之階，而亦不辭焉！」勉勵任錢穀之吏者有之，〔註213〕以「程子謂：一命之士，苟存心愛物於人必有所濟」，來勸勉棄儒冠而出為小吏者有之。〔註214〕以「貴不必榮，賤不必辱，惟所行之何如耳，故惟君子為能盡榮辱之正」，惕勵任吏之志者有之。〔註215〕

　　王惲說「儒用」，楊維楨言「儒效」，程端禮辯「儒吏」，所強調的都是士人正面價值，「入治出長，用咸宜之」，可以為吏，亦可以為宰輔，這與元初耶律楚材、姚樞、許衡等人堅持行漢法、用儒士是相同的立場。對於元朝廷而言，是一種展開於全面的潛伏壓力，若全行漢法、用儒士，將導致整個的變動，就士人論政的各方面來看，處處顯得扞格不入，幾乎要做全盤之改革，無異於將元朝廷交諸於漢士之手。蒙古統治者表現的堅決態度，一如儒士們對漢法之熱忱，這在政治上就能明顯地看出來；元初至元末並沒有什麼改變。士人所爭取者，儘量往漢法一面靠攏集中，但蒙古統治者依然保留有利於自身的制度，以及北亞民族所享之特權，雙方之矛盾形成長期地、潛在地緊張。

〔註209〕見《畏齋集》，卷6，頁3～4。

〔註210〕見《滋溪文稿》，卷17，〈元故太中大夫大名路總管王公神道碑銘〉，頁7下。

〔註211〕見《金華黃先生文集》，卷3，〈上憲使書〉，頁31。

〔註212〕見《畏齋集》，卷3，〈送奉化吏目陸千里序〉，頁20下。

〔註213〕見《積齋集》，卷2，〈送張起潛直學詩卷序〉，頁16下。

〔註214〕同前，〈送張大方之任序〉，頁8下。

〔註215〕參見劉敏中，《中庵集》（四庫珍本三集）卷20，〈送高案牘序〉，頁17下。

蒙古以其力所維持之政權，當「勢」不足時，很快地會爆發全面的混亂。

在入仕之議中，較突出的是「儒術飾吏事」，元人的看法就是以儒士出仕吏職，這是較遷就於現實環境而作之解說，未必全贊成士人入吏，他們的努力似乎並不全以此為目標，但確實也正視了儒與吏之特性，及其優缺點，無形中反省了彼此之關係，使兩者有交融之機會，其結果雖不易論斷，但明初方孝孺所說（見前章第二節，用人與取才），至少提供一些正面的價值所在。若再看宋濂在京畿鄉試策問所試於天下士者，也正是前面所述元人論儒吏之主題，當可以知道「儒術緣飾吏事」之論的重要性。事實上，不只金代注重吏道，以士人任吏，而北宋王安石也曾以倉法為中心，以祿吏之法來促成士吏之合一，可知士吏之分合亦不單是元代所遭遇之問題，不過就元代在入仕方面來看，還是較為特出的。〔註216〕

第四節　士人與實際政治

一、士人之初起

元初參政早而影響大的首推耶律楚材，前面已略有所及，但只指出他在當時政治結構中的地位，現在則側重於其參與蒙古政權中的影響，並試作其思想上的分析。依《元史》本傳（卷146）為主所論者即不附註。

由於家學與自修，楚材的學問相當博雜，旁及天文、地理、律曆、數術、釋老、醫卜等，其中對佛學的研究有很深的造詣；是曹洞宗萬松老人（行秀，1166～1246）弟子。當時金、宋的學術界流行「三教論」，華北名儒李純甫可為代表，他博淹釋儒道三教之學，其書為《鳴道集》，號為中國心學。而金代華北學術界對之頗為推重，影響所及在亦不少。南宋學術界也有三教之論，可知是當時中國學術思想的一脈，並非只限於華北金國之地。三教論影響宋金元之學術，但其淵源早在南北朝之際，故華北之有此論亦非偶然。〔註217〕

〔註216〕參見《宋學士文集》，《鑾坡前集》卷10，頁92。金代重吏，參見陶晉生，〈金代的政治結構〉，《史語所集刊》，第四十一本，第四分，頁581。王安石之士吏合一政策，可參見宮崎市定，〈王安石之吏士合一策〉，《アジア史研究》，（日本，同朋舍），頁311～364。

〔註217〕李純甫見《金史》，卷126，〈文藝傳〉下，頁5下～6下。關於金代學術的三教論，可參見饒宗頤，《選堂集林》、史林，下冊，（民國71年，臺北，明文）〈三教論及其海外移殖〉，頁1207～1248。另見陶晉生，《女真史論》，頁116

金代已有三教論之說，也有標榜道學、心學等學術者，這些對華北的士人們而言自然不應沒有接觸。

耶律楚材之學以博雜為其特色，三教之論亦是他很重要思想之一，他的三教調和之說在其文集中都可看見；如〈辨邪論序〉：

> 夫聖人設教立化，雖權實不同，會歸其極，莫不得中，凡流下士，惟務求奇好異，以眩耳目，噫！中庸之為德也，民鮮久矣者，良以此夫。吾夫子云：中人以下，不可以語上也。老氏亦謂下士聞道大笑之。釋典云：無為小乘人而說大乘法。三聖之說，不謀而合者何哉？蓋道者，易知易行，非掀天拆地，翻海移山詭誕也。〔註218〕

在〈寄趙元帥書〉中又說：「若夫吾夫子之道治天下，老氏之道養性，釋氏之道修心，此古今之通議也」。〔註219〕

他對李純甫的三教學術非常推崇，純甫作《金剛經別解》，楚材為之寫序及後文，都表露出他們共同的看法，楚材又著意於儒不必排佛，而主會通其理。〔註220〕在為《鳴道集》寫的序文中，也屢申其意，他指出南宋道學只知二程，但對釋老的了解甚為膚淺，以為《鳴道集》可以「鍼江左書生膏肓之病焉。中原學士大夫有斯疾者，亦可以發藥矣。」〔註221〕三教調和固不錯，但就這幾篇文章中不難發現楚材仍是稍偏於佛的，在其他文章中，甚至於表彰這樣的一個意識：

> ……求三聖人垂化之理，而後知吾佛之所以為人天師，無上大法王者，非諸聖之所能俟也。學至於佛，則無可學者，乃知佛即聖人，聖人非佛，西方有中國書，中國無西方書也。〔註222〕

楚材博學又有三教論為其思想基礎，於不諳漢文化的蒙古君王而言，自然會覺得他是深明道理的通人，而且不免帶有些神秘色彩，在《元史》本傳中對此相當地寫實：己卯年（1219）西征禡旗的雨雪，他預言是克敵之兆，次年的大雷，預言花剌子模王當死於野，結果是如其所言。他論月蝕的準確勝於

　　　　～118。劉祁《歸潛志》，卷1，亦記李純甫之事跡及學術，（知不足齋叢書），頁4下～7下。

〔註218〕見《湛然居士文集》，卷8，頁119。

〔註219〕同前，頁120。

〔註220〕同前，頁183、184。

〔註221〕同前，〈屏山居士鳴道集序〉，頁200、201。

〔註222〕同前，〈楞嚴外解序〉，頁180。

西域人，太祖訝異地說：「汝於天上事尚無不知，況人間事乎？」〔註223〕因看星相預測金宣宗之死，而後太祖出征必先令之預卜吉凶。當西征軍到印度時有角端（犀牛）出現，楚材以天遣異獸，意在止戰而解說之，蒙古軍即班師而返。這類事蹟在其傳記中似乎特別著意描寫。

如果以蒙古早期的觀點來看，或許會將楚材之類的人看作是他們泛靈信仰中的薩蠻，好比太祖時期的豁兒赤，以及有「告天人」之號的濶濶出等人，〔註224〕甚至長春真人邱處機受到的禮遇也與這種信仰有關，使全真道教享有免差發賦稅之權，〔註225〕佛教的海雲法師更被直稱為「告天人」，也取得了免差發之權，〔註226〕後來世祖禮尊海雲為師，海雲留下其徒劉秉忠，秉忠所學及受到的禮遇非常類似耶律楚材，在這個線索上來看是可以通貫的。〔註227〕由於楚材之努力，太宗時期設了「儒戶」，終於也如同佛、道一樣取得了相等地位。〔註228〕這早期為士人所設的「儒戶」及其所主之儒學，恐怕有點類似佛、道二教徒這種觀點，而且也需注意這是楚材及一批士人們所努力爭取得來的。

儒家往往被視為儒教，應該不是元初如此，至今日也有外國人視之如此。事實上儒家最重禮教，繁文縟節，各種祭祀典儀等等易使人視之為宗教儀式。憲宗時曾問漢化的西夏人高智耀說：「儒家何如巫醫？」智耀大力推重儒治並說明其理，憲宗說：「前此未有以是告朕者」。〔註229〕到世祖時還曾問過「孔子何如人？」得到的回答是：「天的怯里馬赤（Kelemechi）」，意即天的通譯者，不正像「告天人」之類的薩蠻嗎？〔註230〕而世祖在潛邸時，張德輝、元好問二人專程北上奉之為「儒教大宗師」，這是世祖能懂也樂意接受的，〔註231〕亦可看出士人依託之用心。

〔註223〕此語據宋子貞《元文類》，卷57，〈中書令耶律公神道碑〉，頁831而引，《元史》本傳則無此語。

〔註224〕關於薩蠻教信仰等可參見拙作，《早期蒙古游牧社會的結構》，頁109～122。

〔註225〕參見《長春真人西遊記‧附錄》，（蒙古史料四種），頁398。

〔註226〕參見《佛祖歷代通載》，卷21，〈海雲法師傳〉，頁703上。

〔註227〕參見《元史》，卷157，〈劉秉忠傳〉，頁1下。

〔註228〕元代儒戶之設立及在元代之地位等，可參見蕭啟慶《東方文化》，16卷，1期（民國67年），〈元代的儒戶〉，頁151～178。

〔註229〕參見《元史》，卷125，〈高智耀傳〉，頁11上。

〔註230〕參見葉子奇，《草木子》，卷4下，頁23。

〔註231〕參見《元史》，卷163，〈張德輝傳〉，頁11上。

　　以儒家思想為主流的士人在蒙古意識中應該是什麼身分與地位？大概在初期仍視同編民，要到「儒戶」設立後才算有具體的地位，而設立之原意在於保障及禮優士人，並非設計來壓制與歧視，否則楚材所爭者為何？以元代戶計制度來看，士人所屬的「儒戶」只是其龐雜戶計之一而已，至少在已知的八十餘種戶計單位中，在原則上並沒有特出的地位，只是在民族階級與職業分工之下的一種，〔註232〕雖然中國傳統中也有戶計之制，但元代的戶計是以蒙古式為主揉和漢制而成，在這種複合性質中的「儒戶」顯然士人的地位沒有被特別強調，也使士人不成為四民之首了。但「儒戶」也絕不是淪落到「九儒十丐」的地位，相反地，不僅屬賤民的娼、丐絕不能與之相比外，即使一般的民戶，以及軍、匠、站等戶也不如「儒戶」所受的待遇，大致相當於僧、道等宗教團體類似的優遇，至少是屬中等階級，甚至可擠於上層階級中。若與其他各代相比，元代士人差在入仕方面質的機會，以及社會上所受敬重等二者為最顯著。〔註233〕

　　耶律楚材的參政就士人參政的傳統觀點而言已可不必多作討論，他是屬於普通性的而非特殊的參予政治，若以外族主中國的角度來看，應與漢式王庭之下的士人參政有所不同，至少民族主義之類的困擾就是個大問題。在楚材而言，他原是契丹人而在女真政權治下，基本上不會以為非漢人就不可統治漢地，原因是漢人在歷經外族統治下至少百年（金代統治百二十年，以百年計，約在金宣宗初年，即1215年，此時正為蒙古攻陷燕京之時）的歷史，有漢人在燕雲十六州之地者，更曾受遼之統治有一百八十年左右，易言之，華北漢人不至有民族主義的困擾，頂多只是改朝換代的問題，這問題所涉頗廣，留待下章中再作討論。

　　以士人參政而言，元代的士人自有歸屬這一類者，處亂世之際有意於仕進，但求身家之安飽，不關乎朝代之興替者有之，亦有息交絕遊的隱士之流等等，這本是據個人之思想而定的處世行止。耶律楚材有篇文章記述與燕京隱士的談話，這位三休道人的隱士可說是常見的典型，尤其在興亡之際，能自得其樂，而樂天知命亦無所憂。楚材就因此而說：

　　　予聞之，君子之處貧賤富貴也，憂樂相半，未嘗獨憂樂也。夫

〔註232〕元代戶計制度等可參見黃清連，《元代戶計制度之研究》（臺大文學院，民國66年）。

〔註233〕參見註228，頁168、169。

　　君子之學道也，非為己也，吾君堯舜之君，吾民堯舜之民，此其志
　　也，使一夫一婦不被堯舜之澤者，君子恥之，是故君子之得志也，
　　位足以行道，財足以博施，不亦樂乎，持盈守謙，慎終如始，若朽
　　索之馭六馬，不亦憂乎？其貧賤也，卷而懷之，獨潔一己，無多財
　　之禍，絕高位之危，此其樂也。嗟流俗之未化，悲聖道之將頹，舉
　　世寥寥無知我者，此其憂也。先生之樂，知所謂矣！先生之憂，不
　　其然乎？〔註234〕

且不論三休道人真有其人或寓言假託、楚材在表達其志則甚為明顯。接著在
對這類憂樂處世者也有所解說：

　　　夫子以為處富貴也，嘗隱諸樂而形諸憂，處貧賤也，必隱於憂
　　而形諸樂，何哉？第恐不知我者，以為洋洋於富貴，而戚戚於貧賤
　　也！

楚材之論決非憑空述懷，至少在當時必有不少這種實情，而史上所見亦不乏
其人。勇於出仕，以行道天下為己任也是士人之傳統的一面，所以楚材在「寄
趙元帥書」中也說：「僕備員翰墨，軍國之事，非所預議，然行道澤民，亦僕
之素志也，敢不鞭策駑鈍，以羽翼先生之萬一乎？」〔註235〕在「和楊居敬詩」
中說：「自媿才術草芥微，偶然千載過明時，惟希一統皇家義，何暇重思晁氏
危。仁義且圖扶孔孟，縱橫安肯效秦儀，行看堯舜澤天下，萬國咸寧庶續熙。」
〔註236〕〈和移剌子春詩〉中有：「且圖約法三章定，寧羨浮榮六印懸，潤色吾
術恐惟後，扶持天下敢為先」〔註237〕其他許多詩章中都不乏述懷明志之作。

　　本文並非對耶律楚材的專題研究，不再多作論述，以之為例，主要是因
楚材為較早入仕參政而影響較大者，從他的思想中透露的消息，很可以作為
元初士人參政的參考，亦即有所為而作，並非俗士之流但干名祿求富貴耳！
蒙古新興，所征服之地盡為臣俘，對漢地士人沒有中國式的觀念，在這種情
形之下的士人所看到的是「天綱絕、地軸折、人理滅」〔註238〕的世界，大變
局中求安定非有力者不能完成，立定綱紀、拯救黎民，大致就成為有識之士
共同努力的目標。元初參政的士人也都以這方面為先決之條件，但士人在新

〔註234〕參見同註218，頁125。
〔註235〕同前，頁120。
〔註236〕同前，卷2，頁23。
〔註237〕同前，卷3，〈和移剌子春見寄五首〉，之一，頁30。
〔註238〕同註223，頁838。

朝並無傳統之地位，只是侍臣性質，自然要經過努力來獲得受重視的地位，
如此才能希求達到其共同目標。耶律楚材的一生正可以提供在這方面的資料，
也如同他所寫的詩中說：

　　　　生遇干戈我不辰，十年甘分作俘臣。施仁發政非無據，論道經
　　邦自有人。聖世規模能法古，汙俗習染得維新，英雄已入吾王彀，
　　從此無人更問津。〔註239〕

楚材在太祖時雖未受重用，但他所努力的表現到下任可汗時獲得了報償，列
傳中又說他在太宗即位時有翊贊之功，當然能加強他受重用的機會。這並不
是說太祖不用人才，若不善用人才豈能成就大業？只是太祖接觸的漢士甚少，
初接觸的異質文化尚無取捨之餘地，何況以征服者而取決於降俘之臣的政見
尤非短時期所能實現者。在元初開國重武功之際，太祖能識楚材所言「且治
弓尚須弓匠，豈治天下不用治天下匠耶？」可知蒙古可汗並非不欲用士人求
治，恐怕是受到政策上決定治理的路線之故，所以如楚材之漢士未能重用於
政壇。

　　楚材在太宗時實現部分的目標，在立定綱紀方面主張全用漢法，這與蒙
古、西域等法多有衝突，遭受到的困難及處境之險惡可知，這在傳紀中敘述
得相當詳細，也不一一引述。重要的是楚材表現的行政才能，使得他所力爭
的漢法得到實際的明證，而不落於高談理論之地，正合乎蒙古實用主義的傾
向，使在西域法取得平行的機會，簡言之，用士人、行漢法是可行且有實效
的，如此，遂開爾後士人參政與行漢法之契機。

　　楚材行政上傑出的表現在於創立十路徵收課稅所，所用之長官、副長官
全為士人，〔註240〕其所得中原的各種稅收，正解決當時朝廷財經之困難，在
太宗信重之際，楚材才能乘機進說周公、孔子之道，以及「天下雖得之馬上，
不可以馬上治」。〔註241〕行漢法、用士人的努力才得開始。

　　現在將楚材努力所做之事列出重點如下：（一）立朝儀於太宗即位之時。
（二）定諸路長吏理民事，萬戶總軍政，使軍民分治。（三）力勸止殺，保全
汴梁民命。（四）集金國禮樂與名儒北上推行教化。（五）大開文治，設編修

〔註239〕同註237，〈和移剌子春見寄五首〉，之二。
〔註240〕其人選名單，見《元史》，卷2，〈太宗本紀〉，頁2上。
〔註241〕見註223，頁832。又關於耶律楚材在元初之行事及地位，可參見韓儒林，《穹
　　　　廬集》（上海，人民，1982年），〈耶律楚材在大蒙古國的地位和所起的作用〉
　　　　頁178至194。

所於燕京，經籍所於平陽。（六）存撫百姓，開俘囚之禁，並籍編民等。（七）定中原賦稅以漢法行之。（八）抑制中原封建勢力，以五戶絲為制。加上前面所言校試士人設立儒戶，以及十路徵收課稅所等，這是楚材十項重要的成績，在列傳中都有記載。如果再觀察他所陳的時務十策：信賞罰、正名分、給俸祿、官功臣、考殿最、均科差、選工匠、務農桑、定土貢、制漕運等，不難發現其努力之目標始終在立定綱紀為基礎，綱紀定則黎民易蘇，但特別注意止殺救命也是併行的主要目標。綱紀之定從其內容與所遭遇之爭論、險阻等，可知是要以士人行漢法為根本，其最有名的例子就是議定中原賦稅之事，當時：

> 朝臣共欲以丁為戶，公獨以為不可，皆曰：我朝及西域諸國，莫不以丁為戶，豈可捨大朝之法，而從亡國政耶？公曰：自古有中原者，未嘗以丁為戶，若果行之，可輸一年之賦隨即逃散矣！卒從公議。〔註242〕

很清楚看到蒙古與西域之相類，而與漢法之相背，也可知楚材之屈從與孤單。但能使統治者用「亡國政」，正說明漢士努力之成就，因為除去楚材之外，尚有其他士人的共同努力，如在十路徵收課稅的各地負責人，都是極天下之選，參佐等也都是金朝燕京省部的舊人，經過共同的努力，才能使漢士、漢法爭取到一定的地位。

雖然姚樞隨楊惟中北上初見太宗時，說當時「龍庭無漢人士夫」，〔註243〕但漢士確實已參與其時政權之中，一方面人數少，且多在地方藩臣幕中，二方面是由中央差遣外地，或行省，或宣撫，故而姚樞才有所見之情形。元初投靠地方藩府的士人很難討論其參政情形，他們初只是種封建勢力下的僚吏，不太有關於中央大政，也未能議政於朝廷，故暫略不論。其他著名的漢士而能參政者，有粘合重山、南合父子。重山多輔助楚材立定漢法，南合隨軍宣撫漢地，有止殺救民之功。〔註244〕楚材與粘合父子皆金國貴胄，熟於政制，所定漢法當以金制為本，沒有時間亦沒有足夠人才重新全盤創立新制，其行政體系亦用燕京行省原有的官僚體系。重山出身宿衛，原本即主掌文書（必闍赤），其才學、政論如何則不得知，但他始終是楚材推行漢法的得力助手，

〔註242〕同前，頁834。
〔註243〕見姚燧《牧菴集》，卷15，〈中書左丞姚文獻公神道碑〉，頁130下。
〔註244〕參見《元史》，卷146，〈粘合重山傳〉，頁12上、下。

史稱「凡建官立法，任賢使能，與夫分郡邑、定理賦、通漕運、足國用，多出楚材，而重山佐成之」。〔註245〕

　　楚材之子鑄，出任中央宰臣多在世祖之時，但楚材死後即嗣領中書省事，《元史》中只說他在初期上言論時政及歷代德政等，其餘時間則多在軍中。〔註246〕換言之，雖嗣領中書，但恐未參實際中書之政，而差遣往軍中，可能如同粘合南合一樣行省軍中。二則因西域人勢起，漢士失位（參見第二章、第一節所論），故其事蹟不顯。

　　楊惟中是漢士初起時參政的要人，他卓越的才能表現在奉使西域（太宗時），安撫地方之不法及兵亂等（定宗時），憲宗時即入忽必烈藩邸。在初期重大的貢獻還在於延集漢地名士大儒等，如姚樞、趙復等。〔註247〕

　　前面才提到姚樞隨楊惟中北見太宗，時在壬辰年（1232），而當時已知太宗在延召學士為教授，惟中則負責監督此事，乙未年（1235）南征時，姚樞就從惟中「即軍中求儒、道、釋、醫、卜、酒工、樂工」，〔註248〕可知惟中在金亡之前後正負責漢地人才尋訪之責，這也是他行省之職。南征時重大的收穫是圖書與人才：

　　　　凡得名士數十人，收伊洛諸書送燕都，立宋大儒周敦頤祠，建
　　　太極書院，延儒士趙復，王粹等講授其間。遂通聖賢學，慨然欲以
　　　道濟天下，拜中書令。〔註249〕

這不能不歸功於惟中，而他自己本人也受到理學的教養，使其氣魄更為恢宏。由於對漢士訪求的努力以及建樹，自然會得到漢士們的讚譽，其受拜中書令應不是沒有原因的，這似以他為漢士的領袖。

　　趙復北上講學的重要性恐怕是多人所知，在學術史上的意義遠大於政治性，但也不能與政治無關；至少北方有程朱之學，從受學的名士大儒參政的議論，科舉之立場，以及建立道統之承傳等都可以看出，而北方士人得此承傳後無異注入新血，氣宇識量亦多不同，其在政治上之努力更具信心，因兩宋思想之要義由是系統地注入元士思想之中。

〔註245〕同前註，頁12上。
〔註246〕參見《元史》，卷146，〈耶律鑄傳〉，頁11上。
〔註247〕見《元史》，卷146，〈楊惟中傳〉，頁13上、下。
〔註248〕見註243。
〔註249〕同註247。另參見祁經，《陵川集》，卷26，〈太極書院記〉亦述其事。頁17
　　　　下～18下。

　　全祖望說北方學術由趙復傳來，又傳及姚樞、竇默、郝經、許衡等，而許衡更是元代學術之重鎮。〔註250〕黃百家注重於北方久陷外族，南北聲教不通，而趙復始以程朱之學北傳而通。〔註251〕《新元史》中說得更直接：「自趙復至中原，北方學者，始讀朱子之書」。〔註252〕北方並非在趙復之前全無程朱學跡，前述金儒李純甫即多讀兩宋諸儒之書，程朱之排佛即受其指斥。王若虛亦批評宋儒，並論評《四書集註》，而趙文、麻九疇，亦知程朱學，可知程朱之書並非不通於北，但前引諸說之重點在於程朱學之思想體系以及傳授之統，就此論之，實北方所無，確賴趙復首先傳此學統。〔註253〕

　　趙復初被俘獲時有投水赴死之舉，幸得姚樞所救，其間的經過與曲折以姚樞之神道碑所載為詳。〔註254〕其北上講學之經過，及講學之內容、傳播之弟子等，可見於《元史》所立之傳。〔註255〕由傳中知道他北上至燕時，已有百餘人追隨。既至，則不仕而唯以教學為務，其心跡頗明。立祠、建書院，又以二程楊游等六君配享，作傳道圖、師友圖、希賢錄等，這些都說明他欲傳宋儒之道統，並神聖其事，而北方士人之學始有醇正之意。

　　除上述具體之要事與人事外，尚有劉敏宜略作一提，在前面也曾言及。主要地是在他的〈神道碑〉中有「至於賓禮故老，崇尚儒雅，古今治亂，了然胸中」，〔註256〕這與《元史》所載他在燕京時之施政相合，他用漢士為僚副，「選民習星曆者為司天太史氏，興學校、進名士為之師」。當時他是燕京安撫使並兼領稅收等其他職務，而耶律楚材亦任「總裁都邑」之官，這是相當含混之職，不過比較劉敏本兼各職來看，正是楚材所無之權責，如此，劉敏之權職似要高過楚材。癸未年（1223）劉敏即使燕京，時楚材尚隨太祖於西域，故而漢地的要務由劉敏行之。約兩年後楚材歸燕，負責了部分漢地之事，如戶口、民政之類，因此劉敏傳中見其行事頗似漢地行政之主要負責人了。〔註257〕到太宗即

〔註250〕參見《宋元學案》（臺北，廣文）卷90，〈魯齋學案〉，全祖望案語，頁1上。

〔註251〕同前註，黃百家案語，頁2上。

〔註252〕見《新元史》，卷234，〈儒林傳一〉，「小序」，頁1上。

〔註253〕參見陳榮捷，《朱學論集》（臺北，學生，民國71年），〈元代之朱子學〉，頁301。文中引 Jing-shen Tao 論王若虛者，係陶晉生先生，可參見所作，《女真史論》，頁114。另見註249，郝經之〈太極書院記〉，可補上述不足之處。

〔註254〕見註243。

〔註255〕參見《元史》，卷189，〈儒學〉一，頁1下至3上。

〔註256〕見元好問《元遺山集》，卷28，〈大丞相劉氏先塋神道碑〉，頁3上、下。

〔註257〕見《元史》，卷153，〈劉敏傳〉，頁1下。

位之時，楚材權力才開始漸漸增加，而成為漢法之主持者。

　　金士王檝雖未專主大政，但也頗有表現。一般注重的是他致力於蒙古和南宋間的交涉，如楊奐有〈祭國信使王宣撫文〉，讚揚他為南北和平而奔波，以及消除戰爭的苦心等。〔註258〕王檝在金時舉進士不第，後來上書論政受賜進士出身，及領兵拒戰元軍而被俘，太祖命之為宣撫使兼行尚書六部事，他主要表現在盡力賑救民食、援助平民復業、勸阻殺戮等。燕京廟學戰後不存，他又重新創建，努力恢復舊觀，還率諸生行釋菜之禮，這正是用漢法，復金制，而培士人了，〔註259〕此事耶律楚材有詩相和，並有序文說：「王巨川能於灰燼之餘，草創宣聖廟，以己丑（1229）二月八日丁酉，率諸士大夫而奠之，禮也。諸儒相賀曰：可謂吾道有光矣。」〔註260〕在《元史》記學校事中也說到此事謂：「國初，燕京始平，宣撫王楫（檝）請以金樞密院為宣聖廟」。〔註261〕

　　其他參政的士人應有許多，就以耶律楚材文集中與之有文字往來者，可達八十餘人，除極少數武臣之外，多係中原士人，雖然不得一一可考，也未必皆入仕參政，〔註262〕但可以知道中原士人間的詩文往來，是仍保持傳統的方式，若有意入仕或被延召者，也多在這種連絡之中，士人交往的面亦相當廣泛，彼此援引的情形非常頻繁，這在列傳的記載中都可看見。由於元制是地方長官與藩臣可以自辟僚吏，因之帶來許多士人入仕之便。

　　為王檝寫祭文的楊奐也可以為元初士人入仕的好例子，他也與王檝一樣，於金末舉進士不第而上萬言策，策未上即返鄉教學。汴京淪陷時北渡，依冠氏帥趙壽之，被待以師友之禮，東平嚴實聞其名欲召之，不赴。戊戌年（1238）太宗召考諸道進士，楊奐中試北上，乃得見耶律楚材，受奏薦為河南路徵收課稅所長官兼廉訪使，他到任時招致一時名士與之議政，在官十年的政績甚好。忽必烈在潛邸時特召之參議京兆宣撫司事，旋即告老。〔註263〕

〔註258〕見《元文類》，卷48，頁689。

〔註259〕王檝事見《元史》，卷153，頁2下～5上。

〔註260〕見《湛然居士文集》，卷3，頁29。

〔註261〕見卷81，〈選舉志一・學校條〉，頁18下。

〔註262〕參見孫克寬《蒙古漢軍與漢文化研究》，（臺中，東海大學，民國59年），〈湛然居士集中的中原儒士初考〉，頁88～98。

〔註263〕參見《元史》，卷153，〈楊奐傳〉，頁12下至14上。此傳係本元好問，〈故河南路課稅所長官兼廉訪使楊公神道碑〉而作，見《遺山先生文集》，卷23。碑文述其生平甚詳，記其河南任內所召名士如蒲陰楊正卿、武功張君美、華陰王元禮、下邽薛微之，澠池瞿致忠、太原劉繼先。記其學行於金朝時，如

金末北方士人如前述的例子很多，不是依附地方藩臣，即為燕京行省所召致，要不就是隨軍行政，各種行政體系所需要的官僚相當龐大。士人入仕參政幾全以徵辟，以燕京行省而言；楚材奏薦的十路長官，及行省各僚屬已不少，而楊奐負責方面亦需僚屬，故能「招致一時名士與之議政」。楊惟中正負責招集名士，與姚樞共同策劃引進士人恢復漢地文教，姚樞本人亦曾在燕京行臺任官。劉敏在行省是「賓禮故老，崇尚儒雅」，「興學校、進名士為師」。漢士們的努力已為漢法奠下基礎，雖然後曾受挫於西域參政者，使漢法不得續行以成長，但這些基礎未毀，並且逐漸轉移而集中於忽必烈藩府之下，把蒙古帝國的重心轉變成以中國漢地為主了。

現在不妨把士人初起參政所做的努力簡單地排列如下：

1215 年，燕京城破。

1223 年，劉敏為燕京安撫使，中央已有漢法之行於中國地區首府，並以士人推行文教、興學等。

1225 年，耶律楚材至燕京總裁都邑，共行漢法。

1229 年，耶律楚材主漢地賦稅以漢法行之，王檝宣撫燕京，立廟學。

1230 年，耶律楚材為中書令，行省燕京，立十路徵收課稅所，大行漢法，並以大量士人參政。

1232 年，太宗召學士，以楊惟中負責，得名儒姚樞。

1233 年，復孔子五十一世孫元措為衍聖公，使與佛、道領袖已得之封號並立，意義極大。〔註264〕

1234 年，楊惟中與姚樞奉命軍中求士。

1235 年，得名儒趙復，使程朱之學統北傳，至少百餘士人受教。

1236 年，耶律楚材立編修所於燕京，經籍所於平陽，編集經史，以名士主持之。

1238 年，試諸路士人，得四千三十人，立儒戶。

上列所述僅以中央政策與主持中國地區行政的燕京行省為主，至於其他地方藩臣或行政單位等皆未道及，但就以楊奐的例子而言，這兩方面的情形都可據以明白梗概，而不待一一條舉了。

趙秉文、李純甫等皆敬而與之交往等。

〔註264〕參見姚從吾〈金元之際孔元措與衍聖公職位在蒙古新朝的繼續〉，《中研院史語所集刊》，第 39 期，下冊，頁 189～196。

二、漢法與儒治

在政治上論及元代漢法與儒治之類的問題，多以世祖與仁宗兩朝為典範，元人自己也多稱道兩朝說：

> 世祖皇帝知文事可以善世也，敦尚儒雅，恢張皇猷。故治元之治，度越前古。迨乎皇慶、延祐世，文治蓋彌盛矣！〔註265〕

這兩朝尤為士人所稱道者，即重程朱之學，以及開科取士，這最能投合士人之所好，自然是津津樂道而交相讚譽之，遂使史家以兩朝為治世。由於尊程朱，士人皆以之為學，科舉亦定以程朱為主，士人更趨之若鶩，因此在根本上兩者是合一而不能分的。前者係崢嶸程朱之學；後者為奠定學術地位，前者是豐潤元人之思想以及提高士人之品質；後者乃朝廷保障前代之學術以及學子為學之標準。雖然在政治上兩者的結果並不理想，重程朱之學，對實際掌政權者並沒有多大影響；科舉取士，在元代入仕與參政之途中也沒有什麼比重，但是仍有一些成就。由於獲得程朱思想之體系，在論政上較有圓滿之架構，以及深宏之潛力，使行漢法在理論上愈來愈佔上風；因為取士用科舉之方法，多增了士人之出路，他們往往自負而表現於政治上，同時也爭取到部分士人之心。

元人對於兩朝的稱道相當多，大體上都不出這樣的說法：

> 世祖皇帝既定天下，惇從文化，首徵覃懷許文正公為之輔相，文正之學，尊明孔孟之遺經，以及伊洛諸儒之訓傳，使夫道德之言衣被四海，故當時學術之正，人材之多，而文正之有功於聖世，蓋有所不可及焉！逮仁廟臨御，肇興貢舉，網羅俊彥，其程試之法；表章六經，至於論語、大學、中庸、孟子，專以周程朱子之說為主，定為國是，而曲學異說悉罷黜之。是則列聖所以明道術以正人心，育賢材以興治化者，其功用顧不重且大歟！〔註266〕

在推行漢法與儒治中，許衡之功自是極大，由於其僚屬門生等，以及其他同志者共同之合作，才使漢文化得以保持不墜，在政治上他們這批士人的表現不差，也唯其如此，重實用的蒙古朝廷才會考慮用漢法，行儒治的可能。士人在元初的表現相當團結，雖然不能說他們沒有為社會、民生的念頭而出仕入官，實際上元初士人中有不少是職業官吏。通常在鼎革之際，前朝之官僚，

〔註265〕見《安雅堂集》，卷6，〈王文忠公文集序〉，頁3上。
〔註266〕見《滋溪文稿》，卷5，〈伊洛淵源錄序〉，頁16上、下。

往往會被留用，當政者先會考慮現實上行政的問題，而官僚們也同樣地要解決其現實上生活之問題，自會「勇」於出仕。前述金亡之際即是如此。除被燕京行省徵辟，地方藩侯亦得徵辟人才，被薦者亦在不少，如魏初言其祖魏璠，曾一次推薦六、七十位中州名士給在潛邸的世祖，其中多「進士有才幹者、有文章者、有秀才者、承應者、其餘出身者」。〔註267〕是知徵辟、薦召除前朝官僚、有功名者外，亦有其他士人與其餘人才。

行漢法儒治未必是因元廷的漢化傾向而定之政策，就朝廷治理漢地必須行政人才而言，漢地人才多係士人階層，尋訪儒士，召集賢才自然常見於史籍所載中，其中以世祖時代最多，當時際金、宋之亡，故召前朝遺士也最殷切。除去漢人爭取行漢法、用漢地人才之外，有漢化意識的外族人士也具同樣的觀念。

前面談到訪賢召士的例子外，再看一些《元史》上的記錄：

西夏人李楨，在太宗十年左右（1238）即上書請尋訪天下儒士，並「所在贍優之」。〔註268〕至元十四年（1277），御史大夫相威，奉命行臺江南且求遺逸，〔註269〕在前二年元兵渡江時，廉希憲鎮撫江陵，可承制除三品以下官，求選名士。〔註270〕至元二十一年（1284），阿魯渾薩里勸世祖以儒術治天下，立集賢館，召致天下各等名士人才。〔註271〕至元二十四年（1287），程鉅夫主持有名的江南訪賢，召求南方名士。〔註272〕

這些例子說明元初對漢地人才之尋求，似有政策性地實施，朝廷無非不重漢士。但我始終以為係政治上實際需要所致，尚不至於是元廷有漢化意識而逐步採行之政策。即加上前述對兩朝之讚詞來看，又足以為前章所論以及本章數節之分析所沖淡掉了，而且通常在統治階層不同集團獲得相當之妥協

〔註267〕見魏初，《青崖集》，卷5，〈書傅竹家傳後〉，頁46上，另見卷2，〈贈高道凝〉，序文，頁2上。魏璠事見《元史》，卷164，〈魏初傳〉，傳中言初為璠之從孫。

〔註268〕見《元史》，卷124，〈李楨傳〉，頁8下。傳中知其為西夏之士人。

〔註269〕參見，卷173，〈葉李傳〉，頁14上。據卷128，〈相威傳〉，知其素喜接近士人，讀中國書，而其言論則有漢化意識無疑。

〔註270〕參見《滋溪文稿》，卷10，〈故河東山西道肅政廉訪使贈禮部尚書王正肅侯墓誌銘〉，頁13上。另見《元史》，卷126，〈廉希憲傳〉，頁14下。希憲為元代著名的漢化西域人，即見其本傳可知。

〔註271〕參見《元史》，卷130，〈阿魯渾薩里傳〉，頁16上。傳中知其為學識淵博，通佛儒道者，倡言儒治，可知其漢化頗深。

〔註272〕參見卷172，〈程鉅夫傳〉，頁2上。又據卷173，葉李傳，頁14下所載，係記於至元二十三年。

後，難免有雙方的讚譽之言，其真實程度值得從多方面去考察的。

從耶律楚材以後，漢法與儒治出現在世祖即位之前後一段時間。在潛藩受命分漢地而治的忽必烈，召賢納士，很快地成為漢地士人擁護的對象，而士人也發揮了以漢法治漢地之才能，證明了實際政治上漢法與儒治的可能性。姚樞的〈神道碑〉中提到這件事，是至元初對世祖所言：

> 自昔在潛，聽聖典、訪老臣，日講治理，如邢州、河南、陝西皆不治之甚者，為置安撫、經略、宣撫三司，其法：選人以居職，頒俸以養廉，去污濫以清政，勸農桑以富民，不及三年，號稱大治。
> 〔註273〕

在《元史》中也分別記錄下三地大治的始末：〔註274〕

（1）邢州之治，起於辛亥年（1251），受封於該地的兩名苔剌罕，要求忽必烈派員去治理，原因是民戶由萬餘逃剩至五、七百戶。這可令人想起趙天麟所上「逃民策」中所言之情形。忽必烈承制遣博爾朮之弟脫兀脫與趙瑨為斷事官，張耕為安撫使，劉肅為商榷使，趙良弼亦參與其事。不久脫兀脫被罷，邢州之治全係漢人之功，實際行政之機構為安撫司，而劉秉忠之推薦漢士治理，有以啟邢州之治。

（2）河南之治，起於壬子年（1252）。當時論中國最亂的地區即河南、陝西二地，此二地區又界臨南宋，是兵馬興作之地，其治地之用意還有戰略上的考慮，在《元史》中說得很明白。以汴京設立之經略司為中心，除史天澤、楊惟中、趙璧為經略使外，另有蒙古人忙哥為使，他與脫兀脫一樣，同屬忽必烈潛邸之臣，態度上都較傾向漢化。陳紀、楊果為參議，其餘有史天澤之姪史權為屯田萬戶，以為軍備，王昌齡主持分設之漕司於衛輝。策劃此事者則為姚樞。

（3）陝西之治，起於癸丑年（1253）。關陝之地是蒙古南下右翼的大戰區，進兵四川之前進基地，兵燹之災甚重。忽必烈受京兆分地於癸丑年，設立從宜府，又派遣姚樞設立京兆宣撫司，以孛蘭、楊惟中為使，商挺佐之，關隴得以大治。次年，以廉希憲為關西道宣撫使，姚樞為勸農使。

三地治理之情形，就元史所載大要如上，但治理之經過與成效的實際狀

〔註273〕見《牧菴集》，卷15，頁135下。

〔註274〕參見《元史》，卷4，〈世祖本紀一〉，頁1上至2下。餘則補以參與其事諸人之列傳。

況，則略嫌簡易，現據姚從吾及蕭啟慶先生研究之結果，將這些問題整理敘述之：〔註275〕

邢州之治的政績約有幾項：興冶鐵之利以開關財源，造楮幣流通，整齊吏治，使奉公守法，以及加強驛車制度的完善等等，結果使流民紛紛歸鄉，而且效率極高。士人的行政能力得到忽必烈之賞識，這對後來接續而至的河南、陝西之治，有開啟之功。

河南之治，在於舉賢才以為行政幹部，設類似監督的方法來清吏治，均賦稅、更鈔法，設專為軍餉的行倉，以免除民間受括。鞏固邊防，使民安居，除奸去惡，以明賞罰，又用屯田保甲之法以實邊。其餘有招撫流亡，治水利，重新屯戍規模等等。結果不到一、二年，河南得以大治，軍民皆肅。

陝西之治的要項是進賢良、黜貪暴、明尊卑之分，清理奄滯之政，定理行政規則，發行楮幣，給俸祿以安身養廉，務農薄稅以安民生。一個月左右就安定了關中地區。到廉希憲主政時期，特別注意廢除西域法的羊羔利，第二是解放士人，使免於強豪掠奪為籍，第三是訪耆宿，並推薦許衡為當地教育之負責人，第四是極力推廣農業生產，結果民生與文教都有顯著之進展。可以說是既富之，又教之。

漢法與儒治在治理中國地區上得到證實是有相當成效的，這種信任直維持到世祖即位時期，以致在中統初漢士有不低的政治地位；史天澤與王文統可以作為一武一文的代表，武以軍功，文以才學，其餘在三地大治的主要人物也都擠身中央，儼然可開漢法儒治的全盤局面。由於王文統事件後，漢人在文武兩途都受到了壓制，西域人則乘機擡頭，又恢復以往數朝的優勢。

王文統以後為世祖所重用者為阿合馬，再以後則為盧世榮、桑哥，在《元史‧姦臣列傳》中的六人，此三人皆屬世祖朝，都以理財專家而掌權，備受漢化集團之攻擊。三個財臣當政時期，漢法與儒治仍舊擺在朝廷，裝點門面。就《元史》中所記載三人之事即可明白，關於阿合馬者：

> 阿合馬為人多智巧言，以功利成效自負，眾咸稱其能，世祖急
> 於富國，試以行事，頗有成績，又見其與丞相線真、史天澤等爭辯，
> 屢有以絀之，由是奇其才，授以政柄，言無不從，而不知其專恣慁益

〔註275〕參見蕭啟慶，〈忽必烈時代「潛邸舊侶」考〉，《遼金元史研究論集》，大陸雜誌學叢書，第二輯，頁268～284。姚從吾，《東北史論叢》，下冊（臺北，正中，民國57年），〈忽必烈對於漢化態度的分析〉，頁376～401。

甚矣……世祖嘗謂淮西宣慰使昂吉兒曰：夫宰相者，明天道、察地
理、盡人事，兼此三者，乃為稱職，阿里海牙、麥朮丁等，亦未可
為相，回回人中，阿合馬才任宰相，其為上所稱道如此。〔註276〕

盧世榮為漢人，桑哥推薦給世祖，史稱：自阿合馬死後，「朝廷之臣諱言財利，
皆無以副世祖裕國定民之意」，〔註277〕就因盧世榮可以副世祖之意，故驟得重
用，他官位不至極高，為中書右丞，但引進不少西域人為助，「世榮居中書纔
數月，恃委任之專，肆無忌憚，視丞相猶虛位也……」。

　　桑哥繼不到一年而罷政的盧世榮，他是畏兀兒人，〔註278〕為膽巴國師弟
子，能通諸國語，也是因好言財利之事，而得世祖喜愛，在任平章政事掌政
以前，世祖就「嘗有旨：令桑哥具省臣姓名以進，廷中有所建置，人才進退」
等，桑哥皆得與聞。〔註279〕據其傳中所記，他的專政情形與阿合馬等相同，
可以參見而不多述。

　　提出世祖朝的三大財臣，可以說明為史所稱道的漢法與儒治在實際上並
未如此樂觀。就以世祖朝中央大政之本的中書省來看，其人事結構中漢化派
並未佔優勢，在稍佔優勢時期也僅有其位而無實權，西域派權臣即分割中書
省權力，以至侵奪其權，這在議立尚書省之過程中，可以清楚看出來。〔註280〕
再以前節所述，儒士對漢制禮樂所論，知漢法儒治中朝廷應極重視之祭祀，
而「世祖以來，每難於親其事」，可知其以儒術緣飾之意，並未真心傾向漢化，
這個情形同樣發生在仁宗身上。

　　仁宗早年之背景與世祖極為相似，幼年受教於名儒李孟，自《元史・李
孟傳》中知道，仁宗受到儒家思想相當長期的薰淘，〔註281〕早有「孝子」之
譽，李孟與許衡對世祖一樣，除講先古帝王之得失外，又講君臣父子之義等。
成宗死後，武宗繼立之時，李孟皆參予仁宗機密，又很像世祖在潛藩時，溝
通與憲宗兄弟關係，以及憲宗死時，預謀機密的那些儒士們，如張文謙、商
挺、廉希憲等人。〔註282〕李孟似是一個深懂政治藝術的儒士，他是仁宗之師，

〔註276〕見卷205，〈阿合馬傳〉，頁2下、5下。

〔註277〕見前，〈盧世榮傳〉，頁8下、9上。

〔註278〕《元史》本傳未言其籍貫，參見《多桑蒙古史》，上冊，頁340。

〔註279〕見《元史》，卷205，〈桑哥傳〉，頁16上。

〔註280〕參見簡內互，《蒙古史研究》，下冊，〈元代の官制と兵制〉，官制中中書、尚
　　　　書省等部分。頁769～822。

〔註281〕參見《元史》，卷175，頁14下至17下。

〔註282〕參見《元史》，卷159，〈商挺傳〉，頁4下至6上。關於世祖與憲宗間之磨擦，

又是翊戴功臣，仁宗即位後，似不太樂意居相位以執政，大致到延祐四年（1317）辭相職。〔註283〕到英宗朝，因早與鐵木迭兒不合，而鐵木迭兒有意使其難堪，欲迫之辭職，故與英宗商議降拜其官職，未料李孟欣然受命，但不久即死，能全保榮尊於始終。他還有一特點，即「獻納謀議，常自毀其稿，家無幾存」，〔註284〕但不知何故？或許參與機密之故吧？

仁宗所行之漢法儒治較著者，除行科舉外，如譯《貞觀政要》、《大學衍義》為蒙文，以便蒙古、西域人閱讀之，他以為這些都有益於國，對《大學》則曰：「治天下此一書足矣！」〔註285〕尊崇儒學的一些措施如以太牢祠孔子，以宋儒周、張、邵、二程、朱、司馬光、張栻、呂祖謙、以及許衡等，從祀孔子廟；又在長安為許衡立魯齋書院等。〔註286〕這些作為雖然不無意思，但究竟太表面化，不足以確定其漢法儒治之實質。

有些相左的例子也適足以減底上面所述，如被視為不正的白雲宗，其宗主沈明仁在延祐二年（1315）被授為榮祿大夫、司空之極品，同年，又有玄教大師張留孫，授之開府儀同三司，〔註287〕在〈仁宗本紀〉中又常見到作佛事而釋囚徒之舉，這也是士人論政中明賞刑所言的主要對象。在〈張思明傳〉中記載一事：仁宗以所寵之僧人妙總統為五品官，勑中書行事；張思明時為參政，據理力爭，後因仁宗已許，只有給其職但不授散官而止，〔註288〕可知仁宗所受的儒學教育並不會高明多少。其餘政治上情形同樣沒有什麼出色而不必多言了。

仁宗最為士人以及後世稱道的科舉，是否真如所言，見吏弊之病而有意剷除之？即如是，單行科舉亦實不能除吏弊。就行科舉以後看元代之政治，並無好轉之跡象，科舉之利不能發揮，其弊不能除，其功能與牽涉之層面，不是仁宗定科舉法即可解決的。〔註289〕再者，宋代科舉之盛，可無話說，若

可參見註275兩文所述，又見陳得芝、王頲，〈忽必烈與蒙哥的一場鬥爭〉，《元史論叢》（北京，中華，1982年），頁47～56。

〔註283〕《元史》本傳中未說明辭相之時間，此據《新元史》，卷31，〈宰相表〉，頁19上。

〔註284〕見註281，頁20下。

〔註285〕見《元史》，卷24，〈仁宗本紀一〉，頁2下、11上。

〔註286〕參見前註，頁11下、25下，卷25，頁3上。

〔註287〕參見《元史》，卷25，頁7下、10上。

〔註288〕參見《元史》，卷177，頁2上。

〔註289〕元人論科舉者如虞集，《道園學古錄》，卷34，〈送朱德嘉序〉，頁295、296。

看葉適對胥吏之論，當知科舉是否能除吏弊；〔註290〕但並非說元代科舉沒有其正面價值，至少在提供士人的前途上就有助益。不過仁宗行科舉很能收攬士人之心，或許這才是他真正的用意。他說：「儒者可尚，以能維持三綱五常之道也。」〔註291〕同樣地話在李孟傳中也見到；他曾經對群臣握拳而喻：「所重乎儒者，為其握持綱常如此其固也」。〔註292〕

仁宗的漢法儒治是喜愛三綱五常之教，其實不止仁宗，恐怕歷代帝王莫不喜愛。綱常之義早已沒有初期儒家精神，是法家侵透了儒家之中。韓非子就專門辯正儒家忠孝之義的不確，批評堯、舜、湯君臣之義的大謬，他說：

> 臣之所聞曰：臣事君，子事父，妻事夫，三者順則天下治，三者逆則天下亂，此天下之常道也，明王賢臣而弗易也。則人主雖不肖，臣不敢侵也。〔註293〕

董仲舒雖然有「堯舜不擅移，湯武不專殺」之論，但仍有〈基義篇〉所說：

> 天為君而覆露之，地為臣而持載之；陽為夫而生之，陰為婦而助之；春為父而生之，夏為子而養之。王道之三綱可求於天。〔註294〕

他的三綱之說時有「父不父，則子不子；君不君，則臣不臣」之義，但又有「春秋之法，以人隨君，以君隨天，……故屈民而伸君，屈君而伸天」之義，〔註295〕有許多法家思想滲透其中。雖然董氏並未完全放棄儒家立場，但援法入儒卻是事實，像〈王道通三〉中說：「善皆歸于君，惡皆歸于臣。臣之義比于地，故為人臣下者，視地之事天也」。〈保位權〉中說：「功出于臣，名歸于君」。「為人者天」中說：「君者民之心也；民者君之體也。心之所好，體必要之；君之所好，民必從之」等等。〔註296〕所以王充在《論衡》中就指出這種

揭傒斯，《揭文安公全集》，卷9，〈送也速答兒赤序〉，頁84。程端學，《積齋集》，卷3，〈送李晉仲下第南歸序〉，頁2。程端學，《畏齋集》，卷4，〈送馮彥思序〉，頁14～16，〈送王季方序〉，頁17至18。王惲，《秋澗大全集》，卷35，〈貢舉議〉，頁369。以上僅舉數例參考，其論雖有利弊，但多仍主張行科舉之制。

〔註290〕參見葉適，《水心先生文集》（四部叢刊初編）卷3，〈吏胥〉，頁41上。

〔註291〕見《元史》，卷26，〈仁宗紀〉後之論說，頁19上。

〔註292〕同註181，頁15上。

〔註293〕見陳奇猶，《韓非子集釋》（臺北，河洛）卷20，〈忠孝第五十一〉。

〔註294〕見《春秋繁露》（四部叢刊初編）卷12，頁69上，堯舜湯武見卷7，頁42上。

〔註295〕見前，卷1，〈玉杯第二〉，頁8上、下。

〔註296〕「王道通三」，見卷11，頁62下。「保位權」，見卷六，頁215上。「為人者

問題，他說：

> 董仲舒表春秋之義，稽合於律，無乖異者。然則春秋，漢之經，
> 孔子制作，垂遺於漢。論者徒尊法家，不高春秋，是闇蔽也。春秋
> 五經，義相關穿。既是春秋，不大五經，是不通也。〔註297〕

儒法相援之結果，往往使許多先秦儒家所無者加入，甚至根本與之背道而馳，董仲舒使儒術獨尊於漢，是帝王喜愛他的綱常之說已經向法家尊君的論調靠攏了。即使董子或有其苦心用意，援法、道入儒，卻使歷代帝王們依然可以獨尊儒術，雜王霸之道而行。〔註298〕

綱常之說既為帝王所樂聞，儒士們也就借此進言，元初的名士爭取忽必烈為「儒教大宗師」，是有相當的苦心，且都提出三王之道，綱常之教，如劉秉忠、姚樞、竇默、許衡等，〔註299〕張德輝尚且喻為聖人之行道，〔註300〕都顯見得急需政治勢力之保護文化。若以先秦儒家之論天下，以及君臣、君民之相對關係，恐怕是不合時宜，何況是外族政權統治之下，只有在許多地方迎合帝王，誘導其轉化，其中最動聽者，莫如三王之治與綱常之教，以儒者之道即如此，而且他們對帝王說：「為臣當忠，為子當孝，孔子之戒如是而已。」〔註301〕如何不教帝王動心。

除去世祖與仁宗外，文宗也頗得士人之美言，大體上是以其崇尚文治而言及。文宗也是對漢學有相當程度之帝王，《經世大典》即奉其命而修，故而對治績頗有推崇之詞，開奎章閣以延攬文藝之士，也是為人稱道之事；「陳祖宗之遺訓，考經史之格言，以養德性，以成事功，而文治大興矣！」言及文宗本人之文藝水準，是「則辭意之粹，書法之聖，度越前代帝王矣，猗歟盛哉！」〔註302〕

奎章閣在元代是後起而較為突出之制，《經世大典》之修即以奎章學士負

天」，見卷11，頁60上。

〔註297〕見〈程材篇〉，（新編諸子集成，臺北，世界），頁121。

〔註298〕參見同註208，余英時文，以及徐復觀，《兩漢思想史》，第2卷（香港，中文大學），頁218～220。

〔註299〕參見《元史》，卷157，〈劉秉忠傳〉，頁2下，姚樞見卷158，頁1下，竇默，見頁21下，許衡，頁10下。

〔註300〕見《國朝名臣事略》，卷10之4，引王惲所作行狀，頁328。

〔註301〕見《元史》，卷126，〈廉希憲傳〉，頁12上。另見卷143，〈馬馬傳〉，頁5下、6上。

〔註302〕見《元文類》，卷41，〈經世大典序錄‧雜著〉，進講、御書二條。

責，其貢獻較著者為文藝方面，或者係出自文宗個人之私好，還是有其別立
權力中心之企圖。其中有不少士人任閣職，但其制度與組織都不甚健全，而
文宗本人卻經常臨御，遂成為朝臣矚目之地，但領閣之權皆在蒙古與西域人
之手，到底是文宗無法擺脫傳統政治之大勢，抑或根本培育漢士係為己身之
私好？一時還不易斷定。總之，因奎章閣之設，所見及之職責多在蒐集經史
典籍、編譯書章、藝文之整理、宮廷之教育、時或參與議事等，不免與其他
機構有重複之處，但卻帶給文宗尚文治之稱，事實上其最大貢獻只在於文藝
之保存、與人才之養育等。〔註303〕因此不難看到「至順中（文宗年號），儒者
以才華相誘，尚詠謌治平，以需進用」的話語。〔註304〕奎章閣中兼領大權者
皆原本顯貴之北亞人，執行閣事的漢士似僅備顧問而無參大政之權。為奎章
閣寫了〈奏開閣疏〉，以及銘、記等的虞集，他的傳紀中載有文宗之語說：

　　視我祖宗既乏生知之明，於國家治體豈能周知，故立奎章閣，
　置學士員，以祖宗明訓、古昔治亂得失；日陳於前，卿等悉所學以
　輔朕志。若軍國機務，自有省院臺任之，非卿等責也。〔註305〕
是知文宗稍重漢士而特立之奎章閣，大致如此。

　　元末之順帝有用儒之傾向，「朝廷更化，徵用老成」，〔註306〕初期確有尚
儒治的現象，他本人與其餘諸帝一樣亦懂些漢學，程度如何不得確知，但初
期所用之人，不少漢化人士，如太師、右丞相馬札兒臺，右丞相脫脫、知樞
密院事也先帖木兒父子，受教於士人吳直方，〔註307〕右丞相別兒怯不花、左
丞相鐵木兒塔識、平章政事達識帖睦爾等皆出身國學，有極好之漢學基礎，〔註
308〕加上元末漢人左丞相太平（賀惟一），使得順帝初政頗具漢化傾向之規模。

　　順帝初即位幾年，一度被反漢化的權臣伯顏所廢科舉，也在脫脫等人合
力推倒伯顏後，又再恢復。對理學深有研究的鐵木兒塔識，「盡心輔贊，每入
番值，帝為出宿宣文閣，賜坐榻前，詢以政道，必夜分乃罷」，可知順帝對漢
法儒治之注意有跡象可尋者。又元末國政已衰，順帝有意更始，故恨不得元

〔註303〕關於元代之奎章閣，可參見姜一涵，《元代奎章閣及奎章人物》（臺北，聯經）。
〔註304〕見《滋溪文稿》，卷6，〈宋正獻文集後序〉，頁5上。
〔註305〕見《元史》，卷181，頁9上。
〔註306〕見宋濂，〈元故翰林待制承務郎兼國史院編修官柳先生行狀〉，《柳待制文集‧
　　　　附錄》，頁264下。
〔註307〕參見《新元史》，卷211，〈吳直方傳〉，頁13下。其餘三人見《元史》卷138
　　　　之列傳。
〔註308〕參見《元史》，卷140，諸人之列傳。

初王文統之才而用，但鐵木兒塔識斥文統尚霸近利而宜遠之。〔註309〕這也可知漢家學術終能浸潤外族人士之例。

在經筵講學的蒙古人朵爾直班、西域人夔夔，漢學水準甚高，皆通諳程朱之學，順帝禮加有之，並「思更治化」欲尊事夔夔以師禮，頗有誠意行儒治之局。〔註310〕似乎元初以來儒士們長期的努力還是收到一些效果，不少蒙古、西域人都已成為漢化之儒者，再影響及帝王，有開新之可能。但元末局勢早壞，順帝初期有意治國，愈往後愈沒有初心，而且短暫的漢法儒治能否挽救元末的國政倒還是個問題，何況尚有其他政治糾紛之存在。可見元代較明顯地是在於漢文明上或有興趣，而其意識形態上恐怕未必多於此。〔註311〕

三、政治衝突

在此所討論者不是整個元代所有的政治糾紛，只有涉及士人參與的部分，而綜合成幾個方面作概略之敘述，以觀察士人在元代政治上一定的關係，因此避免作盡舉的方式，採用例述之法。

由於帝位爭奪引起士人參與之政治衝突應起於耶律楚材。太宗晚年漸有疏遠楚材之意，西域人奧都剌合蠻在太宗晚年與乃馬真皇后攝政時期，皆極受重用，太宗所用主漢地行政者多被排除，楚材亦失勢，這些在前章已有論及，不過另有一點與楚材之失勢頗有影響，即帝位繼立之問題。原來太宗有意使皇孫失烈門繼立，〔註312〕及太宗死時，乃馬真有意立長子貴由而詢於楚材，楚材說：「此非外姓臣所當議，自有先帝遺詔在，遵之則社稷幸甚」，〔註313〕自然忤皇后之意，加以疏遠。可知士人很早就曾捲入這類政權核心問題之中，不過楚材之事尚輕，還不致引起較廣及較嚴重的情形。

世祖在潛藩與憲宗間的磨擦，起於反漢化與漢化間的衝突，賴士人之斡旋而解，及後世祖與阿里不哥爭位時，參與的士人較多，世祖周圍有龐大的

〔註309〕參見前註，頁9上，11上。

〔註310〕參見《元史》，卷139，〈朵爾直班傳〉，卷143，〈夔夔傳〉。

〔註311〕參見羽田亨，《羽田博士史學論文集》（日本，同朋舍）歷史篇，〈元朝の漢文明に對する態度〉，頁671～696所述。

〔註312〕參見《元史》，卷2，〈定宗本紀〉，頁8下。關於元代各朝爭位衝突之全盤經過等，可參見李符桐，〈奇渥溫氏之內訌與亂亡之探討〉，《師大歷史學報》2期，頁47～138。元末之情形，關於漢人與蒙古間者，可參看 J. W. Dardess, conquerors and Confucians, Edinburgh Univ., copyright 虹橋, 1973, pp. 52-94.

〔註313〕見同註223，頁837。

士人集團，自然會盡力支持以爭取勝利，時參與策劃的重要人物計有郝經、趙良弼、商挺、張文謙等人，另有漢化之西域人廉希憲、孟速思等。雖然以武力爭取的王位要靠戰爭，但士人之策劃屬戰略問題，是指導戰爭之基礎，何況有些士人是文武雙全者，如趙良璧、郝經即是。姚樞、劉秉忠亦以運籌帷幄著名，姚樞獲名儒趙復時即著盔甲參戰；而宋臣賈似道曾比之為王猛之流。〔註314〕至於世祖得漢人擁護以爭帝位，讀史者多知，即不需再加述敘了。

成宗之繼位得到朝廷中實力派擁護，與世祖一樣未經大會推選之程序。蒙古有太后攝政再選新君之習慣，而成宗繼統是賴周密之布置與迅速之行動得以完成，主持擁立計畫者則多非漢人，如玉昔帖木兒、伯顏、月赤察兒、不忽、完澤等，漢人則有王慶端，係統侍衛軍之武人。士人參與此次事變是擔任看似不重，卻很緊要之部分，即有關傳國璽之進獻，若無國璽，自無法行文出命。參與事之士人為崔彧、楊桓、張九思等，簡言之，即「尋獲」傳國古璽，使成宗能合法行使御印以宣詔。這方面的重事確實以士人為較妥，武力安排好後再飾之以文事，可謂大功告成。〔註315〕

在武、仁之際，參與仁宗定策之士人，有李孟、陳顥等人，〔註316〕大約只是參與議計諮詢，其中李孟為仁宗之師，顧問最多。仁宗後傳立於嫡子英宗繼立，英宗時不少士人受到權臣鐵木迭兒之迫害，其中略有關係於皇位問題。鐵木迭兒曾為要寵仁宗，而議立英宗為皇太子，出武宗子明宗於雲南，自然頗得仁宗歡心，加之皇太后之護，雖然有御史四十餘人奏其不法，仁宗只暫罷其相位，結果到英宗時，其凶焰大露，迫害漢士。〔註317〕是以仁宗縱容鐵木迭兒，果有私心於其中，而英宗初立亦不便對付之，致使其迫害漢士得逞。至於在鐵木迭兒傳中，屢言其以太后庇護，因仁宗有孝心而不治其罪，恐怕有搪塞之嫌。

泰定帝死於上都，燕鐵木兒連絡文宗起事於大都，與擁立泰定之子的上都

〔註314〕以上所述可參見《元史》各人之列傳，另參見註275文，頁282、283。姚樞事見註243。

〔註315〕參見《元史》諸人列傳，玉昔帖木兒，見卷119，〈博爾朮附傳〉。伯顏，見卷127，不忽木、完澤，見卷130。王慶端，見卷151，〈王善附傳〉。崔彧，見卷173。楊桓，見卷164。張九思，見卷169。傳國璽事，另可參見《輟耕錄》，卷26，頁387～391。

〔註316〕李孟參見《元史》，卷175。陳顥，見卷177。

〔註317〕參見《元史》，卷138，頁5下，〈康里脫脫傳〉，記載鐵木迭兒議立英宗之事，其合仁宗與太后之意甚明。鐵木迭兒見卷205。

勢力交戰，牽及一些漢官，如參政王士熙、參議中書吳秉道、侍御史丘士傑、太子詹事王桓等人，這些大致是反對燕鐵木兒起事者，故全遭下獄，而後流貶，不過在文宗正位後天曆二年（1329），又都放還回鄉，似無迫害至死之獄。〔註318〕另外也看到有支持文宗起事這邊者，如原任御中中丞曹立、前浙江參政張友諒等，自然也被升官留用。〔註319〕另外尚有吏進出身之韓若愚，因「畫策中機」故得升官。〔註320〕如此看來，天曆之際被牽連之漢官尚不至受害，但《元史》中記載說：「朝議欲盡戮朝臣之在上京者」，幸賴敬儼抗章而止，他以隨帝赴上京係循例而往，未必皆為反對者為說，倖免因政爭之屠殺。〔註321〕

　　元末順帝之政治衝突，以屬於一般之權力爭奪或糾紛的性質較多，夾雜與帝位有關者是較後的發展，故容稍後再述。

　　政治衝突另外一個較廣泛的原因則為漢法與西域法間的矛盾，有時往往還與政治作風有關，或與帝位有關，未必能單純劃分而歸屬之。

　　世祖朝及其以前的情形已討論過，雖有激烈之競爭與衝突，但尚無大量士人遭受迫害，彼此之排擠是在所不免，大體上是士人結合漢化或傾向漢化之非漢人，以對抗行西域法之人，其中不乏地位極高者，如真金太子、安童、伯顏、線真、哈剌哈孫、完澤等人，勢力雙方互有消長。〔註322〕在衝突中受到迫害之漢士，多係以行政上苛察立罪害死，或者誣構致死者，如秦長卿、崔斌皆為阿合馬所害，〔註323〕楊居寬、郭佑則全為桑哥所殺。〔註324〕不過漢人中亦有不與這些行西域法作對，如葉李即是當初推薦桑哥之名士，而馬紹佐桑哥為政，彼此之交往似相當坦誠，〔註325〕無論如何，絕大部分士人主張行漢法，而與行西域法者有政治上長期的衝突。葉、馬等人不論是否另有見地，但究竟是屬漢士中的少數。

　　像阿合馬等人之黨羽宜有些許，不過史書多漢人所修，故常形簡略，令人覺得似乎西域派人士僅及一、二權臣而已，事實應不至如此，而且其黨人亦如漢化派一樣盡力反擊其政敵。如阿合馬死後，《元史》上記載一件相當嚴

〔註318〕參見《元史》，卷32，〈文宗紀一〉，頁2下。放還之事，見卷33，頁20上。
〔註319〕參見《元史》，卷32，頁5上、下。
〔註320〕參見《元史》，卷176，〈韓若愚傳〉，頁15上。
〔註321〕參見《元史》，卷175，〈敬儼傳〉，頁27上。
〔註322〕參見蕭啟慶，《西域人與元初政治》，該書所論甚明。
〔註323〕秦長卿，見《元史》，卷168，頁21下。崔斌，見卷173，頁4上。
〔註324〕參見《元史》，卷205，〈桑哥傳〉，頁17上。
〔註325〕葉李，參見《元史》，卷173，頁16下、17上。馬紹，見頁20、21。

重之事：曾有行臺御史上封事，以世祖年高，應禪位太子。這種事使皇太子
甚為憂懼，而中臺亦覺事態嚴重，密不發封，事為阿合馬黨人知悉，藉著收
理百司吏案以整錢糧等，實則欲搜奏章以發事，可置漢化派領袖真金太子於
危地，以便乘機摧毀漢化派。後來幸御史臺都事尚文密留奏章，阿合馬黨人
乃訴諸世祖，世祖命人調查，結果是漢化派先發制人，自白於世祖前，才消
解這場危機。〔註326〕

　　武、仁時又有較明顯的漢化派對抗西域派，在武宗至大二年（1309）成
立尚書省，以乞臺普濟為太傅右丞相，脫虎脫為左丞相，三寶奴、樂實為平
章、保八為右丞，忙哥鐵木兒為左丞，王烈為參政，劉楫為左丞商議省事，
接著以理錢糧之斷事官十人留中書外，其餘全併入尚書省，目的即如三寶奴
所言：「更新庶政，變易鈔法」，像世祖時西域派之作為沒有兩樣。〔註327〕

　　武宗朝漢化派失勢，仁宗一即位，立刻罷尚書省，並將上述幾人治罪，
誅四人，杖流一人，乞臺普濟早在武宗時即離職，而劉楫則無交代。他們的
罪名為「變亂舊章、流毒百姓」，同時大量漢士進入中書，似漢化派又重新有
擡頭之機。〔註328〕這次事件自然有李孟等士人之影響，凡有機會推翻西域派
之政，漢人們是決不放過的，不過其中仍不免有仁宗之私心，像前面提到他
放容鐵木迭兒一樣，因三寶奴曾密議擁立武宗之子於脫脫，幸而脫脫未贊同
其事，仁宗自然要除這批爭皇位之敵人。但脫脫究係武宗舊臣，當仁宗立英
宗為皇子，而放武宗子明宗為周王時，脫脫亦曾一度遭受懷疑。〔註329〕可知
漢化、西域之爭又與皇位之爭有關，實則係政權之爭，各成其黨，各事其主，
適又漢化、西域之爭可作大體之分別對立。簡言之，武宗起自北方，較傾向
蒙古保守主義；仁宗起於南方，初則大反武宗之政。

　　除去皇位問題以及漢化、西域對立不顯著時，要以鐵木迭兒之除政敵為
烈，蕭拜住、楊朵兒只、賀勝，先後被殺，〔註330〕其欲陷害而未得逞者亦有
不少，如韓若愚、王毅、高昉、趙世延等人。〔註331〕又有御史與成珪、李謙

〔註326〕參見《元史》，卷170，〈尚文傳〉，頁1下、2上。
〔註327〕參見《元史》，卷23，〈武宗本紀二〉，頁6上、下，7上。
〔註328〕參見《元史》，卷24，〈仁宗本紀一〉，頁3上、下。唯紀中說脫虎脫伏誅，
　　　　恐誤，此人為康里脫脫，見卷138，頁4上。
〔註329〕見前註，脫脫傳，頁5下。
〔註330〕參見《元史》，卷205，〈鐵木迭兒傳〉，頁26上、下。
〔註331〕韓若愚，參見《元史》，卷176，頁14下。王、高二人，見卷205，頁26下，
　　　　另見《新元史》，卷201，頁16上。趙世延，見卷180，頁7下。

亨等諫英宗造佛寺，結果御史被殺；成、李二人亦幾遭殊，因有參與鐵木迭兒為黨的漢人張思明，即無意放過這二人，看他的傳記，似是一法家，而成、李二人之命反是鐵木迭兒所保存的。〔註332〕與鐵木迭兒相抗成朋黨者，是後來拜相的拜住，英宗支持拜住，先杖免張思明，繼之鐵木迭兒亦病死，黨爭暫告結束。是英宗欲擺脫權臣，以收回其君權之故。

元末順帝時因政治衝突而引起相當龐大之黨爭，前面也提到有漢化傾向的脫脫父子等，聯結初即位之順帝，由極端蒙古本位主義的伯顏手中奪回大權，最初參與其事之人極少，因伯顏勢大，又欲秘密議計之故，漢人在其中除脫脫之師吳直方外，另有順帝潛邸舊臣，於奎章閣任官之楊瑀〔註333〕但得之不易之新局面旋即為黨爭所破壞，使元代最後一朝廷中仍充滿黨同伐異之爭鬥。

別兒怯不花與脫脫之父馬札兒臺有宿怨，〔註334〕脫脫與太平初則相合，後以汝中陌讒間，遂使二人產生隙怨，太平所薦用之名士如中書參政孔思立等皆為罷去。〔註335〕脫脫所用之腹心黨人有不少漢人，如烏古孫良楨、龔伯遂、汝中陌等是，〔註336〕而別兒怯不花、太平、韓嘉納、禿滿迭兒等十人為兄弟之盟，〔註337〕如此至少朝中已有兩黨之對立。雙方黨附傾軋者不少，難以細論，如頗受順帝喜愛、性淫邪之哈麻，初見脫脫有勢而黨附之，屢次在順帝前為脫脫進言，乃遭太平等人黜斥，而後又與汝中陌不合，汝中陌譖之於脫脫，又為脫脫所排擠，結果哈麻利用寵信而弄權；在順帝與皇太子前陷害脫脫兄弟得逞。〔註338〕又如出身外戚世家之太不花，初受太平所薦，後黨於脫脫，乃屢次構害太平，雙方隙怨甚深。〔註339〕

元末順帝朝之士人多係因政治衝突而受到牽連，如孔思立等，少有勇於逐黨爭政者，如烏古孫良楨，亦有士人並不附黨但得罪當政而受排擠者，如呂思誠。〔註340〕因嫉妒對方權位而間讒者，一如其他朝廷應該是存在的，如

〔註332〕參見註288，頁3上。

〔註333〕楊瑀事見《新元史》，卷211，頁15下、16上。

〔註334〕參見《元史》，卷138，〈脫脫傳〉，頁26下。

〔註335〕參見《元史》，卷140，〈太平傳〉，頁5上。

〔註336〕見註334，頁27上。

〔註337〕參見《元史》，卷205，〈哈麻傳〉，頁28上。

〔註338〕參見同前，並頁29上～30下等。

〔註339〕參見《元史》，卷141，〈太不花傳〉，頁1上至3下。

〔註340〕參見《元史》，卷185，〈呂思誠傳〉，頁4上至5上。

元初趙璧即素忌廉希憲，曾間之於世祖前，〔註341〕是漢士間亦有磨擦存在。又有為減少競爭者，以鞏固己身之地位，而加以抑制對方者，如元代著名的漢人、南人之爭；不過抑制、排擠，尚不至嚴加迫害，此問題雖有朝廷之考慮，如世祖曾有意徙江南大族於北方，〔註342〕此與秦皇徙富豪於咸陽，宜有同功之妙。「南士後至，難效盧前」〔註343〕自可以想見。關於漢人、南人間的衝突可參見姚從吾先生所論，即不再加贅筆。〔註344〕

〔註341〕參見《元史》，卷126，〈廉希憲傳〉，頁9下。

〔註342〕參見《元史》，卷173，〈葉李傳〉，頁16上。

〔註343〕見袁桷，《清容居士集》，卷40，〈答郭山長〉，頁572上。

〔註344〕參見〈忽必烈平宋以後的南人問題〉，政大，《邊政研究所年報》，第1期，（民國59年7月），頁1～65。

第四章　士人之理想

第一節　命與統

一、天命觀及正統與道統

　　士人與政治之關係最為直接者，應是對朝廷或一政權之本身，亦即是對朝廷性質的認識而採取之態度，其為革命性的，或者以暴易暴，還是不過為改朝換代而已，或是其他的看法等，從而以考慮參與政治與否，尤其在改朝換代之際，最易遭遇此類問題。由另一面來看：即為安身立命之出處問題。這在元代由外族建立之朝廷中，更值得重視。

　　大概每一朝代興起時都打著「奉天承命」之類的政治口號，這種天命觀萌芽於先秦周代的人文精神之中，也就是在書、詩中所看到的「天命不易」與「天命靡常」等觀念，〔註1〕一反過去「我生不有命在天」的看法，〔註2〕也就是天命並非永遠不變，而有所選擇性的，政權的付予及支持要根據其行為而決定，有不合理之行為則不加以支持。

　　在尚書中特別強調了這種觀念的訊息，〈召誥〉裏說夏與商都是「惟不敬厥德，乃早墜厥命」。〔註3〕〈康誥〉中說道文王受天命，是因其能用勞、敬

〔註1〕《書經·君奭》：「不知天命不易」，頁 227，〈大誥〉：「爾亦不知天命不易」，頁 155，〈康誥〉：「惟命不于常」，頁 171。《詩經·大雅·文王》：「侯服于周，天命靡常」，卷 16 之 1，頁 11 上，又有「命之不易」，頁 13 下，《周頌·敬之》：「天維顯思，命不易哉」，卷 19 之 3，頁 21 下。以上皆《十三經注疏》本。
〔註2〕見《西伯戡黎》，《尚書》，頁 115。
〔註3〕見《尚書》，頁 193、197。

敬、畏威等等，又「克明德慎罰，不敢侮鰥寡」之故。〔註4〕明顯地標出了「德」的決定因素，亦即是種行為標準。夏、商是曾獲天命的，但並非保證不變，故天命是不可信的，其轉變就以人們之行為為據，不敬德則失去天命，克明德則獲天命。

在《詩經》中也同樣地有這種說法：

> 皇矣上帝，臨下有赫。監觀四方，求民之莫。維此二國，其政不獲；維彼四國，爰究爰度。上帝耆之，增其式廓，乃眷西顧，此維與宅。作之屏之，其菑其翳。……帝遷明德，串夷載路。天立厥配。受命既固。……維此王季，帝度其心，貊其德音，其德克明，克明克類，克長克君。……比于文王，其德靡悔，既受帝祉，施于孫子。〔註5〕

這說明天命是經由四處考察後才定的，考察不到合理的受命者，「乃眷西顧」，發現文王幾代的「德」是合於標準者，於是天命才降於周。

在《學》、《庸》裏說「天命靡常」是這樣的簡明：「〈康誥〉曰：『惟命不于常』，道善則得之，不善則失之矣」，「故大德者必受命」。〔註6〕

所謂「道善」、「大德」亦即是詩、書中以「德」考察之標準，都必有一對象來反映此德，其對象就是民，所以說「求民之莫」，考察文王幾代的行為，而其行為都是表現在民的身上。故而天命是顯於民，〈酒誥〉中說「人無於水監、當於民監」，「惟天降命肇我民」等。〔註7〕〈皋陶謨〉中說：「在知人、在安民」，「天聰明，自我民聰明，天明畏，自我民明威」。〔註8〕〈泰誓〉中有「天視自我民視，天聽自我民聽」之說。〔註9〕這類的觀念尚有許多，不需遍舉，而天、天命、民三者並稱，可見到之處亦在不少。〔註10〕

天命靡常除去不定而有選擇性的特色之外，還有先修其德，始有天命降臨之意，〈康誥〉中所說文王受命即是如此，是以自己的行為來決定自己的前途。詩經〈皇矣〉中所說之情形，又含有修德不必降天命於當身，而在後人

〔註4〕 同前，頁160。
〔註5〕 見〈大雅・皇矣〉，卷16之4，頁2上～8上。
〔註6〕 前句見《四書集註・大學》，（臺北，藝文）頁12下。後句見《中庸》，頁12下。
〔註7〕 見《尚書》，頁172、178。
〔註8〕 見前，頁35。
〔註9〕 今文《尚書》無，引自《孟子・萬章上》，《四書集註・孟子》九，頁9下。
〔註10〕 參見徐復觀，《中國人性論史》（臺北，商務），頁210。

之義，故必繼續敬德不已，又加之前二義，即完成詩經所說「惟天之命，於穆不已」。〔註11〕

　　唐君毅先生於此提出天命觀之三義：第一義为「天地之無私載私覆」、「帝無常處」之思想所本。第二为中國一切人與天地參、與天地同流、天人感應、天人相與等思想之所本。第三为天命不已之思想，为中國一切求歷史文化繼續之思想，人道當與天道同其悠久不息，生生不已之思想的本原。〔註12〕此第一義應有天下非一人一家之天下的含意，若無德者，則將失其天下，並沒有必定的保障，要以其德來決定。

　　因为天命靡常，朝代興替，其轉移之根據如孟子說：「三代之得天下也以仁；其失天下也，以不仁。國之所以興存亡者亦然」（〈離婁上〉）。孟子以仁來看政治之歷史上的解釋，其仁不仁要由人民身上來反映。鄒衍則提出另一套說法，即終始五德之說，他以五行之德的秩序運轉當作天命，把天命又復歸为宗教意味，據《史記》上說他「乃深觀陰陽消息，而作迂怪之變，終始大聖之篇十餘萬言」，可知其言論甚豐，並非隨便謅作數語，而其內容有濃厚的神秘性、新奇感，但影響較大，有政治作用的是「稱引天地剖判以來，五德轉移，治各有宜……」；〔註13〕這就在秦、漢應用於政治上論正統之所據了。

　　司馬遷與班固在修史時都注意到正統問題，如〈高祖本紀〉，太史公說：「三王道若循環，終而復始……故漢興，承敝易變，使人不倦，得天統矣」。〔註14〕《漢書‧高祖紀》，班固的贊云：「……由是推之，漢承堯運，德祚已盛，斷蛇著符，旗幟上赤，協于火德，自然之應，得天統矣！」〔註15〕班固看來完全接受了五德終始之說來論得正統之道。

　　古代論正統之資料为數不少，近人研究正統問題在歷史上之意義也有若干，最近討論此問題的專書有饒宗頤，《中國史學上之正統論》，以及趙令揚，《關於歷代正統問題之爭論》。〔註16〕正統論全面的探討並非本文之目的，但

〔註11〕見《周頌‧維天之命》，卷19之1，頁12上。此三義之特色與關係，參見唐君毅，《中國哲學原論‧導論篇》（臺北，學生），頁504～506。
〔註12〕參見前註，頁507。
〔註13〕見《史記》，卷74，《孟子荀卿列傳》，頁2上～3下，並參見其索隱。
〔註14〕見《史記》，卷8，頁37上。
〔註15〕見卷1下，頁26上。
〔註16〕此二書見緒論，註74。根據趙令揚書前言所記，論及正統問題者，有內藤虎次郎，《支那史學史》。魏應麒，《中國史學史》。馮家昇，《遼史源流考》。錢穆，《中國史學名著》。陳芳明，《宋代正統論的形成背景及其內容》，《宋遼金

元代士人在參與修史時必然會碰到此一問題，故而在後面不免要略作說明，以觀察他們對此政治上之重要問題的看法。

其次看道統，道統之意見頗有分歧，與正統之論一樣，大概是都想為正，皆欲得道之故，或者否認正統、道統之意義。儘管有所爭議，但為了了解士人對政治上關係較重要的一些問題，仍需看重這兩統之義，更何況這也是至少千餘年來經常可見的議論。

一般皆知韓愈提倡道統之說，到宋以後特別盛行，且以道統說受佛家傳道之影響。其實早在韓愈以前即有其義，墨子說：「古之聖王，欲傳其道於後世，是故書之竹帛……欲後世子孫法之也。今聞先王之遺而不為，是廢先王之傳也。」這個「欲傳其道於後世」的「古之聖王」，即是「合於三代聖王、堯、舜、禹、湯、文、武者為之」。〔註17〕另外又有「故者三代聖王，禹、湯、文、武」之說，〔註18〕這與孔、孟常常所稱引的古代聖王大體相同。正如韓非子所言：

> 世之顯學，儒、墨也，……孔子、墨子俱道堯舜，而取舍不同，皆自謂真堯、舜，……今乃欲審堯、舜之道於三千歲之前，……。
> 〔註19〕

可知墨、儒兩家都流行承傳堯舜之道，韓非子則對之有所攻擊，但墨子已明白表示其道得自堯舜至文武一路的承傳，孔子所言及除堯、舜、禹外，尚有稷、周公等較多見，但不如墨子般有統緒之觀念。到孟子時也表示了儒家的道統觀多處，綜合起來看是由堯、舜、禹、湯、文、武、周公、孔子，要比墨子延長下來。周公為孔子常稱道者，孟子以承孔子，故而周、孔都自然接上這個統緒了，最明顯有道統承緒的地方，是在〈盡心篇〉下所說的五百年之承傳觀念。或許孟子是受到墨子之靈感，而提出儒家之道統觀。〔註20〕

孟子以後的道統，以韓愈之意是絕傳，但他也有意以接傳這個道統是眾所周知者，如同孟子接孔子一般「舍我其誰」。到宋以後道統之傳雖不是固定

史的纂修與正統之爭》。以及陳學霖，The Historiography of the Chin Dynasty : Three Studies.

〔註17〕見孫詒讓，《墨子閒詁》（臺北，世界，新編諸子集成）卷12，〈貴義〉第四十七，頁267、268。

〔註18〕見前，卷7，〈天志上〉第二十六，頁120。

〔註19〕見陳奇猷，《韓非子集釋》（臺北，河洛）卷19，〈顯學〉第五十，頁1080。

〔註20〕參見韋政通，《中國思想史》（臺北、大林）上冊，頁287～289。

整齊劃一，但大多相似，大概以孟子以後為二程、朱子，其中亦北宋周、張二子，還有的在孟子之前，時或加上思、曾、顏等，大體上是曾被讚譽較多的古人，都有機會列上，有時不免以私意而論，不過上述這些人是最常見、也最較為人所接受的道統承傳。

　　韓愈提倡道統論，還有一些別的意義，錢賓四先生以為韓愈改變了統觀與道觀，因為漢儒以古代之道統是五德三統相轉，百王異統的多統觀，韓愈只提倡一統觀，至於漢儒所重者為王道，韓愈以下重人道，似乎以王道在人道之中而適與漢儒相反，故重教不重治，以治道屬之教道之中，這種教道觀不止重在開啟後人，亦更要轉變其前人。〔註21〕重人道則多重人心性之要求，由內聖自可推展至外王，宋元儒士們的確多見這種思想。不過元代的儒士在倡道統之中，仍選擇了一個基礎點，作為緩和重人道而頗為氾濫的高玄哲理，自表面上來看，元承宋代理學之緒，實際上，集大成之朱子已提供了這個基礎點，而元儒也正能把握之，使其轉變成相當明確的教道中的重點，這是元代朱學大盛的另一個緣由，將在下節中說明之。

二、元代士人討論之重點與朱學

　　元代一統中國後，不論蒙古或漢人，在語言文字間都以為是承天命而得正統者，但元滅金與南宋，應該繼誰之統？照中國之傳統，新朝應修前朝之史，修史之體例自與繫統有關。元前三朝宋遼金，不是單一直線似的遞遭，問題自然而生，再加上有外族朝廷在內，就變得複雜起來。在元之前，對於各朝的正統之爭都沒有一致的公論，其牽涉及「本朝」也有政治作用，如眾人皆知司馬光帝魏，朱熹尊蜀等，與其所處之時代環境有關。

　　金代的正統論是以德運之議為中心，這是五德終始之說的傳統，以為金係受天命入中國為正統，問題只是繼承那一個朝代、那一種德運的爭論，在前文（緒論）中已有述及。元代是以修史而定正統的爭議為主，除了這種正對問題的直接討論外，另外尚可在元人著作中看出一些端倪。

　　最早議及修史的是漢士，即遵照中國之傳統修前朝史，金遺士元好問、世祖潛藩的劉秉忠等，都有修金史的心意或議論。元好問認為「金源氏有天下，典章法度幾及漢唐，國亡史作，己所當任」，當時金國實錄在汴京城破時落入張柔之手，元好問有意就張柔家藏之資料修史，但為樂夔所阻。元好問

執著於「不可令一代之跡泯滅不傳」，於是在家築野史亭，記錄達百餘萬字，後來修《金史》也多本其著錄，可謂貢獻極大，而好問亦是元初最著力於修史之首倡者。〔註22〕

劉秉忠之議是「國滅史存，古之常道，宜撰脩金史；令一代君臣事業，不墜於後世，甚有勵也」，這是配合金亡後，「新君即位，頒曆改元」的措施中而倡修前朝之史。〔註23〕他的看法幾與元好問完全一致，明顯地是繼金為正統之意，如此，金亦為正統之朝了，國亡史作之修史傳統，在此也可看出，不過元好問之積極似高於劉秉忠，後者僅以傳統之觀念而言，前者很強烈地暗示金為正統，可比於漢唐，這應是由於兩人出身背景略異之故。元好問仕金，且為金末名士中之佼佼者，金末喪亂，衣冠物故流離，好問在元初時譽頗重，傳紀中說他為一代宗工，似乎他亦以此自任。他在金亡後未仕元，頗與金末士人之仕元者有異。其力倡修史，既為文章宗工之份內事，而正金統恐怕也是對故國之情懷，以及忠於舊朝的心理反應，大概是盡忠的另一種表現方式。至於其著作名為「中州」集，也是含有深意的。

金末狀元出身的王鶚與元好問應屬同一典型，他亦提出國亡史不亡之傳統，並以為可考帝王之得失興廢，故《金史》固宜乘時修錄，而《遼史》也應修錄；因金未修《遼史》，「至今天下有餘恨」。〔註24〕王鶚與劉、元二人都是以金為正統，而元則繼之。這時南宋尚存，正統問題尚不致複雜，但正統之論已有先聲，並且還早於上述三人，所論亦詳細而明確。

甲午年（1234）金亡，當年九月就有一篇重要的議論，即修端的〈辯遼宋金正統論〉，這篇議論要早於至元十三年（1276）滅宋時，世祖詔修宋遼金

〔註22〕元好問見《金史》，卷126，〈元德明附傳〉，頁13上。因其晚年以著作自任，而其修史即在其晚年，據施國祁之遺山年譜，知其晚年當在憲宗初，六十歲時為海迷失皇后攝政之二年（1249），距金亡已十五年，遺山死時年六十八，為憲宗七年（1257）。故知遺山或為元初最早議及修金史者，亦是以實際的積極行動修史者。〈遺山年譜〉，參見《遺山先生集附錄》。又附有凌廷堪所著之《年譜》，述事較詳，其卷下，頁20下，記遺山於庚戌年（1250），往順天張柔家觀金實錄，以三數月功夫披節每朝終始，及大政事等，並錄補實錄中資料，並以「此書成，雖溘死道邊無恨矣」，可知其修史之心志，時其年六十一，則此前當已有修錄《金史》之著作。附錄另有翁方綱所編《遺山年譜》，其頁26下，以太宗八年（丙申，1236）作《南冠錄》，《南冠錄》即記金末遺事，亦為修史之備。舉上可知元好問宜為元初最著力於修《金史》之首倡者。

〔註23〕見《元史》，卷157，〈劉秉忠傳〉，頁5上。

〔註24〕見王惲，《秋澗先生大全文集》，卷82，〈中堂事記〉下，頁794上。

三史，亦早於至元元年（1264），置國史院之修遼金二史，以及中統二年（1261）王鶚積極建議世祖修《國史》、《遼史》、《金史》等。〔註25〕換言之，修端之論早在後來正式修史時正統之爭以前，而其中所論也是後來爭論時不同觀點的模型，即一派以宋為正統，遼、金為載記，一派以遼、金為《北史》，北宋為《宋史》，南宋為《南史》。前者係妨《晉書》之例，自是偏於漢人之立場；後者妨《南北史》之例，較偏於外族立場，而又暗示元乃承北朝之意，這亦是修端所主張者。〔註26〕修端所論是為了將來修史者參考，在同時一起討論者有五、六人，大致即分為上述兩派主張。後來正式修史時的許多討論，大體多不離此二者，但其中亦有些許差異。

今綜合討論元代正統問題諸文，作一簡要之分析如下：〔註27〕

一為尊宋為正統，以遼、金為載記者。在修端之論中，雖然已說出有人持如此主張者，但未言明係何人？其餘可知者如虞集，在〈送墨莊劉叔熙遠遊序〉中（《道園學古錄》卷 32），他雖未明指其主張，不過提出修史宜有歐公之才識，則歐陽修之《五代史》以契丹、女真為四夷附錄，當知不以遼、金為正統，此說與劉岳申在〈策問修遼金宋三史〉所言，以修遼、金史如《五代史》之例，以修《宋史》如《唐書》之例相似（《申齊劉先生文集》，卷 15）。楊維楨在《正統辯》中主宋為正，同時特別提出中華之道統在宋，不在遼金（《輟耕錄》，卷 3）。修三史之總裁官歐陽玄，認為楊維楨之論當是定百年後之公論，可見其態度亦如此（《明史》，卷 285），但因右丞相脫脫為都總裁，不欲捲入漢文化中正統之爭的麻煩，以及其外族朝廷起家的問題等，仍以三史並立，各為正統，預修史者縱心有餘，恐亦無法改變這種政策性之決定。

另外有以宋為正統，但不言及遼金者，如劉因，在〈敘學〉中說宋為前世之史（《靜修先生文集》，卷 1）。蘇天爵在〈三史質疑〉中暗示了主宋之意（《滋溪文稿》，卷 25）。又有許多儒士們用討論前朝正統問題時，或著書之際，以正蜀之意來正宋。如郝經的〈續後漢書序〉（《元文類》，卷 33，亦見其本書）。陳良佐所寫之〈後序〉，意與郝經相同，以蜀為正統，苟宗道的〈新注序〉亦

〔註25〕參見陳芳明，〈宋遼金史的纂修與正統之爭〉，《食貨》，復刊 2 卷，8 期（民國 61 年 11 月），頁 10～23。

〔註26〕參見《秋潤先生大全集》，卷 100，《玉堂嘉話》，卷之 8，頁 931 下～932 下。

〔註27〕參考諸文見註 16。所引論出此，即不再另註，僅於本文中列其說之出處。另可參看愛宕松男〈遼金宋三史の編纂と北族王朝の立場〉，《文化》，15 卷，4 期（昭和二十六年），頁 294～322。

同（《續後漢書》卷首）。陳桱之《通鑑續編》（元刊本），趙世延的〈南唐書序〉（四部叢刊續編本），吳澄的〈春秋諸國統紀序〉（《吳文正集》，卷 20）等，馬端臨在為王幼學所著《通鑑綱目集覽》（元刻本）一書的序文中，亦表示朱子綱目之意，即正蜀以示正宋。張紳為陳桱的《通鑑續編》寫序，亦表示元繼宋統；而宋則繼唐之統，五代與遼、金皆不為正統，斯時為無統之時，而以無統時之《五代史》為《南史》，《遼金》為《北史》，周伯琦亦寫序，表示其意與陳桱相合。趙居信的《蜀漢本末》（明鈔本），全述朱子綱目之意，其自序文中亦有簡要之說明，黃君復所寫之後序，以為該書係善繼朱子之意，而使後學知正統之所在。胡一桂的〈論蜀漢〉，認為溫公承陳壽之舊，以強弱論正統；而朱子本春秋之法，以是非論正統，不少假於亂臣賊子，嚴於春秋之筆，是知其正蜀之意（《十七史纂古今通要》，卷 9）。張之翰為陳光大所著之《古今指掌圖》寫序，以為其準綱目書法而序三國正統，是為正論，則知之翰亦有意於此（《西巖集》，卷 4）。陳櫟的〈論三國蜀〉，以為蜀志在後漢，名義最正，魏吳皆為漢賊，因評通鑑之失，而以綱目為不可易之論《歷代通略》）。王義山的〈宋史提綱序〉也承綱目之意，同時批評陳均所作《宋朝長編備要》之體例不當，宜妨朱子嚴春秋之法（《稼村類稿》，卷 4）。此外，許多尊朱學者，都常對綱目之作表示推崇而主張亦近，如汪克寬、許有壬、許衡等。〔註28〕

有同樣尊宋為正統者，但以北宋為正，而元則繼之為正，其間如遼金、南宋等為絕統之時，此說如黃溍在寫〈張子長（樞）墓表〉中，贊揚其繼朱子之意，並指明朱子本有無統之說（《金華黃先生文集》，卷30）。黃溍弟子王褘，所寫〈正統論〉，說得也極為明白，即元應繼北宋為正統（《王忠文公集》，卷 1）。

異於上述尊宋者，除前述修端之論外，又有王理，著〈三史正統論〉，全以修端之論為主（《續文獻通考‧正史考》），此派理論除在視宋為平等之史外，意思仍以金遼為正統，因元承於金，金承於遼之故。自與前述大批漢地人士

〔註28〕汪克寬，見《環谷集》，卷 4，〈通鑑綱目凡例考異序〉，（四庫珍本七集）頁 9
下、10 上。許有壬，見《至正集》，卷 30，〈綱目書法序〉，頁 2 上，又見卷
33，〈春秋集義序〉，（四庫珍本八集）頁 6 下。許衡，見《宋元學案》，卷 90，
（臺北，廣文）頁 12 上。諸如此類之例尚有不少，皆係尊朱學，而贊同綱目
之定正統，即使稍有意見者，亦不背大體。幾乎可說凡尊朱學者，恐怕多亦
尊綱目之義，即尊蜀以正宋。

所論不能相容，故在修史時始終持論不決。

　　對於朱子綱目有所意見者，如楊奐之《正統書》，以新體例訂綱目之說，但此書已不傳，只有〈正統八例總序〉或可知其梗概。他以王道之所在，即正統之所在，分歷代之事為得、傳、衰、復、興、陷、絕、歸等，並各舉例說明之，如歸之義，即桀紂在上，但天下臣民之心歸之於湯文；絕之義即指桀紂、胡亥等（《元文類》，卷 32）。此外，王惲有〈請論定德運狀〉，這是繼金代德運之議而來，但似乎沒有結果（《秋澗先生大全文集》，卷85）。

　　從上面簡略的整理，可知元代士人尊宋為正統者佔大多數，這與士人努力倡行漢法，使之漢化是一致的。元初士人先倡修史繼統之說，拉外族朝廷入正統，接受漢思想，這是在意識形態中有「馴化」的作用。正統之爭，不論主張如何，都是在說明如何能承統，如何可以為正。在元代外族朝廷之下，現實環境不得不以元為正，但多數人士皆主張或暗示宋為正統，這不只是學術上之爭，更有政治之意味。三史之修最後是各自為統，也說明了外族與漢族思想間的矛盾與協調，漢人之不滿，在元亡之後，明代改修三史之中可以看出，自是主宋為正統了，[註29]這與元時士人多主正宋並無差異的，不過元時較隱晦，而明代則無需顧忌。

　　值得注意的是多數士人的尊宋，皆以朱子綱目為本，認為春秋大義盡在於此，綱目不僅是歷史批評之作，亦代表士人以「道」與「勢」的抗衡，可以評論政治得失與善惡，然則兩者之間又有妥協與配合，是朱子尊蜀黜魏即尊其本朝，自有政治意義，其後乃主無統之說。元人並非不知此義，故而倡綱目之說以尊宋，恐怕有進華退夷之意。元朝廷為外族所建，為「夷狄入中國則中國之」，必加速使之漢化，行中國之法，在政治上，正統之論又可以反過來「馴化」之。

　　「夫春秋上明三王道，下辨人事之紀，別嫌疑，明是非，定猶豫，……春秋辯是非，故長於治人」，[註30]照此說則以春秋之義來論政治最為允當。抬出春秋筆法的綱目，自可以大加發揮，而元代朱學很盛，尤其科舉以程朱為主，士人多知朱學，對於綱目之義應不致生疏，是以士人論正統之時宜有所偏向，而其中又以南士較多；朱學亦本為南學，朱子本人就是南人。

　　南宋尊崇道統，朱子尤重之，元人亦多以朱子承道統，崇朱學自應崇道

〔註29〕參見同註 25，頁 20。
〔註30〕見《史記》，卷 130，〈太史公自序〉，頁 9 下。

統之說。就政治上而言，所謂得天命者，應即是有德或有道，道或隱顯，但亡國者必因失道所致，金與兩宋之亡，就是當政者失道之故。元既承天命，當行道以治天下，倡道統也有其政治意義。楊維楨就以道統決定正統之所在，是更為明顯的結合。

元人論道與道統多承宋人之意，也不出宋人之範圍，且舉數例來看：

胡祇遹有〈論道〉之文，他說：

> 道者，理也、路也，天為自然之理，在人為日用之間，當行之路。德者得也，得於天之五常萬善也。……道一也，曰王道、曰二帝三王之道、曰聖人之道、曰君子之道。所稱各不同，何也？曰：能由是路、用此理者，二帝三王聖人君子耳；背是理、舍正路而妄行者，五霸小人也。又曰國有道，天位無聖明，則曰天下無道、國無道。人能弘道，無聖明則天理不明達，道廢塞矣！〔註31〕

汪克寬在〈重訂四書集釋序〉中說：

> 四書者，六經之階梯，東魯聖師以及顏、曾、思、孟傳心之要，舍是無以他求也。孟子歿，聖經湮晦千五百年，迨濂洛諸儒，先抽關發矇，以啟不傳之秘，而我紫陽子朱子，且復集諸儒之大成，擴往聖之遺蘊，……。〔註32〕

又有胡炳文之說法完全與之相同，以為堯、舜、湯、文、武、周、孔、顏、曾、思、孟的心傳，亦在朱子之所承接。他強調學必有統，道必有傳，而非朱子則不能明要其統。〔註33〕

安熙以為道學之傳亦同，不過提出三代所傳為君臣之道，孔子不得位，故以列聖所傳者筆之於經書，以傳萬世，而後傳至曾、思、孟、周、二程，以至朱子。朱子集大成且折衷之，繼往開來使道大明。此道在元代仍為大儒們所倡，在位者則致君而行之，在下者則傳之於後。安熙曾特別提出有人對朱子之學不甚了解的，甚至程度很差，這恐怕是有所指涉者。〔註34〕

吳澄對於道及道統之說，有特出之論，這是他在十九歲時就有的看法：

> 道之大源出於天，聖神繼之。堯舜而上，道之原也，堯舜而下，

〔註31〕見《紫山大全集》，卷20，頁10～11下。
〔註32〕見《環谷集》，卷4，頁7下、8上。
〔註33〕參見《雲峰集》，卷2，〈四書通序〉，頁2上，以及〈周易本義通釋序〉。
〔註34〕參見《默庵集》，卷3，〈齋居對問〉，頁1～6上。

其亨也，洙泗魯鄒，其利也，濂洛關閩，其貞也。分而言之，上古
則義皇其元，堯舜其亨乎，禹湯其利，文武周公其貞乎。中古之統，
介尼其元，顏曾其亨，子思其利，孟子其貞乎。近古之統，周子其
元也，程張其亨也，朱子其利也，孰為今日之貞乎？未之有也！然
則可以終無所歸哉？盍有不可得而辭者矣！〔註35〕

如此年少之時即有獨特之見解，似乎也表露了他的抱負，以及一種強烈的使
命感，無怪乎其後為元代之大儒了。

　　胡祇遹曾提出聖賢因世變立論而傳道之說，如孔子語顏子以仁，曾子告
門人以忠恕，子思言誠，孟子直說仁義等。〔註36〕此說與郝經論道相似，郝
經認為道是近而易行，明而易見，不是虛無惚恍、艱深幽阻、高遠難行者，
所謂「道不離乎萬物，不外乎天地，而總萃於人」，提出天地萬物皆在六經，
六經即道之說。〔註37〕故而在論及政治上時也以道為主，以為取之有道，治
之以道，則可久遠，若取之不以道，但治之以道，則次之，取、治皆不以道，
隨得即隨失。他所論之道的具體要項，即是仁義、綱紀、法度等等，如此可
使天命之人歸之，然後天下始一。〔註38〕

　　郝經反對道學此一名詞，他以為自己所學是其先世由程明道所傳之學，
並不以道學為名，他說自羲農以傳至孟子也未以道學為名，戰國之末，各自
以名為家，故「儒之名一立，天下之亂不可勝窮矣！矧今復立道學之名哉！」
他批評宋人以道學標榜，造成黨爭與宣政之亂，以及偽學、姦學之禍，他以
為各人所學應皆出於道，三綱五常，百行萬事，無非是道，對於高揭道學之
名者，他的批評是：

　　　　周邵程張之學，固幾夫聖而造夫道矣，然皆出於大聖大賢，孔
孟之書，未有過夫堯舜禹湯文武周孔之所傳者，獨謂之道學，則
堯……之學，不謂之道學，皆非邪？孟荀揚王韓歐蘇司馬之學，不
謂之道學，又皆非邪？……豈伊洛諸儒之罪哉？偽妄小人，私立名
字之罪也。其學始盛，禍宋氏者百有餘年，今其書自江漢至中國，
學者往往以道學自名，異日禍天下必有甚於宋氏者！〔註39〕

〔註35〕見虞集，《道園學古錄》，卷44，所寫吳澄之行狀，頁285上。
〔註36〕參見同註31，卷13，〈傳道統說〉，頁11下～12下。
〔註37〕參見《陵川集》，卷17，〈道論〉，頁1上～6上。
〔註38〕參見同前註，卷18，〈思治論〉，頁14下～20上。
〔註39〕同前註，卷22，〈與北平王子正先生論道學書〉，頁13下～16上。

郝經之反對道學是反對特意標榜學術盡在道學之名,他並不反對學術之承傳,亦不反對朱子,他的《續後漢書》正是合朱子綱目之意。在學術上不贊成私名,以免造成門戶,或者黨爭,是以聖賢所傳為公器,必欲以學術獨尊於一家之私,而極貶其餘者,是禍亂而非福。很明顯地可以看出郝經評論南宋學術發展上之偏失,以及元初高揭道學而不重他傳之陋。郝經之學術與其他華北儒士一樣,受朱學影響極大,前面已言及趙復北傳朱學之事,故說郝經等人之學為朱學亦無不可,但應不可忽視的是華北士人也原有其學術基礎,並非空白無源而突然待朱學之降臨。郝經之學,據苟宗道所撰行狀說他有復興斯文,道濟天下之志,而其學則專治六經,潛心於伊洛之學。〔註40〕閻復所撰的墓誌銘說他「務為有用之學,上泝洙泗,下迨伊洛諸諸,經史子集靡不洞究」,〔註41〕盧摯所寫的神道碑說他家世即以儒為業,而後讀書是「泝源洙泗,以肩周程」,〔註42〕這些都說明其學有本,與其家世的儒業,應該是華北流傳的學術,似乎不必等待退五經、進四書的朱學北傳,而郝經所受之家學,就其自稱有北宋之周、邵、張等學,同時是其先世得於程氏之門的,〔註43〕是以華北之學與朱學之源並無二致。

郝經並未受學於趙復,但由姚樞處得朱學之思想體系,有不少華北士人也都是如此。郝經與趙復有論學之書信,亦頗得趙復之贊許,而郝經得朱學之後,學術大有精進,故《宋元學案》中認為他接江漢之傳,〔註44〕這個看法是以朱學為道統承傳的主觀看法,還不如原視之為江漢學侶為佳。至於其學術雖多有主朱子之意,但於朱子義理之說並未特意發揮,且有朱子意外者,可知其學有根本,絕非墨守不移。〔註45〕

元代學術並非著意去分立,但確有北學、南學,亦有朱學、陸學,不過南學、朱學盛,而北學、陸學沈。北學即指華北之學而言,也就是金代之學,金學本又實則北宋之學。南學自為南宋之學,故元初有金與南宋之學,但其淵源並無不同,南宋承北宋之統,以為朱子集大成。金代學術甚不為人所重,

〔註40〕參見《國朝名臣事略》,卷15之1所引,頁458。

〔註41〕同前註。

〔註42〕參見《元文類》,卷58,〈翰林侍讀學士郝公神道碑〉,頁848。

〔註43〕參見《陵川集》,卷26,〈鐵佛寺讀書堂記〉,頁20下。

〔註44〕參見《學案》卷90,王梓材案語,頁14下。並見註40所引文。

〔註45〕關於郝經之學與朱子之關係,可參見龔道運,〈元儒郝經之朱子學〉,《國立編譯館館刊》,9卷,第1期,頁1~23。

故隱而不彰,殊為可惜,這不得不說是近八、九百年來,正統與道統觀念所至,以及後世學者們的私意。

本文不擬討論金代之學術與思想,但若欲重新檢討兩宋之學術,以及其後之發展,對於金代之學術宜給予公平之地位,不像《宋元學案》一般,只知有宋,不知有金;而元則全附之於宋所傳之道統。

就元代而言,南人可說是全部提倡南學而尊朱,有意見者是純粹學術上之看法,但亦不背此原則,北人則多有金代學術中傳承北宋之風,除去主尊朱學如江漢所傳之外,其餘可見者,不是對南宋學術有所微詞,就是對獨倡朱學者不表欣然之意。郝經是很「朱學化」的儒士,他的觀點仍可以說明北學之立場,或者說明了以北學為根基,吸收了南宋「新學」而表現出的一個例子。至於江漢所傳之許衡等,則又是一個例子了。

在談許衡之前,還要看看所謂北學的一些資料。從金到元初都可以發現北學與南學同異之處,雖有些地方痕跡已不明顯,難作分判,但有些地方倒是區別可見。在其中須注意的是南宋學術並非不傳及北方,故而北方儒士自有評論南學者,其與南學或有觀點相同之處,可能是受其影響,也可能只是不謀而合,則宜細作分疏始可論定之。

金代學術陶晉先生已略有論及,本文緒論中也稍有所言,在前章第四節中亦兼及之,金代學術思想之特色,其一為承北宋之統,但並不局限於其中,其二為三教論之發展等。〔註46〕對於天下與正統之觀念,趙秉文以仁義為基礎,仍是士人論政的普遍看法,又主張「夷而進于中國則中國之」,是北學的特色。王若虛主張「天下非一人之所獨有也,……小事大,大保小,亦各盡其道而已」,〔註47〕其批評北宋之一統天下,以德度不足之故,似乎認為不以宋為當然之正統,也不以非一統天下始得為正。

應注意的是王若虛,他經史學術相當淵博,對《五經》、《論孟》、《史記》等多有其獨立見解,確是承宋學而不完全蹈襲宋人之論。如他對馮道的批評部份同與歐陽修,而對於蘇轍、胡瑗、王安石、富弼等人的護解馮道,評以「乃知逐臭之夫,今古不乏……道何足以欺人,直愛之者陋見耳」。〔註48〕他自述其議論,大體如此:「正閏之說,吾從司馬公;性命之說,吾從歐陽子;

〔註46〕參見《女真史論》,頁113~118。
〔註47〕見《滹南遺老集》(《九金人集》)卷26,〈君事實辨〉,頁6下。
〔註48〕見前註,卷29,〈臣事實辨〉,頁5下~6上。

祭禮之說，吾從蘇翰林；封建之說，吾從范太史。餘論雖高，吾弗信之矣」。
〔註 49〕他對宋人的經史之學皆有批評，時人比之劉知幾的《史通》之作，他
的文學認歐蘇為正脈，詩則學宗白居易，〔註 50〕可知其學亦有承傳前代，看
他的著作議論，實在是金學重鎮之一，並不減色於南宋之學者，而對於南學
所主之程、朱，評議還相當的多。

由於對金代學術思想有重新檢討之計畫，在此不擬多論，僅略舉數條有
關者為參考：

關於命、統等，趙秉文還有一段資料可看出其觀點，他說：

> 施之於智力可及之地者，人也；施之於智力不可及之地者，天
> 也，仁者，天之道也；義者，人之事也。人定者勝天，天定亦能勝
> 人。孟子曰：不仁而得天下者，未之有也。余獨曰：不仁而得天下
> 者亦有之矣；不仁而世數長久者，未之聞也。或曰：子之言，世俗
> 之言也，曰：固也，然古之人不求苟異，其於仁義，申重而已，六
> 經載唐虞三代之道……漢魏以來學者講之詳矣……。〔註 51〕

其餘的思想多見於《大學》中所論諸說，他亦強調中庸之學，以中之道即天
道，亦即堯舜禹湯文武周孔所傳之道，又以孟子之後傳至周程，換言之，所
論道統亦與南宋不殊，不過他認為韓歐蘇諸儒也知「道」，而周程之徒以韓歐
不知「道」，為好大之言，這恐怕就是批評南宋只知倡程朱道統者。〔註 52〕趙
秉文所論的諸說中，可發現是參有佛道思想在內，這與北方流行如李純甫的
三教論是相似的，其學不如王若虛之純儒，無怪乎若虛評之為：既欲為純儒，
又不捨二教，「此老藏頭露尾耳！」〔註 53〕不過像這種雜有佛老者，帶有數
術與宗教色彩的神秘氣質，對於金、元等朝廷，沒有中國學術傳統的基礎，
以及漢文化的意識影響，倒是受到相當歡迎，元初的耶律楚材與劉秉忠就是
很好的例子。

事實上儘管北學中有三教論之興，不論如何儒學還是其中的主流之一，
有好此者還須藏頭露尾，對於所謂聖人所傳之道都非常注重，他們已提出了

〔註 49〕見前註，卷 30，〈議論辨惑〉，頁 5 上。
〔註 50〕參見元好問，《遺山先生集》，卷 19，〈內翰王公墓表〉，頁 3 下。
〔註 51〕見《滏水集》（《九金人集》）卷 14，〈總論〉，頁 2 上、下。
〔註 52〕參見同前註，卷 1，〈大學〉。其中所論諸說有原教、性道教說、中說、庸說、
　　　　誠說、和說等。頁 1 上～12 下。
〔註 53〕參見劉祁，《歸潛志》，卷 9，頁 16 上。

心學、道學之名而倡言之，〔註54〕也肯定北宋之學的地位，但時或有所批評與創意。如認為宋儒發揚孟子所傳之道，使千古絕學一朝復續，又開格物致知之端，明於天理人欲之辨，使天下知所適從，〔註55〕但亦說及得孔孟之傳的文中子，唐宋學者有傳其書者，「大抵唐賢雖見道未至，而有忠厚之氣，至於宋儒，多出新意，務詆斥，忠厚之氣衰焉！」〔註56〕

在金代學者所論及之北宋學者是全面性的，而且尚可發現其心目中對南宋所力尊之五子並無特別尊崇，范、歐、蘇、王、司馬等人似乎較受重視。他們在贊揚一個士人之學識時，是「探語孟之淵源，擷歐蘇之菁英」，〔註57〕或者「為文法以歐陽公之文，為得其正」〔註58〕等。對於南宋之理學一派，批評往往不假辭色。除前面所言可供參考外，元好問還有一段評論，他在〈東平府新學記〉中，痛責金末學風之壞，自然也暗指元初士人中的部份實情，以為是附於異端、雜家，為求干祿而有小人行徑，對於南宋之學，也評為虛浮不實、有矯飾自欺之弊。〔註59〕

或許北學之特色其外在的因素是金朝廷之統治，華北士人在燕趙之衣冠大族早受遼朝之統治，致力於治理行政之道，與科舉之平民士人一樣；似乎沒有見到傑出的學者，文獻不足徵，故無法確證。到金朝廷統治華北時期，北學可說是北宋學術思想之演成，但北方士人忙於應付外族政權，而金朝對於中國學術未必有興趣關注，更不好精微之義理，故如遼一樣仍是注重行政之績效，以維持其統治，加上壓抑士大夫之措施、本土精神之提昇、吏治之大行等，都對學術思想之發展有致害之處。其時士人的幾個趨向，除隱居不仕外，大都往行政之吏學用力，或者走向佛老，或者能守宋學而求其中之改變，這幾個方向各佔之比重多少，以及其間之關係，一時尚未能確定，總之，要走向南學發展的方向，其可能性就外在因素而言是相當小的。

以學術思想內部的觀察而言，北宋五子就在其時也未必有崇高之地位，二程總算奠定「理學」一名的學術地位，但其求學有長期出入佛老之道，此

〔註54〕趙秉文有〈道學發源引〉，見《滏水集》，卷15，頁3上～4下。王若虛有〈道學發源後序〉，見《滹南集》，卷44，頁5上～6上。另參見前章，述李純甫部份。

〔註55〕參見前註，《滹南集》。

〔註56〕見《滏水集》，卷15，〈中說類解引〉。頁7上、下。

〔註57〕見《滹南集》，卷44，〈送呂鵬舉赴試序〉，頁8上。

〔註58〕見同註56，〈竹溪先生文集引〉，頁1下。

〔註59〕同註50，卷32，頁5上～6上。

亦北宋學者所普遍之情形，其時雖已標榜儒學為學術之正，但學者通佛老卻大有人在，這種情形在金代仍可見到，甚至公開三教論，以為傳道之心學。在北宋學術界之地位似以范、歐、蘇、王、司馬等人較高，其中大多數也正在政治上居領導地位，而又頗有聲色，是故金代士人應注重於此，他們遂成為尚行政實學之典範，似乎沒有理由必欲如南宋一般，高抬五子以發明道學；務崇玄虛以示高妙。

金人未接受朱子所發展的思想體系，到底係政治因素？或是沒有體認之故？至於元則不同，可能是朱學為後傳者不斷的闡述、反覆的疏釋，到元初時已有明確之綱領提要，足令人把握其淺近親切者，而上達於高深終極。蒙古滅金取宋，一切待新，北學的特色為元朝廷所吸收，其重實學之處於此成為一關鍵，即與朱學之初基正能相合，遂啟元代朱學盛行之契機。故對於元代朱學之一般情形，亦有敘述之必要，而且士人皆以朱子為繼道統之人，崇朱學亦即崇道統，讀朱子書亦即明道之本，由此論道統而及於朱學，朱學遂不特成為士人對中國意識之危機的反應，亦成為在政治上努力之有力後盾。

元代不惟朱學盛行普及，以至於定為科舉之標準，這在外族朝廷統治下似乎是令人詫異之事，因為將兩宋理學大成之學的命脈保存下來，亦即是代表中國學術的精華，終由朝廷來推動普及之，是具有極大之歷史意義。筆者以為元代朱學在社會、民間的遵從與普及，其意義要大於科舉之標準。科舉固為士人努力推行漢法之目的，但科舉之性質與實效，在前面之討論中已可知，在元廷只視之為士人入仕之一途而已，其所佔之比例甚微，在整個政治結構中，如非過份之辭；其功能於士人則僅點綴耳！朱學就是用在這類考試的一種標準，若比之於明、清科舉，則顯然可以看出其差別之大。

不論如何，朝廷科舉之朱學，與社會民間之朱學盛行，皆延續中國學術思想之精華，也培植文化充沛之活力，這些都為後代奠基，影響甚大，同時還不得不歸功於元朝廷之統治沒有在文化上的箝制；或者思想上之壓迫，比之於金代之迫害士人，可見元代學術之自由，比之於清代之文字獄，更不可同日而語了。

如以科舉定於一家而言，在元代亦不足以構成對學術之限制，正因為科舉比重極小，士人入仕之途甚多之故。至於學術上排擠，恐怕是任何時代都不可避免的了。有趣的是朱學於宋曾為偽學，於元則成科目。

元代朱學之盛行，不止於讀朱子之書的普遍，還可以看到朱子意識的浮

現。朱學在元代之地位，及尊朱之意識亦可以從許多方式中得知。朱學系統之傳授北方，一般以趙復於戊戌年（1238）於太極書院開始，但若就教學本朱子之意者，北方尚有稍早於趙復，或與其同時之學者。有金朝士人王得輿，高平人，曾應童科，以金末兵亂而居於興元，他主程朱之學，據蒲道源的〈西軒王先生傳〉中說他居家教學，言行皆本程朱，受人翕然師尊之：

> 朱氏小學四書，先時教人者未之及，惟先生之教，必本于此，然後及六經，於是教者、學者必以為法……所友皆天下士，自許魯齋而下，咸候問相及，……左山商孟卿（挺）寄詩以程頤、楊震許之，青崖魏太初（初）作記以為程朱語錄中人，讀者不以為過。〔註60〕

如此看來，王得輿為金人首主朱學之教於北方者。但北方朱學趙復除有傳佈之功外，對於新儒學道統之再確認，亦非他莫屬。〔註61〕

有關元代朱學之盛的記錄甚多，大體上皆如虞集在建朱子的〈祠堂記〉中所言：

> 群經四書之說，自朱子折衷論定，學者傳之，我國家尊信其學，而講誦授受，必以是存則，而天下之學皆朱子之書，書之所行，教之所行也，教之所行，道之所行也。〔註62〕

對於朱學流佈與新儒學發展之路線，則有北方趙復傳許衡為代表的一線，有江西饒魯傳吳澄為代表的一線，有金華金履祥傳許謙為代表的一線。〔註63〕南方似應較盛且較普及，不過不如想像中之流行各地，至少據戴表元所記其家鄉慶元奉化州（浙江奉化），在乙巳年（1245）前並不流行普及，大概是較遠僻之故。其時之前鄉里教學以小學者只四、五家，課餘則雜試〈河圖洛書〉、〈堯典閏法〉、〈禹貢賦則〉、〈周禮兵制〉等，亦間或口授《顏氏家訓》、《少儀外傳》等小書，朱學則偶有傳抄而至。及甲辰、乙巳間有以朱學中甲科，於是四方爭售朱學，當時傳至奉化諸書，惟《易本義》、《四書註》、《小學》等最為完備，其餘皆不全，而其中僅四書流佈，家有人誦之；懂易本義者極少，小學卻幾無人讀。〔註64〕這可提供了解南宋晚期的朱學普及與科舉有關，四書之通行即如此，小學倒並不為人所重。

〔註60〕見《閒居叢稿》（元代珍本文集彙刊）卷14，頁578、579。
〔註61〕參見陳榮捷，《朱學論集》（臺北，學生）〈元代之朱子學〉，頁302、304。
〔註62〕見《道園學古錄》，卷36，〈考亭書院建文公祠堂記〉，頁318上。
〔註63〕參見同註61，頁304。
〔註64〕參見《剡源戴先生文集》，卷7，〈于景龍註朱氏小學書序〉，頁66下、67上。

朱學之流傳以及尊朱所表現之方式，大略以下列各種情形得知：

（一）著書本朱意、或模仿、闡述等。如前面論及正統、道統時所言諸作。另外如金華一脈的許謙（白雲），他得金履祥（仁山）之正傳，於理一分殊，求中之學，據黃溍所撰許謙之墓誌銘中記載，金履祥晚年所傳之學即在於此，〔註65〕而許謙在〈答吳正傳書〉中，也致意強調之；他說：

> 昔文公初登延平之門，……延平皆不之許，既而曰：吾儒之學，
> 所以異於異端者，理一而分殊也，理不患其不一，所難者分殊耳。
> 朱子感其言，故精察妙契，著書立言，莫不由此。……然所謂致知，
> 當求其所以知，而思得乎知之至，非但奉持致知二字而已也，非謂
> 知夫理之一，而不必求之於分之殊也。〔註66〕

白雲承金華一脈，其著書亦多本朱子及其師承之朱學，如《讀書叢說》六卷，《詩集傳名物鈔》八卷、《讀四書叢說》八卷等。〔註67〕

胡方平（玉齋）、一桂（雙湖）父子，在易學上發明朱子易學啟蒙之旨。方平之學出於沈貴寶與董夢程，貴寶亦從夢程學，夢程則出於黃幹，故知方平得朱子正傳，一桂則從其父學。方平有《易學啟蒙通釋》二卷，一桂有《易本義附錄纂疏》十五卷，《易學啟蒙翼傳》四卷等。〔註68〕

其他如張頤（導江），吳澄（草廬）序其書以為「儼然新安朱氏之尸祝也」。〔註69〕于景龍本朱子意取小學書句釋章解之。〔註70〕黃澤（楚望）治經，一本程朱之義理，〔註71〕倪仲弘合陳櫟、胡炳文所著四書之解，以求朱子之意〔註72〕等。

（二）著書改正不合朱子之意者。這一類著作都表示出在於彰顯朱子思想之正統。陳櫟（定宇）與吳澄齊名，吳澄亦以其有功於朱氏為多。定宇之

〔註65〕參見《金華黃先生文集》，卷32，頁328上。

〔註66〕見《白雲集》（叢書集成簡編）卷2，頁28。

〔註67〕參見何淑貞，〈元代學者許謙〉，《孔孟月刊》，第14卷，第9期，（民國65年5月），頁17～21。另見《元史》，卷189，〈許謙傳〉，頁6上～8下，傳中所述，知其本朱學之意著書，而又有補充之處。

〔註68〕胡方平、一桂父子之傳紀，參見《元史》，卷189，頁9下～10上，其著作大要，方平見於《四庫總目》（臺北，藝文）卷3，頁49上～51上。一桂見於卷4，頁2上～3下。

〔註69〕見前註《元史》，頁3下。

〔註70〕參見同註64。

〔註71〕參見《元史》，卷189，〈黃澤傳〉，頁11上。

〔註72〕參見汪克寬，《環谷集》，卷4，〈重訂四書集釋序〉，頁8下、9上。

功在於力尊朱子，他以為有功於聖門莫若朱子，又認為朱子沒後，諸家之說往往亂其本真，於是著《四書發明》、《書傳纂疏》、《禮記集義》等書，凡有背於朱子意者，刊而去之，至於微辭隱義，則引申之，對於所未備及者，復為說以補之。這使朱學得以明於當時，不怪吳澄稱其功。〔註73〕定宇是以「孟子、朱子之意其歸一」〔註74〕的基本態度來尊明朱學。

非常遵循朱子之意的胡炳文（雲峰），精於易學，對朱子四書之學極下工夫，糾正饒魯與朱子牴牾之處甚多，〔註75〕其著作有《易本義通釋》、《四書通》。他在給吳澄與陳櫟的書信中，都一再強調其《四書通》之作，旨在以四書纂疏及集成等書，所紀或失之泛，或失之舛，故特糾正之而可明朱子之意。〔註76〕他在給汪宗臣（紫巖）的信中，則又再度說明了其著作之目的，他說：「殫五十年心力，四書、周易等書，雖不過發明朱子之說；不能就正有道，此為大不滿耳！」。〔註77〕

（三）為文論述朱學或贊揚朱子者。這一類文章甚多，因為尊朱思想不論輕重，到底朱子也是學術界大多公認之巨儒，行文間總有欽崇之意。在以下所舉之例中，前兩條所述及之人與下述各條人物中則不再舉。

汪克寬（環谷）以為近代濂洛諸儒繼出，至朱子乃集其大成，則「晦冥之日月，開千載之盲聾，於是六合……誦其書、攻其學」，在其他幾篇文章中也有此類說法。〔註78〕劉鶚的幾篇論文都以北宋五子為中心，而多以程朱得孔孟真傳，同時在論道述學之際，亦以程朱所承緒之道統為言。〔註79〕鄭玉（師山）為學根本上即據朱學，而論文亦本朱子之意，「日誦四書，玩味朱子之說」。〔註80〕許有壬尊朱子綱目，他又為學出雙峯、勉齋的柴希堯所作之《論

〔註73〕參見同註71，《陳櫟傳》，頁9上、下。

〔註74〕見《定宇集》，卷3，〈程松谷孝經衍義跋〉，頁16下。

〔註75〕參見同註68《元史》，頁10上。

〔註76〕參見《雲峯集》（四庫珍本四集）卷1，〈與草廬吳先生書〉，頁3上，《答定宇陳先生櫟拜辭求遺逸詔之五》，頁17上。另參見《宋元學案》卷89，頁16所述。

〔註77〕見同前註，頁6上。

〔註78〕見《環谷集》，卷5，〈萬川家塾記〉，頁10下。另參見卷4，〈重訂四書集釋序〉，頁7下、8上。〈通鑑綱目凡例考異序〉，頁9上。

〔註79〕參見《惟實集》（四庫珍本四集），卷1的幾篇論文，如〈存心論〉、〈踐形論〉、〈疏水曲肱樂在其中論〉、〈回也不改其樂論〉等，自頁6～11。另可參見卷2，〈齊安河南三書院訓士約〉，頁10下。

〔註80〕見《環谷集》，卷8，〈師山先生鄭公行狀〉，頁11下，全文見頁10下～20下。

語衍義》寫序，序中稱聖經大明，以二程子之故，而朱子實繼之，力尊朱子受道統，同樣地，在其他文章中也可看見其多尊朱子之意。〔註81〕此外如劉岳申亦是為文著重於道統而尊朱。〔註82〕吳師道（正傳）則以朱子之功為異世夫子〔註83〕等。

安熙（默菴）在論道統時曾有所論，他的〈齋居對問〉除闡明道統之外，亦陳述自己的學術即在於此道學，並以朱子為「繼往聖、開來學，而大有功于後世」。〔註84〕他似有較強烈的承緒道統之意識，細讀其文則可以看出，這與其他人論道統尊程、朱時並不完全一致。其餘尊朱而繫於道統者還有許多，像柳貫（靜儉）在〈婺源州重建晦菴書院記〉中說得極為明白。〔註85〕黃潛（文貞）在替幾位理學名家寫的墓表誌銘中，如韓性、許謙等，也都表露這種看法。〔註86〕

（四）主持學術或教育者。最著名者如眾所知的許衡、姚樞在中央國學之情形。在地方上的亦有任儒學提舉、書院等，如同恕（榘菴）主持魯齋書院，其學亦主程朱而溯孔孟一脈。〔註87〕程端禮（畏齋）之教學，力倡朱子讀書法，在其文集中到處可見，一再說明程朱之出，四書六經之道大明，而朱子集諸儒大成，講學之方皆有所定，宜取其書用其讀書之法，「熟讀精思，反身而誠」。〔註88〕熊朋來（天慵）在宋亡之初隱居處州，授徒百餘人，他以朱子小學書為教，使朱學傳佈極廣。〔註89〕

在教學方面大概是使朱學散佈最廣的方法，一方面是元代書院甚為發達，至少可知者有四〇七所，其中以南方較多，〔註90〕書院之教學雖不能確定全

〔註81〕參見《至正集》，卷32，〈論語衍義序〉，頁13下。另外參見卷33，〈性理一貫集序〉，頁3下，〈春秋集義序〉，頁6下等。

〔註82〕參見《申齋劉先生文集》，卷6，〈南康路儒學重修記〉，頁268。

〔註83〕參見《吳正傳先生文集》，卷12，〈明善書院記〉，頁308。

〔註84〕見同註34。

〔註85〕參見《柳待制文集》（四部叢刊初編）卷15，頁198上～199上。

〔註86〕參見《金華黃先生文集》，卷32，〈安陽韓先生墓誌銘〉，頁327上，〈白雲許先生墓誌銘〉，頁328上。

〔註87〕參見《元史》，卷189，頁15下。

〔註88〕見《畏齋集》，卷4，〈送婁行所歸安吉序〉，頁6下。其他相似之言，如〈送劉宗道歸夷門序〉，頁7下，〈送教授鄭君景尹赴浮梁任序〉，頁12上、下，在此文中又知鄭景尹亦是尊朱之學者。

〔註89〕參見《道園學古錄》，卷18，〈熊與可墓誌銘〉，頁170下。

〔註90〕書院之數係根據何佑森，〈元代書院之地理分布〉，《新亞學報》，第2卷，第1

傳程朱之學，但元代朱學已有學術上的重要地位，書院中傳教其學的可能性頗大，即使不特以注重，應該也不致生疏。二方面是科舉實行，又定以程朱之學為本，教學上自不免要注重這個「顯學」了，於是在教育上最能使之廣佈於社會上。如果再以官立各級學校來看，《元史》上載有二萬餘，這個數字是相當龐大的，若全重於朱學之傳，其影響可知。〔註91〕

（五）科舉方面主朱學者。這一方面多為學者所知，而且前面也提及，於此則不再論。但宜注意的是，元代科舉，兩榜試題皆以四書為主，並用朱子章句集註，不過漢人、南人尚考經義一道，各治一經，《詩》主朱氏、《易》也以程氏、朱氏為主，《書》則以蔡氏，然三經並用古注疏，《春秋》則可用三傳及胡氏傳，《禮記》亦用古注疏，〔註92〕可知程朱之學是重點，但也未全部包括之，並非只考四書朱註而已。

另外，元代科舉本朱子貢舉私議，知貢舉之文而不知朱子之學，成為場屋之業，極有本末不明之可能，此在元代已有尊朱的學者注意到這問題。〔註93〕明末黃宗羲就是以這問題評論元人未必知朱學，只因科舉之故而學具其文而已。〔註94〕黃氏之論恐怕未必全為事實，元代科舉是中期以後之事，然此前朱學並非不行，尊朱學之儒士水準也未必皆差，而且有不少人並不為科舉、甚至不為入仕而研究朱學的。

（六）有以刊書、譯書者。姚樞在這方面頗受稱道，因為刊書四佈，故而其功在唱鳴道學。〔註95〕趙璧譯真德秀之《大學衍義》〔註96〕、以及四書，並教使蒙古等人讀之。〔註97〕

尊朱固尊朱，但元儒也並非對朱子全盤接受，或墨守其說，有意見者亦可看出。校補之類者就前面所述諸作中已有少許，還未必算是「反對」朱子

期，頁 361～408，一文所計。另外何氏有文為〈元代學術之地理分布〉（同上，第 2 期），對於學者之分布有參考價值，而表後之按語極有助於了解元代學術之大要。

〔註91〕《元史》上所載官學，在至元二十三年，有二萬一百六十六所，見卷 14，頁11 下，到二十五年，則有二萬四千四百餘，見卷 15，頁 14 上，到二十八年，成為二萬一千三百餘，見卷 16，頁 25 下，確實數字一時不能肯定。
〔註92〕參見《元史》，卷 81，〈選舉表一‧科目〉，頁 4 下、5 上。
〔註93〕參見同註86，《安陽韓先生墓誌銘》。
〔註94〕參見《宋元學案》，卷 93，頁 2 上。
〔註95〕參見姚燧，《牧菴集》，卷 15，頁 131 上、137 上、下等。
〔註96〕參見《元史》，卷 159，頁 13 上。
〔註97〕參見《道園學古錄》，卷 12，〈中書平章政事趙璧謚議〉，頁 125 上、下。

的，即如劉因（靜修）言小學，是「善發明朱子言外之意」，〔註98〕這種情形就最能表現其獨到見解的。吳澄著作豐富，有更多出朱子意外者，他還被認為是偏向陸學，以至遭到排擠。〔註99〕此外如虞集對於科舉之獨尊朱子，言語間有不滿之意，此與袁桷相似，〔註100〕然則這些仍不影響他們的尊崇朱子，值得注意的是其意見，以及其朱子言外之意等。

還有值得一提的，與上段相同皆非本文所要詳論，但可略為提及。黃百家說：「有元之學者，魯齋、靜修、草廬三人耳」，〔註101〕是否元之學者僅此三人為鉅且不去說，自然黃氏之意不會是除三人外，元代再沒有學者，是以三人為主流或代表之意。不過個人以為三人剛好是接承道統的三支或三派，似乎有不算勉強的證據，換言之，即三人似乎都自以承接道統自任，且有相當強烈的意識。許衡的這種情形多為人所知，亦有人論及之，〔註102〕吳澄在前面提到他寫的道統說已很可知其志，而他斥朱子門人過重語文之末，又主先尊德性而繼之以道問學，以及與鄭玉同有調和朱陸之意，而其學又為明代心學導先路；〔註103〕這都與許衡之派不同，也可為接道統的另一支。劉因也可以前面言及其私淑弟子安熙之意而得知，在虞集為安熙文集寫的序文中，也可以看出來其以靜修為接朱子之道統，然後安熙又接之；〔註104〕實則靜修本人也頗自負，以為得朱子之心，而世之學者皆在「百尺樓下矣！」。〔註105〕

第二節　道行與道尊

一、隱與仕

在陶宗儀《輟耕錄》中，記載許衡與劉因二人的志趣不同，其文為：

> 中統元年，（許衡）應召赴都日，道謁文靖公靜修劉先生，因謂曰：公一聘而起，毋乃太速乎？答曰：不如此，則道不行。至元

〔註98〕見《金華黃先生文集》，卷21，〈跋靜修先生遺墨〉，頁210上。
〔註99〕參見同註35，頁386下、387上。
〔註100〕虞集可參見《元史》，卷181，頁6下，袁桷則參見《清容居士集》，卷41，〈國學議〉，頁598上。
〔註101〕見《宋元學案》，卷91，頁1下。
〔註102〕參見同註61，頁313、314。
〔註103〕參見同註61，頁315～318。
〔註104〕參見《道園學古錄》，卷6，頁72上～73上。
〔註105〕見《靜修先生文集》，卷22，〈跋朱文公傑然直方二帖真蹟後〉，頁107上。

二十年，徵劉先生至，以為贊善大夫，未幾，辭去，又召為集賢學

士，復以疾辭，或問之，乃曰：不如此，則道不尊。〔註106〕

這個問題是在歷代都可能遭到的例子，尤其在改朝換代之際，而於外族統治之朝恐怕更為敏感。且不論所載是否完全屬實，但許、劉二人在從政上之態度確是不同，行為上則可以一隱一仕來分別之。

因國亡之出處問題，對於許、劉二人態度上之不同而引起的議論，全祖望談得很多，《宋元學案》在〈靜修學案〉之後，附上這些議論，今人於此也有論及，並且有專論宋亡之南士方面的同樣問題。〔註107〕在討論道行與道尊許、劉二人之態度前，先看涉及於隱與仕的問題，這在元代士人的思想中之情形如何。

在談論出仕與否的出處時，有標榜甚高的如趙文說：「自古聖賢出處，此身可困、可戹，而不可以負吾心之約」，他是以韓愈的「約心」來肯定士人所有的初心，因而說「不可負吾心之約」，〔註108〕他對於南人之奔競出仕就有時暗刺，說「此兒巧捷未足稱，江南何限無骨人」，〔註109〕不過像他自己曾為山長、郡文學等教官者，大概不在其諷刺之內的。〔註110〕其實在宋亡後許多儒士都從事教育，這是較清高有品格之行業，同時也有意義，遠高於只為求高官厚爵者，這大概是趙文之意。

蘇天爵的說法是合於士人之傳統的看法，他在〈七聘堂記〉中說：

士君子之出處，有義存焉，審其時而後動，合乎禮而後應，是以屢召而不行者，非敢故存亢也，蓋本諸道義之正，循于禮節之宜。

自昔君子，進退出處之際，莫不皆然。〔註111〕

〔註106〕見卷2，《微聘》，頁37。

〔註107〕參見《學案》卷91，頁3下～7下。另可參見孫克寬，〈元代北方之儒〉，收於《元代漢文化活動》一書，頁223。龔道運，〈元儒許衡之朱子學〉，《國立編譯館館刊》，第8卷，第2期（民國68年12月），頁206、209、210等。還有牟復禮 F. W. Mote,「Confucian Emerit-ism in the Yuan Period」, in A.F. Wright ed ; The Confucian Pers-uasin, Stanford Univ. Press, 1960, pp. 202-240。關於南方士人者，可參見勞延煊，〈元初南方知識份子〉，《中國文化研究所學報》，第10卷，上冊（香港，中文大學，1979年12月）頁129～158。李鑄晉著，曾嘉寶譯，〈趙孟頫二羊圖之意義〉，《中國文化研究所學報》，6卷1期（香港、中大，1973年12月）頁61～106。

〔註108〕參見《青山集》，卷3，〈約心堂記〉，頁2下、3上。

〔註109〕見前註，卷7，〈相撲兒〉，頁23上。

〔註110〕其生平可參見程鉅夫，《雪樓集》，卷22，〈趙儀可墓誌銘〉，頁834～836。

〔註111〕見《滋溪文稿》，卷3，頁118。

劉岳申以為君子不必仕或不仕，若必仕則忘其身，必不仕又忘其君，若能得志要加澤於民，不得志則以修身見世，原則上要求內心之真，要審時宜。〔註112〕這個說法也應是一般士人的看法。

　　要審時、本道義之類的說法似乎較多見，如郝經他認為嚴子陵不事王莽，是得其處，不事光武則失義，他說「君子當出而處，則失義，當處而出，則違道」。〔註113〕貢師泰也說出要以時，進要以道，否則即使居高位亦不可取。〔註114〕虞集在為李治所居之知還齋寫記時，提出「奉其身以為進退者，庶士之事也，進退不係其身，而係其道者，大人之事也」的看法，意思自為讚揚李治之進退。〔註115〕

　　上述這些說法，可明白其要點，但總有不夠具體之處，標準也難確定，這也是帶來議論與困擾之處。戴表元曾談到元代當時出仕與否的一般狀況，這些實則也是他個人之感慨，文中有今不如古意。他認為古代師良、學備、材與學皆足以出仕，但不必皆仕，元代之士則相反，雖然「今之君子，其仕者既無以心服不仕之民」，但「而不仕者至於無以自容其身」。〔註116〕戴氏之言正是在仕途雜而吏進多的環境之中所有的感慨，也反映了其時出處之困境。若是在中央任職者，也有人以為要非常謹慎，如岳鉉所說「高允、崔浩，一可為師，一可為戒」，崔浩之悲劇在前面緒論中已言及，至於岳鉉本人出入宮禁四十餘年，他是「小心慎密、恒若不勝衣，弗輕漏一言于外」，故臣僚們都稱他為「本分人」。〔註117〕

　　程端禮也認為進退須以其道，若只知進而不退，是無恥之人，但他信服「出處不宜問人，且非人所能決」之語。〔註118〕劉敏中對於出仕之官的尊卑問題，以為原無榮辱，要在於所行如何來定，是君子始能盡榮辱之正。〔註119〕

　　元人出仕之原因如何？周祖謨對此曾有研究，他分成數種原因，一以年

〔註112〕見《申齋文集》，卷5，頁240、241。

〔註113〕見《陵川集》，卷34，〈漢高士管幼安碑〉，頁1下。

〔註114〕參見《玩齋集》（四庫珍本三集）卷6，〈送謝元功東歸序〉，頁28上。

〔註115〕見《道園學古錄》，卷7，頁86上。

〔註116〕參見《剡源戴先生文集》，卷13，〈送屠存博之婺州教序〉，頁109下。

〔註117〕參見鄭元祐，《僑吳集》（元代珍本文集彙刊），卷12，所寫岳鉉之第二行狀，頁528。

〔註118〕參見《畏齋集》，卷3，〈送張縣尹致仕序〉，頁18下，以及〈送趙悅道經歷致仕歸序〉，頁17上等兩文。

〔註119〕參見《中菴集》（四庫珍本三集），卷8，〈送高案牘序〉，頁17下。

老家貧，無以生活者，舉出戴表元、仇遠、張菊存等人之例。二為免除徭役，是士人多出任文學椽原因之一。三為避民族間歧視。〔註120〕似乎還可加上為抱負、理想而出仕者，即所謂道、義等，或者「可以行吾學」等，〔註121〕不過也有人懷疑這種目的，認為是藉口。〔註122〕還有發現是迫於親命而出仕的情形。〔註123〕張養浩在專為隱士所寫的一篇文章中，提出了為世、為貧、為親而出仕的幾種，這看法亦可適於其他的時代。〔註124〕

　　關於不仕或隱居，蘇天爵認為有的是全身以避地，有的是矯俗以干名，並不能安于義命之正，而審察出處之宜，他又以為烏冲則是安于義命的隱士。〔註125〕蘇氏所記之隱士不少，且多與劉因有關，這或係其為劉因一脈之故。〔註126〕余闕在〈楊顯民詩序〉中談到隱居的一些原因，他也較側重南人這個方面，同時有「士道」衰微之感，他說：

　　　我國初有金、宋天下之人，惟才是用之，無所專主，然用儒者為屬多也。自至元以下始浸用吏，雖執政大臣亦以吏為主，由是中州小民粗識字，能治文書者，得入台閣共筆箚，累日積月、可致通顯，而中州之士見用者遂漫寡，況南方之地遠，士多不能自至於京師；其抱材縕者，又往往不屑為吏，故其見用者尤寡也，及其久也……故南方之士微矣！延祐中，仁皇初設科目，亦有所不屑而自甘沒溺於山林之間者，不可勝道……。〔註127〕

這是當時大時代的環境中造成的情形，對南士跡隱之背景與心理的解釋。

　　此外，元人的不仕而隱在資料中約可整理為下列幾種：

　　（一）以為出仕的條件或能力不足者。汪克寬曾為一位叫鄭長者的隱士寫傳，傳中說有人勸鄭氏出仕，鄭氏的回答是他自己認為沒有知人之智，又

〔註120〕參見〈宋亡後仕元之儒學教授〉，《輔仁學誌》，第14卷，1、2合期（民國35年11月），頁205～207。

〔註121〕此為金朝士人董源入仕元初之語，見《滋溪文稿》，卷10，蘇天爵所寫之〈神道碑〉，頁409。

〔註122〕此為袁桷之語，見《清容居士集》，卷23，〈送鄧善之應聘序〉，頁351下。

〔註123〕參見《滋溪文稿》，卷14，〈焦先生墓表〉，頁561。

〔註124〕參見《歸田類稿》（四庫珍本三集），卷6，〈處士菴記〉，頁16下。

〔註125〕參見前註，〈烏冲之墓誌銘〉，頁559、560。

〔註126〕參見同註104。在《滋溪文稿》中，其記載隱士如劉因、林起宗，見頁551，劉因弟子賈璞、賈瓛，見頁764等。

〔註127〕見《青陽先生文集》，卷4，頁7下。

沒有撥亂之才,不可能有所作為,若出仕,豈不是「自知以徒取其辱乎?」不如優遊於家鄉而終。〔註128〕程端學也曾為名叫陳紹祖的隱士寫墓誌銘,陳氏為南宋人,宋亡則隱居力學,人或勸其出仕,他以「未能修己,焉能治人」而不出,居家講學為務。〔註129〕

（二）以朝廷之政風及需要不合意者。金末名士杜瑛曾談論過統一天下之策,以及治民興化之原則,元初也曾受多方延攬,但終未入仕,在蘇天爵為他寫的行狀中說得很明白,他因為元初主政之王文統專言功利,避不見前來徵聘之使者,雖然世祖新朝曾大用漢士,他仍以「風化至是,尚欲仕乎?」而辭。〔註130〕貢師泰記載了幾個隱士的事蹟,其中有二個是與當時之政風有關,一個名為謝元功,他初似無不仕之意,但以一不遇於丞相,二不遇於有司,又不屑於察薦之機會,於是退而不仕,〔註131〕大概他以為前二者之仕是比較合於仕之道的。另一個名為趙木仲,他以為當時進官雜濫,於是「町隸廝役,皆得取寵爵、厚祿,馳騁車馬以相雄長」似有恥於為伍之意。〔註132〕這兩個例子都比較注重自己的身份,然則也都反映其對當時之風氣的不滿。

也有以仕宦不易,以及不合其道者,如名儒蕭㪺在少年之時曾出仕為吏,新、舊《元史》的傳記中皆未言及,在蘇天爵為他寫的墓誌銘中得知,他杜絕仕意是因西域長官對僚吏的惡言相向之故,「如此,尚可仕乎?」,因而隱居讀書,造就成大儒,後雖屢受朝廷徵聘,終辭而不就。〔註133〕其他如對朝廷中人才全備,而不需待其出仕者也有之。〔註134〕這或許是一藉口,但總是認為朝廷中並不「需要」他這種人才而言。

（三）以欽慕古隱逸之士者。這一類的隱士多以陶淵明為重心,如安熙在抒其情懷時,曾作和淵明飲酒詩,其序文中說:「咏靜修仙翁和陶詩以自遣……又效其體,咏貧士七篇」,〔註135〕安熙以劉因為師,而師弟二人正是元代著名的隱士,靜修的詩中有專為和陶淵明的詩多首,其中即有〈和詠貧士

〔註128〕參見《環谷集》,卷8,〈鄭長者傳〉,頁7下。

〔註129〕參見《積齋集》,卷5,〈故處士陳繼翁墓誌銘〉,頁14下。

〔註130〕參見《滋溪文稿》,卷12,頁883。

〔註131〕參見同註114。

〔註132〕同前註,〈送趙木仲東歸序〉,頁30下。

〔註133〕參見《滋溪文稿》,卷8,頁307。

〔註134〕參見《程雪樓文集》,卷15,〈送艾庭梧序〉,頁600。

〔註135〕見《默菴集》,卷1,頁3上。

七首），﹝註136﹞安熙可謂善紹其志。有的以淵明「審容膝之易安」定為其居屋之名，表示其安於義而隱。﹝註137﹞有的和歸去來辭，以示隱居求志之意，其所求者為存養浩氣，教學傳道之志。﹝註138﹞另外有慕效漢代鄭康成之志。﹝註139﹞也有慕仲長統卜居清曠以自娛者﹝註140﹞等等。

陳旅在為隱士陸宗亮寫詩序中指出，慕效淵明志者是以心能相感應，「不于其迹，而于其心，物非人而能與人同者，不同乎人，而同乎天，惟其心之可以相感」，陸氏所居之屋名為菊逸，即慕淵明之志，而其師劉師魯，適為隱君子，故師弟皆得隱居之操，﹝註141﹞這與劉因、安熙師弟的情形相似。

（四）以道不行、時不用而隱者。鄭元祐在〈清江一曲記〉中說士之志在幼學壯行，不必於隱，但不幸不得進其身，又不可外慕以倖求，故有隱身江湖之上者，這些隱士是本讀書澤民之心，但非其時，又不肯苟且以進，於是有像管寧、王烈、邴原浮海而東的處境與意志，其處己、處人皆可以為師法者。鄭氏所記雖為吳中隱士而作，實則也頗合他的環境與處世；他是南士，宋亡不仕，直到晚年才出任極短暫的學官。﹝註142﹞鄭氏在〈陋隱記〉一文中，強調「命懸於天，於窮達有不可必也」，若只求聞達，則於命有不安，必須撥之以義。他這篇文章是為隱士顏道宗而寫，提出顏子安貧樂道，隱約以全天命，而不有毫髮之勉強，來述顏道宗之志，自然也有他自己的思想在內，所謂「學顏子之所學，吾儒分內事也」。﹝註143﹞在這裏都涉及到儒家思想中很早就強調的命與義的問題，顏子所學、所樂是金、宋思想所論的重點，這些元人也並沒有忽略。

元代隱士中有不少是如「時不能用，不能盡其才；有志之士，寧沒身草萊，不見知于當世而不悔也！」這種心志。﹝註144﹞

﹝註136﹞參見《靜修先生文集》，卷3，〈和陶集〉，頁20上～25上。
﹝註137﹞參見《中菴集》，卷13，〈審安齋記〉，頁6下、7上。
﹝註138﹞參見《環谷集》，卷2，〈和陶靖節歸去來辭序〉，頁3下～5上。
﹝註139﹞參見趙汸，《東山存稿》（四庫珍本二集）卷3，〈送鄭士桓隱居靈山詩序〉，頁28上。
﹝註140﹞參見《畏齋集》，卷6，〈元故處士倪君墓誌銘〉，頁18下。
﹝註141﹞參見《安雅堂集》，卷6，〈菊隱齋詩序〉，頁228。
﹝註142﹞參見《僑吳集》，卷10，頁449～451。其生平可參見《新元史》，卷238，頁6上，但言之甚略。在《僑吳集》附錄，有蘇大年撰之墓誌銘，可供參考，見頁575～579。
﹝註143﹞參見同前註，頁418、419。
﹝註144﹞見丁復，《檜亭集》（四庫珍本三集），危素所寫之序文，頁4下。

（五）屬於類似人生觀的不仕者。這一類的情形有時交待並不明確，如說不樂於仕是「繼先君之隱志」，〔註145〕有三世皆隱居，似與上述相同，但又以莊子有涯隨無涯之喻，以命懸之天，沒有積極求仕之意。〔註146〕這裏並未說明若有出仕的機會時，則持何種態度？不像有的例子還能看出其關連之線索，如貢師泰寫〈休休亭記〉的主人林宗正，他有道家思想而存隱志，但仍可看出其曾於仕宦中受挫折的。〔註147〕

（六）忠於故國之意而隱退者。這一類的幾乎在歷代鼎革之際都可看見，也最為人所共知，金宋元之際亦不能例外。在《新元史》中收集這類的隱士較《元史》為多，可參見卷138，〈隱逸傳〉，在此不必贅述。

（七）為義而隱者。這點似乎與上述（四）道不行相同，但並不盡然，兩者極相似卻不完全相同。道不行者是有行道之志，但不能通行達用，且所謂行是以政治為主。這裏的義為另一種，經過行道的反省之後，不以為如此能行道，多半不考慮在政治上來行，而須以隱之地位或手段來行道，接承其道，彰顯其道，以至傳緒其道。在反省道不行後，隱是充分且必要之條件，但其附帶的仍是積極之義，此外，皆恐不足以完成其目的，這就是為道而必須認識的先決條件，也就是義。或者可以看作為義而隱者，處身社會之中，卻不與政治干涉之，其目的仍是為道。劉因是這一類隱士的最好代表。

關於隱與仕評論式的看法，以及其他相關的情形，也有一些資料值得注意。明初所修《元史》，對元代隱士的看法分為兩類，一種是度時不可為，故而高蹈以全其志，但並非是不欲仕者，得時則行，可隱則隱，這是古君子之風，而帝王也不強之使起，此為上下兩得者。另一種為上下兩失者，即蘊蓄或未至，然好以跡為高，帝王因其名而強起之，結果名實不符，成為欺世釣譽之徒。〔註148〕這是認為真隱士必為有才學之人，但因不得時而隱，非有其他意義。

《新元史》對元代隱士的看法也別為二類，一種是因忠的觀念，懷故國而不事新朝者，如夷齊之志，一種是窮居伏處，修天爵而不受人爵，合

〔註145〕參見《玩齋集‧拾遺》，〈歸隱菴記〉，頁23上。
〔註146〕參見鄧文原，《巴西集》（四庫珍本三集）卷上，〈婺源處士吳君墓誌銘〉，頁14上。
〔註147〕參見《玩齋集》，卷7，頁44上。
〔註148〕參見卷199，〈隱逸傳‧序文〉，頁1上、下。

於《易經》蠱之上九之意，亦即不事王侯，高尚其志之意。柯紹忞以嚴子陵、管幼安為例，又舉伯夷、叔齊、柳下惠為例，同時指出與一般山林遯世者不同。〔註149〕

兩者的看法有不同角度，不過也都包括在前述所整理的範圍之內。元人本身還有不少見解討論這些問題，如虞集即圍繞著顯與隱來說：

> 君子生乎世也，不出則處，不隱則顯，行斯二者，則有其道矣！時隱則隱，時顯則顯，名以著之；當隱則隱，當顯則顯，義以裁之；故不卑隱而尚顯，亦豈以隱為高，而顯為非哉？……蓋隱有潛心之義焉，匪直藏其身之謂也。世有淺之為士者，托文辭以自售，其於聖賢語言之微，心學之懿，其得之或寡矣！況持不足之資，既出而仕，則睢盱以合世，好壟斷以足己欲，豈復有一息之暇，回顧其所得之自乎？〔註150〕

後段的評論就是指釣名沽譽之徒，而非真隱士。

戴表元也有相似的論調，他在為友人董可伯的〈隱居記〉中說：

> 世之為高著，多託隱於山林，山林之去人甚近，貧賤而居之，則累於身，富貴而居之，則累於名，是二者皆非所以安也。於是又有逃蹤絕俗之士，求超然於是物之表以為安，而終不免於累者，心迹異焉故也……有稱情之安，而兼及物之樂……人間愛憎喜怒休戚之感，是非榮辱得喪之役，亦不能入也，持是而隱於山林，可謂心跡俱超，而身名無累矣！〔註151〕

他又認為只放身於山林並非隱士，隱士是有材可以仕，但時不用而志不屑就，故放身山林於己無愧，人亦知其名。〔註152〕

汪克寬也認為賢者未達，乃隱居以求其志，是有所託而自晦，即藏經濟之器而託跡者，如果不知幼之所學為何道，壯之所行為何事，濟世無才，徒號之為隱，實則非隱。〔註153〕

前述三者都是在為隱士正名，共同的看法是要安於所隱，求心跡為重，不以外在逸居山林始得為隱。隱顯之間並無分軒輊，目的在於求其志，行其

〔註149〕參見卷138，〈隱逸傳・序文〉，頁1上、下。
〔註150〕見《道園學古錄》，卷9，〈書隱堂記〉，頁102下。
〔註151〕見《剡源戴先生文集》，卷4，頁44上。
〔註152〕參見同前註，〈陶莊記〉，頁43下。
〔註153〕參見《環谷集》，卷4，〈和溪漁隱圖詩序〉，頁20下。

道，這兩者係相通，也非有二別。元末趙汸在賀鄭玉受徵詔的書信中就有這種看法，由於鄭玉提出的治安之策頗受朝廷重視，故有徵聘之詔，趙汸雖然以道賀為名，但卻有勸阻出仕之意，他認為所條陳的治安之策，若朝廷能行之，則不仕猶仕，如此，朝廷、士大夫彼此皆不負。〔註154〕意思是士既期於行道或所學能濟世，朝廷能行所陳，目的就已達到，何必非仕不可？大概趙汸認為當時出仕非其時，但不便明言，蓋其時正臨元末，社會已有不安之勢了。

鄭玉始終未仕，是很合於隱士的要求，他最後還是為元而殉國，在留給家族的信中表明其死是不事二姓之忠，「為天下立節義，為萬世明綱常」。〔註155〕這位名儒與吳澄一樣是主張調和朱、陸異同者，在政治上，如果以為隱士是反對者，或抗議型的不滿份子，這在鄭玉而言似乎不能適用，否則他何以要為元朝殉國？自然有所謂抗議型的隱士，而且可能極多，通常也多以隱居不仕者即為政治上的關係，鄭玉的典型說明不在這種考慮之內。他一生從事傳道之業的教育，對隱顯的看法是重道之所在，「孔、孟晦一時，顯萬世」，〔註156〕對於居家孝悌的學生，寫〈亦政堂記〉，取孔子「是亦為政」之意。〔註157〕他鼓勵士人以耕讀傳家，其言為：「古時無不耕之士，無不學之人，秦廢井田，焚詩書，先王之道滅矣，耕讀則人情自厚，風俗自淳，雖復三代之制不難矣！」。〔註158〕

借孔子亦政之教，尚有汪克寬的〈亦政堂銘〉。〔註159〕他們都注重推廣孝道成一家之政，也是化人之德治觀念最小的範圍，然後可行之於鄉里，這與治天下以孝道倡無異，而更能切身實行，在此亦可確認出仕之真諦，則隱居求其志，也能行其道了。

隱士求志，其生活自應是理想的，超然物外，他們與佛、道之流的生活並不相同，所以要學顏子之所學，或者如戴表元說的「心跡俱超，而身名無累」，或者如袁桷所稱，要以孔子所敘之逸民為隱士生活〔註160〕等。

〔註154〕參見《東山存稿》，卷3，〈賀鄭師山先生受詔命書〉，頁46上。
〔註155〕見《師山集‧遺文》，卷3，〈與族孫忠〉，頁13上。
〔註156〕見《師山集》，卷5，〈養晦山房記〉，頁3上。
〔註157〕同註155，卷1，頁15上。
〔註158〕同註156，卷4，〈耕讀堂記〉，頁15上。
〔註159〕參見同註153，卷7，頁5上。
〔註160〕參見《清容居士集》，卷30，〈文清薛處士墓誌銘〉，頁450下。

二、士人之理想

　　如以許衡重道行、劉因重道尊、二人所重之道相同，皆以程朱之學為道。都是士人以道自任的傳統，劉因認為受徵召即起，好像顯得士人急於入仕，有曲學阿世之意，因之所恃之道就不夠尊貴。牟復禮（F. W. Mote）認為劉因的隱居志不在於事外族的政治問題，也不受道家思想之支配，同時不標榜隱顯之間，有高下之別，又指出劉因以為在當時之環境而出仕是有違於道的，這樣看來他可以是抗議型的隱逸代表，而以陶淵明的模式表現出來。〔註161〕劉因有極短的出仕經驗，其出仕應以義為裁，認為是出仕之時而可以行道，但道不行則隱居求志，而後朝廷徵聘皆不就，仍以義裁，是經過反省之後的義，他著作中所謂「不召之臣」、「遂初」、「貴道」等，都含有積極之義，不只是抗議型的隱士，而是另外一種方式的行道，功效較易見於社會之中，因隱而不仕，不借政治上的「勢」，直以「道」任，故顯得尊，雖然道不因仕與否為有無，是周遍而不拘於一隅，無時不有，無處不在，〔註162〕隱亦行道，仕亦行道，就此可以消解隱與仕間部份的爭論，問題較多的是以義裁之的義，其標準如何？也就是「時」的判斷，劉因批評許衡之意或在於此，大概以為時不宜仕，而許衡欣然就命，有害於道，亦即「枉道從勢」之意，自然道不尊矣！

　　隱與仕在儒家思想中都受到讚揚，基本上不是對立的，許多士人包括劉因在內也了解這點，但在出處之際就會受到批評，往往還有極相反的爭論，如前面提到金與北宋的學者們，他們對馮道的評論幾乎有極端對立的不同看法，劉因就曾作詩貶刺馮道，他就是以道德操守的角度來看。〔註163〕準此是非之間自有立場，而道德判斷與歷史判斷難免會有所爭論了。

　　《輟耕錄》所載之事，以中統元年（1260）許衡道謁劉因，時劉因才十二歲，〔註164〕恐怕是不可能，時間或有誤，不過並不影響道行、道尊的討論，這兩個觀點是各朝代都常發生的，而且劉因是對許衡有所評論，以為許衡挾孔、孟之時義，程、朱之理學自居，實則是外儒內道之流。〔註165〕劉因談到

〔註161〕參見同註107，F. W. Mote 之文。
〔註162〕參見《靜修先生文集》，卷20，〈遂初亭說〉、〈道貴堂說〉兩文，頁97上。
〔註163〕參見同註161，頁220。
〔註164〕《元史‧劉因傳》，以至元三十年卒，年四十五，故中統元年始十二歲。
〔註165〕參見《靜修文集》，卷18，〈退齋記〉，頁87上。另見《宋元學案》，卷91，頁3下至7下。

有關道之尊、行，時義等都直接指涉及孔、孟所言，這也是孔、孟之後儒士們常據以談論者，而且是個不易調適之難題。

《論語・微子篇》中述及時義與隱、仕、道等的關係，如：

> 微子去之，箕子為之奴，比干諫而死，孔子曰：殷有三仁焉！
>
> 柳下惠為士師，三黜，人曰：子未可以去乎？曰：直道而事人，焉往而不三黜？枉道而事人，何必去父母之邦？[註166]

朱子註殷的三仁是行雖不同，而同出於至誠惻怛，故不背乎愛之理，而有以全其心之德。柳下惠則可謂和矣，然不能枉道之意，是不自失。朱註還要與孟子所言合看。

孔子論逸民說：

> 不降其志，不辱其身，伯夷、叔齊與，謂柳下惠、少連；降志辱身矣。言中倫、行中慮，其斯而已矣。謂虞仲、夷逸、隱居放言，身中清、廢中權。我則異於是，無可無不可。

朱子註夷齊是「天子不得臣，諸侯不得友」，已遯世離群之故，是聖人中最高者。柳下惠等是不枉己、不求合，心有不屑之故。虞仲等是清而不汙，權而能適。又引孟子「孔子可以仕則仕，可以止則止，可以久則久，可以速則速，所謂無可無不可也」註之。[註167]

《論語》中言及仕處不少，如孔子讚蘧伯玉為君子，是以「邦有道，則仕，邦無道，則可卷而懷之」，[註168]知仕是以道為重。至於其他處也不再贅舉。不過觀察思想是不能據一句話為定，有時因特定對象與題目而所言或有不「一致」之處，故宜通觀始可得。但孔孟言及仕、道等其精神如上述應不至有差誤，也都是後人所引以為據的。如「天下有道則現，無道則隱」（〈泰伯〉），「君子謀道不謀食……君子憂道不憂貧」（〈衛靈公〉），「士不可不弘毅，任重而道遠……」（〈泰伯〉）等等。

孟子以仁義為士所尚之志，更密合了士與道之關連，在〈盡心〉上篇中有多處特意發揮，「窮不失義，達不離道」，於是「得志，澤加於民；不得志，修身見於世。窮則獨善其身，達則兼善天下」，他以為仕必由其道，不由其道

[註166] 見《四書集註・論語九》，頁9下、10上。

[註167] 同前註，頁13上、下。朱註隱居放言為「言不合先王之法者多矣」，錢穆先生則註引介之推言，以放廢其言也，見《論語新解》（台北，自印本，民國67年），頁636。

[註168] 《論語八》，頁3上。

而往者，是鑽營之徒，〔註169〕極力倡道之尊貴，因此有「所就三，所去三」
的說法。〔註170〕談到伯夷等，孟子的說法是：

> 居下位，不以賢事不肖者，伯夷也。五就湯、五就桀者，伊尹
> 也。不惡汙君，不辭小官者，柳下惠也。三子者不同，道其趨一也，
> 一者何也，曰：仁也。君子亦仁而已矣，何必同？〔註171〕

不同的環境與作法，但其道皆仁，是三人之心志皆同，並不在於外面的
不同行為。但孟子仍有些意見，他以為伯夷隘，柳下惠不恭；朱子說是有所
偏，則不能無弊，故而不可效由。〔註172〕錢賓四先生以為柳下惠「終若視一
世皆枉道，無可與為道，其惓惓救世之心則淡矣」，〔註173〕故而孟子以其不恭，
所以異於孔子，但這些人物是要與孔、孟對看比義，猶不能獨立拆散來看，
故知孔子不苟合，亦不遯世，可以仕止久速，而無可無不可也；孟子就是如
此來看的，他說：

> 不同道，非其君不事，非其民不使，治則進，亂則退，伯夷也。
> 何事非君？何使非民？治亦進，亂亦進，伊尹也。……皆古聖人也，
> 吾未能有行焉，乃所願，則學孔子也。〔註174〕

孟子願學孔子，是以孔子高於夷尹二人，故而接著說：「自生民以來未有
孔子也」。在〈萬章〉下篇中，孟子又將這些聖人之同異與特性作一敘述，然
後作了一結論說：

> 伯夷，聖之清者也。伊尹，聖之任者也。柳下惠，聖之和者也。
> 孔子，聖之時者也。孔子之謂集大成，集大成也者，金聲而玉振之
> 也。金聲也者，始條理也；玉振之也者，終條理也。始條理者，智
> 之事也；終條理者，聖之事也。〔註175〕

由上面這些重點的引論中可以知道孔、孟皆以「士志於道」為中心，要
使道行，也應是士之職責，即平治天下，舍我其誰之義，然則不避免地要與
現實政治緊密關連。「道」固在士，但「勢」未必操諸其手，兩者間的因應態

〔註169〕參見《四書集註·孟子六》，頁4下。
〔註170〕《孟子十二·告子下》，頁13下～14上。
〔註171〕同前註，頁6下。
〔註172〕《孟子三·公孫丑上》，頁18下。
〔註173〕見《論語新解》，頁623。
〔註174〕見同註172，頁10上、下。
〔註175〕見《孟子十》，頁2上、下。

度與調適，不但發展出孔、孟所言的聖人、仁人等的異同，而且還有「與民並耕而食」的許行，「以順為正，妾婦之道」的張儀，亦有荀子的「仰祿之士」、「正身之士」等，而士、君子、聖人等級的分別。荀子又以干祿之士是不足以盡道的，君子或士君子等儒士才是孔、孟所言之士，這些也是士人階層分化之結果。〔註176〕做為一個真正的士，是不能「枉道以從彼」的，而應是所謂的大丈夫。〔註177〕

　　原則與現實之間，道與勢之間的主客關係，在先秦儒家思想裏已造成了難題，在選擇上這很可能是個恒久持續的難題，欲「聖之清」或「聖之任」是最常遭遇之選擇。在孔子以為殷之三仁，行雖不同而道則一，孟子承之，更提出孔子為集大成者，是「聖之時」。孟子是自以繼孔子之道，於是「聖之時」就成為解除「道」與「勢」間的難題之原則，也就是仕止久速的「時義」，這都是自我與外在的調適而作之選擇，可以轉成隱與仕之間的選擇，沒有必仕、必不仕，而須以「時義」來抉之。因此兩者間對立而沒有必然對立的高下之別。「道行」與「道尊」亦是如此，以一體之兩面，看從那一角度而言，於是並不構成儒家價值體系中的難題。

　　即如以「道行」與「道尊」為二，然行雖不同，為「道」則一，一以此能實踐道之義，一以彼能實踐道之義，朱子說「同出於至誠惻怛，故不背乎愛之理，而有以全其心之德」來看，似無爭辯之必要。但並非說士之出仕則為道行，若有只為干祿之士，有曲學阿世之士，有枉道從勢之士則否，也並非隱士即為道尊，若有為避地，有為安逸其身者則否。胡祗遹曾寫了一篇〈士辯〉評議元代的士人，雖然代表他個人之看法，但對於其時士人之心態，很可以作為參考。〔註178〕

　　在解析這兩者的關係之後，同樣地還可以找出朱子之學在元代興起時，其思想史上的一個共同基點，即孔子「下學而上達」之教，至朱子則求兩者之均衡，於元代則發展成重下達之教，而許衡為確立此教之主要人物。〔註179〕

　　根據陳榮捷先生之研究，下達之學在朱子已著意提升，而後黃幹、何基、王柏、至元初趙復、金履祥等，都守朱子之意，重在德性教養與人倫關係。

〔註176〕參見余英時，《中國知識階層史論》，頁46、47。
〔註177〕同註169，頁2下、3上。
〔註178〕參見《紫山大全集》，卷20，頁52下～58下。
〔註179〕參見同註61，頁308、309。

至於許衡為學之旨，很明確地落實在下達之學，以入德之門先小學而後繼之以四書，因小學以特殊且具體之教證示人，四書則發揮其中所蘊之道德意義，四書之中又以大學為先，是「根腳起處」。除許衡外，姚樞與劉因也是發展下達之學的重要人物，而被認為傾向陸學的吳澄，也指出宜依小學習敬身明倫之事，以為大學之根基。許衡倡下達之學而以小學為初基，或者因外族之人易入於小學之淺近，或因為免捲入政治糾紛，而不願高談濶論，或因欲以小學而建立其本身之道統。〔註180〕

以小學為基礎發展成四書之提升，在朱子的〈大學序〉中說得很清楚，是「不待求之民生日用彝倫之外」。〔註181〕四書地位之提高，狄百瑞（W. T. de Bary）重於元代科舉的因素，是許衡所界定理學的「最小公倍數」，為的是要在元代歧異的文化環境中去宏道的方便之法。〔註182〕劉子健先生則重於南宋時期的一些原因，如反對朱子道學的韓侂冑之死，皇室王位繼立的糾紛，黨爭之因素，蒙古之侵迫與宋人在文化上的競爭等。〔註183〕錢賓四先生以為四書並重始於北宋，在理學大行之前已有開啟，至朱子集結四書，以為教學之先，而認五經非學者所急。其後其門人編集語類，也以四書在先，五經在後，而分量上亦以四書為遠勝。故可說宋代理學，本重四書過於五經，朱子為之發揮盡致，此後元明兩代，即承此學風。〔註184〕

上述這些說法都相當正確，綜合觀之，則幾乎內外因素與脈絡皆能考慮及之。就宋代文化發展已知的概念而言，即趨向於平民化，平實切身者較符合當時的社會，學術思想也難免受到影響，四書地位漸趨提高，或許也與此有關。

元初的學者承受這種發展，朝廷的風氣則是實用主義型，這在前章中已經談論過，而四書的性質正是「其味無窮，皆實學也」，〔註185〕掌握住這個共通的基點，全力傳朱學之教，四書與小學在元代就繼續高昇，竟至成為了正統的思想，而科舉之定四書地位，也在這種發展之下完成。

〔註180〕參見同註61，頁309～312。
〔註181〕見《四書集註・大學序》，頁2上。
〔註182〕參見 W. T. de Bary, "The Rise of Neo-Confucianism Orthodoxy in Yuan China"本文係打字印本。
〔註183〕參見 J. T. C. Liu, "How Did a Neo-Confucian School Become the State Orthodoxy", Philosophy East and West, 23:4, pp. 483-505, esp : pp. 501-504。
〔註184〕參見《朱子新學案》，第四冊，〈朱子之四書學〉，頁180、181。
〔註185〕見《中庸・小序》，子程子所言。

　　關於朱學之旨要與下學上達的關係，以及元人如何掌握於此，有必要作一敘述，這雖是關於思想史之討論，但對元代士人的理想而言，卻是個重要的承緒之線索。

　　王柏論為學第一義是平實、古雅，其輕重則以躬行工夫的平實為重，於此再論到孔顏之樂。他認為若無下學工夫，則決無上達之理，而朱子對此段公案說：「學者但當從事於博文約禮，以至於欲罷不能，而既竭吾才，則庶乎有以得之」，故孔顏之樂不患不見。〔註186〕

　　下學上達是由重實學所至，決非空談高虛可至，真德秀就根本指出要朝夕講求四書，不墮於空談無實之病。〔註187〕在魏了翁之意，則空言無實為異端小道，而實學則不出乎家人父子之近，日用飲食之質。〔註188〕

　　這一條簡略的線索，可以把小學、四書的實學為本，由下學而上達，孔顏之樂亦由此道而見，這些連綴的關係就表現在日用之常，和自己的本身，可知是易知易行的，決非以高蹈空虛為務。

　　除去上面所述及許衡等人之外，現在再條例一些元人的資料來看：

　　胡炳文寫〈四書通序〉，他認為四書是行天之日月，為道統之所傳，雖推極至奧，但根本是彝倫日用之懿，乃為至實之學。〔註189〕在四書中，陳櫟以《大學》為首要，是治天下之要道，而絜矩為之本。〔註190〕魏初認為古之學者是由小學入於大學，自格物致知至於修身、齊家。這全是朱子〈大學序〉中之意，故而他又說要舉程、朱兩先生之學以訓之。〔註191〕許謙也本〈大學序〉之意而著重小學，對於四書之尊，認為聖人之心盡在於此。〔註192〕劉鶚在替書院寫的〈訓士約〉中，特別提出為學的旨要，以為立身行己之本，下學上達之階，實學即是宜重者；在正文體方面，又舉出《論》、《孟》平易之語，而涵意之精深。他在論四書中一些大義時，也指出日用之間、人倫之際的旨要。〔註193〕安熙在〈齋居對問〉中，先說明朱子之繼道統，而後論朱子

〔註186〕見《魯齋集》（金華叢書）卷7，〈復吳太清書〉，頁16下、17上。

〔註187〕參見《真文忠公文集》（四部叢刊初編）卷31，〈問太極中庸之義〉，頁494上、下。

〔註188〕參見《鶴山先生大全文集》（四部叢刊初編）卷55，〈止堂訓蒙序〉，頁470下。

〔註189〕參見《雲峯集》，卷3，頁2下、3上。

〔註190〕參見《定宇集》，卷13，頁32下。

〔註191〕參見《至正集》，卷34，〈青崖魏忠肅公文集序〉，頁1下、2上。

〔註192〕參見《白雲集》，卷3，〈學校論〉，頁38，卷2，《上劉約齋書》，頁31。

〔註193〕參見同註79中，〈訓士約〉。以及卷1，〈鳶飛魚躍論〉，頁13下。

語學者入道之序，是要先讀《大學》以立規模，次及《論》、《孟》以述蘊奧，而後歸會於《中庸》，然後尺度權衡既定，由之窮訂經、史等。〔註194〕至於蕭𡙡教學，則以小學始。〔註195〕程端禮本朱子讀書法，且實行於其家塾讀書分年日程，這可看出他所掌握其間的旨意，而且還討論及下學上達之問題。〔註196〕調和朱、陸的鄭玉，仍是日誦四書，玩味朱子之意，他對其他學者們強調斯道之旨，不在高虛廣遠之際，而行乎日用常行之中，由之以達修、齊、治、平這一條理路。〔註197〕著作甚豐的吳澄，他有立言傳道之意，其所掌握下學上達之旨，以及重四書與實學之要，就他所寫各經書的序錄中即可以探得消息。〔註198〕

　　元初參政的儒士們，以許衡為首，除在政治上力主漢法，以及實政上之努力外，其於學術、教育上以朱學為正統，而掌握住「實學」的要義，正合乎朝廷實用精神，雖淺近易知，卻有完整之思想體系，可至精密細微之高，為有效地使朝廷吸收此道，必先以提倡注重日用之常為基礎，也合於下學上達之效，故而元代儒士所倡論之道，幾盡在下學之達，往上的精微義理則少有發揮，以致後繼的儒士中，有人會認為這是學術思想中的不足。如果再加上對陸子之學的論述，如吳澄者，則門戶之見又夾於其中矣！虞集曾寫了〈送李擴序〉一文，對於元代下達之學的著重，以及許衡之功、吳澄之退等，有很清楚的論說，他從元初儒術能實行的基礎開始，到門戶之爭等，提出其看法。現在將之引述於後：

　　虞集以世祖用儒術，是思有以變化其人之故，「以為學成於下，而後進於上」，且先從貴近開始受學。因此許衡罷政中書而為師，當時風氣渾厚，人材樸茂，許衡故表章朱子小學一書，「以先之、勤之，以灑掃應對以折其外，嚴之以出入游息而養其中」。數十年間，名卿大夫皆出其門，文正（許衡）之功就是使國人知聖賢之學，而朱子之書大行於世，後繼之人也都踵襲其教。但虞集認為文正於聖賢之道、五經之學，「蓋所志甚重遠焉」，其門人所得不足以盡文正心，因此他認為學術有止而不進的現象，如果文正尚在，必會繼以發揮義理，不至止如前日之法，因此他說後人隨聲附影，是假美言

〔註194〕參見同註34，頁3下。
〔註195〕參見《元史》，卷189，頁14下。
〔註196〕參見《程氏家塾讀書分年日程》（叢書集成簡編）卷之3，頁119。
〔註197〕參見註80，頁17上。
〔註198〕參見《吳文正集》，卷1，四經、三經等序錄。

以護其短。虞集又極力推崇吳澄之學，他說其學「未嘗析事理為二，使學者得有所據，依以為日用常行之地，得有所標指，以為歸宿造詣之極」。至於吳澄被議為陸而非朱，虞集說：「陸子豈易言哉？彼又安知朱陸異同之所以然？直妄言以欺世拒人耳！」而後鄧文原、以及他本人都曾在這類糾紛之中遭到劾謗。〔註199〕

　　從虞集的文章中，似乎看到他的控訴與不滿。在元代朱子成為正統思想的背後，實學與下學上達之教，正能契合蒙古的質樸與實用主義，以此基準點，使傳統之學術思想得以延續，在外族朝廷得以生根，用以配合行漢法之可能，並強化之，這應是儒士們理想的藍圖，以及中國（文化）意識之表達。然而若只停止在下達之學，非但是不明為學求理之本末，且有違程朱之旨，甚至許衡等人所努力的初衷，正如虞集前文中引程子之語曰：「聖賢教人有序，非是先教以近者、小者，而不教之遠者、大者也」。

〔註199〕以上參見《道園學古錄》，卷5，頁65下、66上。

第五章　結　論

　　在古史中第一個統治全中國的外族是元代，外族自是古代相對於華夏民族而言。於此前在中國建立政權或王朝者還有一些外族，都是屬於北亞民族，故而對這些北亞民族南侵的原因，以及其建立王朝的典型等，需作概略的交待，尤其外國學者們的研究，頗值得參考。在南侵的原因中，有不同角度的諸多理論，這些說法都必須綜合來看，較易求得通盤的結果，就其生態環境而言，世界性氣候的變遷與人口膨脹，則需南進發展，因為獲取充足的物資，而在貿易受阻時，則易發動侵略性的奪取行為，在其思想中有獨立自立的政治意識，進而發展出建立帝國之理想，對外之抗爭、擴張，就造成了軍事行動。

　　在外族建立王朝的模式中，為多數人所採用的是「滲透王朝」與「征服王朝」，這是著重其手段而言，就其性質而言，筆者提出「複合皇朝」以與傳統漢族朝廷互為參考，但其複合之程度則不整齊，尚待作進一步之研究與討論。

　　上古即發生「夷夏」的複雜關係，所謂「尊王攘夷」，正說明其時知識階層對文化危機的意識，這個文化也就是因革損益之中華文化。「夷夏」雜處的情形在「攘夷」運動之下，慢慢地進行，到秦漢一統之時，算是分別了「夷」於「夏」之外。但彼此之關係並不因各自保有其天下而呈靜止的狀態，雙方對立時的關係是一情形，而在「蠻夷滑夏」，即外族勢凌中國之時，又為另一情形。尤其當後者之情形時，知識階層又面臨重大的困境了。

　　當外族盛而中國衰時的複合皇朝時代，大大地破壞漢族舊有的社會秩序，文化理想也多晦而不明，士人受到摧殘很重，尤其在五胡亂華之初，大概是

因為摧毀要比爭取來得容易些。到後來外族朝廷漸漸與舊有勢力的士族結合，但仍在征服者陰影之下的士人們，有避地全身的隱者，也有勇於出仕，而欲實現其理想如崔浩之流者，但在政治衝突中，不少士人遭到迫害。

行漢法、採漢文化，在北魏時已有相當成功的例子，但不是全盤漢化。在契丹則用兩元政治，所用之華北士人，漸成為漢人中的閥閱巨族，他們當遼亡金興之時，仍然受到女真人之重用。在遼代政治中的士人階層，其來源分別為降人、俘虜、世家、進士等，尤以後二者構成兩元政治中一支的主幹。遼與北宋對峙，但在遼之漢士已經認同了契丹皇朝，則是個明顯的事實，一方面係因華北周邊長期「胡化」之背景，二方面初屈於外族之勢下，而接受數代統治之後，已不復有「思漢」之心，三方面是遼代之政尚不致大壞，歸功於其治理之功，例如科舉之行就是很好的說明。

值得注意的是漢人叛變的行為極少，士人涉及的思想問題與文字獄等，在遼代幾乎是沒有，除去朝廷的嚴格控制以及掌握軍事權力外，也提供了一個相當值得思考的問題，那就是士人之思想與文字問題在金與清兩代都可以看見，而且迫害甚重，這兩代都是受漢化較深的外族皇朝，而遼與元兩代似乎都無所見，其文網不密，或許這兩代都是受漢化較淺之故！

金代之統治初由兩元進而漢化，由於漢化的結果，使金代中期的女真本土運動不能達到預期之效果，「胡漢」之間尚能保持在政治上與文化上的均衡，在士人的思想中，金代已成為正統之皇朝，這不只在德運的正統論中可以看出，在其他言論中以及元初的金士們的腦海裏，都可以探看到這種消息。另外，金代士人有南、北之爭以致造成黨禍，這與元代相似，不過元代並沒有金代受害之慘。女真政權之衰亡，失去漢士之支持是重要原因，雖然漢士在後來之政治結構中，所佔比例有高昇之勢，但女真政權也在中期以後愈來愈有私心，極力保障其特權，不但隱藏有制壓之企圖，而且以胥吏待天下士，故而漸失士人之心而不能長久。

在緒論中又為士人界定了廣泛的定義，就是指古代一般的知識階層，其起源與興起的特徵，也大都能合這個定義，他們就是中國傳統裏以「道」自任之士，而其與「勢」之間的關係，就是士人與政治間的離合情形。

歷代鼎革之際，士人不免要遭遇到的難題就是出處問題，其實在一般的政局中，他們仍不免要面臨此問題。因為是以「道」自任，故而有道之時則應出仕以盡其責，無道之時則宜隱居以求其志。元代以儒家為主流思想之士，

對於隱居所持之觀念，也成為本文探討的一要項。

　　原來早在先秦時，就出現受人重視的隱士之流，在《後漢書》裏，他們就具體地在史書中固定了其地位，同時還被分為幾種類型。在元代以前各史書中，其名稱與類型雖有差異，大體上所指之義都相近，也都較受同情與尊重，顯然多有標榜之意。這對元代士人而言，仕與隱的問題，在心理上的確承受相當大的傳統壓力。

　　元代之政治結構的研究，可以了解士人在其中的比重與地位。大略以忽必烈統一中國前後，區分為兩個部份，前者是早期之蒙古帝國，其前期為草原時代，大體上是蒙古本土之傳統，以蒙古人為主，西域人其次，漢人則極少參與其朝廷，除《元史》上說「以萬戶統軍旅，以斷事官治政刑」，任用少數親貴外，還有相當於副宰相之職的「必闍赤」之長，宰相即可視為斷事官（札魯忽赤），地方上又派有管轄範圍不等之「達魯花赤」，另外尚有重要的「怯薛」組織等。這些原都有北亞民族的傳統，到成吉思可汗時加之因革損益而成。在其中「必闍赤」之組織，應與士人階層之參與政治有較大的淵源關係。

　　到草原之後期，即為統治華北時代，略有殖民的色彩。此時已滅金，得到大量之漢人，其情形不異於以往之外族入侵，有不少的地方武裝集團、前朝貴族、游離之士人等加入。士人之興起與漢法之實行即始於此，但在政治上有地位者不過極少數幾人，亦多在於行政才能之受重視為主。其參政多以「行省」方式，這是元初沿用的金制，於軍事上則以元帥名之。在中國地區的行政中心是設在燕京的行省，其權力由幾個「行省」的頭銜來分掌之。燕京行省與西域行省，是太宗初在佔領區所行之兩大政區，到晚年時成為燕京、河中、河西三大行省，漢士始終只在燕京行省，而且常有西域人也在此出任之。在這時期中，西域人之勢遠高過漢人。即使在中國地區用兵之際，有大量漢人武裝集團之加入，但也為蒙古朝廷所控制，這些地方藩鎮除去主軍事為主外，還收容不少游離的士人，為漢文代保存於亂世，也培養社會中之知識份子，其中以東平嚴實為著名。故而士人與這些藩臣們關係相當密切，也成為其師友或幕僚，促成部份的地方漢人自治之局面。

　　固然因實際行政上之需要，漢士愈往後愈有大量納用趨勢，但忽必烈是有計畫的用士人行漢法，並且漸把蒙古帝國之重心，由北亞轉移到漢地，同時把此前治理中國地區之中書省，改變為全國中央之最高機構，原有蒙古本

土之制如「札魯忽赤」、「必闍赤」等已轉化為權力地位較低的不同職位了。但「怯薛」制度一直存在整個元代，其特性與優越之地位也無差異，這仍免不了為鞏固政權之心理。在中統初的人事名單上，可以看出一個大的轉變，即漢人勢力的抬頭，壓倒了此前西域人始終佔優勢之局，然則好景不常，李壇事變破壞了這個契機，不但士人在中央難有繼續擴張之機會，而且地方漢人藩臣之權力也被收回。這都說明了朝廷對漢人的防制之心。

原來政治地位最高的漢人王文統，因李壇之變而遭殺，固然他曾受到正統儒士如許衡等人之排斥，視之為學術不正，他真正之倒台還是事變的結果。原來與漢士集團競爭激烈之西域集團，也乘機打擊漢士，漢士們結合親近的蒙古貴族，以與受重用的西域派相抗，雙方之勢各有昇降。忽必烈雖然有漢化之背景，也對漢文明有相當之興趣，但他有國家財經上的大困難，不得不倚靠善於理財的西域人，或者重用漢士中如王文統的雜霸之流。若貼切一點說，蒙古人是走實用主義的路線，如許衡之流是被視為高虛言論者，不宜於主政，只適於掌教化之職的。

在用人取材上初未行科舉之制，宿衛（怯薛）出身者最佔優勢，這是貴族性的特權。吏進與儒進成為士人最普遍的入仕之途，其中吏進居多，儒進為教官（校官）之類，轉遷又難，名額亦有限，品秩也低，可以想見出大部份的士人地位遠不如漢族傳統皇朝一般了。其餘還有荐舉、學校、徵聘之類，比例亦低。至於科舉，時間既短，人數亦少，除了增加士人入仕的機會外，似乎沒有什麼較特別的地位。

由於元代偏重其國姓種人，一般所了解者也是認為百官以蒙古為長，相關地以為漢族甚受歧視。在明代所修《元史》的〈百官志〉中也持如此看法。事實上這只是一個原則，但決不如所言，暫以新、舊《元史》與《蒙兀兒史記》之資料，在一千四百餘人之初步統計中，對元代統治階層及其政治結構分析之結果，得知漢人官員佔總數約近百分之六十，蒙古與西域族人合佔百分之四十；其中蒙古人略多。

要注意的是漢人官員中，約有一半是在中、下階層，在三品以上官員之分配中，漢人有百分之五二，蒙古有百分之二六·二，西域為百分之二一·八。在各族本身的比例來看，蒙古人出仕者，約有四分之三可以進至高位，西域人達五分之三以上，漢人則僅有一半略多可進入三品以上。

在出身方面，蒙古與西域人皆以世選、宿衛、軍功三者易至高位。漢人

以吏進居多，近三分之一，其次為蔭襲、宿衛、軍功等出身者。

在高官中如果再檢查中央權力機構的中書省，或許可以進一步了解其政治結構之比重，以漢人、非漢人的兩元分配來看中央與行省的宰執，就人數與出仕之人次而論，漢人之聯合（廣義之漢人）遠不如北亞民族之聯合，漢人大體上只佔了三分之一強。

若以掌實際決策大權的最高首長而言，漢人則更顯得遠不如北亞民族了，雖然漢人三品以上之高官佔全國之半，但愈往上昇、愈有決策實權者愈難有漢人出仕，這是個很明顯的趨勢。在各省、臺之正副首長，所列漢人出仕的名單實在有限，例如宰相一級，漢人只佔北亞民族不足十分之一，平章不足五分之一。不過在各省、臺中，確有漢人出任過正首長，並非百官之長必係蒙古人，西域人自然亦曾出任為長，也多過漢人。

對於元代政治結構方面的特色，約略可以得到下列幾點意見：其一為北亞民族之聯合，控制政權而實施決策。其二為皇室與貴族形成閥閱政治，其與蔭襲及宿衛制度又有絕大關係。其三為監察網密，而君權與權臣之權力卻無以限制。其四為宿衛地位高超。其五為入仕途雜，漢人以吏進為多。

由政治結構中所顯示之資料，在實際政治中亦可得到證明，在元人本身的記載中也有清楚的說明。就以姚燧所言宿衛、儒、吏為入仕之三途為例，其中佔絕大多數的為吏進，雖然統計之資料尚不及其說之偏高，但吏進佔大多數這點仍是相當吻合。還有傳記資料並不完全，所記載中、下級官吏較不普遍，尤其佔絕大多數的下級官吏，是不可能有太多出現於記錄中的機會，而元代下級官吏正就是多以吏進入仕者，故知姚燧之說法其可信度相當高，主要的是在其他元人的說法中，也都與之相似。

在入仕的政治人才方面來看，元朝廷之重點是本其實用主義為準，也就是可以簡單地化約成有基本之品德，如公正、勤政等，再加上有實際行政才幹為主；似乎並不著意於高深之道德理論與政治思想等。故而如司馬光的才德之論等，並不在蒙古人思想中有深入討論之傾向，這決不是蒙古人不重德行，只是注重基本品格而不作高論，這種觀念以其恪遵傳統之習慣法最能表現其德行納於法典之精神。在蒙、漢政治思想之差異中，說明異質文化間的異同與協調，而漢人所論多以中國為本位，正與蒙古之帝國性質有不調和之處，這也是元代政治上之大難題。漢人所爭論者在主中國、主漢化，蒙古人所主者，為大帝國統治之中國部份；而這部份卻是帝國之重心所在。準此則

士人在元代之政治地位，及其論政、參政等，都要以之為背景。

由於民族色彩關係，漢人在政治上受到一定之限制，原則上掌決策之權與軍機要務，漢人不得參予，就是有未嚴格確守之時，也屬極少數。但在入仕為官的參政機會上，漢人的數量是相當多，途徑也不少，在採取制衡原則下，可知漢人仕途之情形，而行政實務上吏員更多。在待遇上，多處可見為漢人所作之規定，而蒙古人則享有特權，因之優待略高。總之，如元末葉子奇所言：「大抵皆內北國而外中國，內北人而外南人」，有差等之地位，也如同金末劉祁所說金朝是「分別藩漢，且不變家政」之意相似。

在士人之論政，實不脫歷代之傳統，而受兩宋思想之影響為大。注重君德之修養，以親君子、遠小人，以及帝王修身為主，這都是德治要求之根本。在基本政策上，要求最多的是典章律令之明定及公平與統一，節儉止欲等，這說明蒙漢思想之差異，也反應了元代朝廷之政策。其他如論吏治，集中於銓選之法。論人才教育，注重學校與科舉。論法治，在於別善惡之賞罰，以寬簡為主，而尤重禮樂教化為根本，這是儒家士人思想中的普遍觀念。在官制方面，重點在於免浮濫，有消除特權之意。這些論政的大要中，都無非是要求元朝廷走向漢化之路，行傳統之漢法，其熱切之渴望，要超過了歷朝帝位之爭奪這種權力中心的轉移的關注。

士人論政的一個重點是入仕之議，亦即對儒與吏的看法，這是因元代士人入仕多以吏進，而普遍遭遇到的心理問題。雖然元制如此，且「從刀筆吏可以速達」，但任吏實非士人所願，心理上所受壓力甚重，士人以儒自居，雖然元代對儒者有所照顧，但儒已失去傳統之社會地位與政治上之風彩，故而思想上與實際上的矛盾，就有著較多之討論。「以儒術緣飾吏事」是此問題之重心，除了對儒與吏之優缺點，以及其特性有所分析外，大多是以古代儒吏合一為理想。所謂兩漢名臣多出於小吏，國家貢士之法，為鄉舉里選之遺制，孔子不辭委吏乘田，國家欲革吏人之心，真儒之效，儒吏之道為一等等的說法，都是對此問題的種種解說。也有由各種角度來勉恤任吏者不必自慚，而提高士人的正面價值。故而在元人文集中，許多送別、調任的作品，文中可見多係士人入吏的情形，即其中言及少數非士人階層，但也受其僚友士人之影響，而沾染士人之風。

在實際政治上，元初參政早而影響大者為耶律楚材，他很能代表華北金、宋學術的類型本儒家思想之士人從政，有長久之歷史與經驗，以及社會地位。

耶律楚材即是以儒家之言為從政之基礎，事實上他是外儒而內三教，加以其行政經驗與才能，很能契合新興之蒙古王朝，看他的傳記資料當可明白此點。他是經過一段時期的努力而爭取到新朝之重用，換言之，一方面要努力爭取，二方面本身要是有實用之材者。

楚材在中國地區政令中心的燕京行省，召集華北士人，本金制漢法而行，金末北方士人則不是依附藩臣，即為隨軍行政，或在燕京行政等，他們行政上表現相當卓越，遂開士人參政之局。在不同的主政之中，都看到召延士人，行中國式治理的局面，如楚材之外，有劉敏、楊惟中、王檝、楊奐等人可為例，其中「儒戶」之設立，即為其努力之成果，使亂世的士人不至流離與輕賤；而趙復之於北方，更開創元代學術思想有系統之基礎。

士人參政多倡漢法儒治，許衡等人之貢獻尤多，而其集結是要在忽必烈所開創的局面之下，除去不可避免的要以漢地人才為行政骨幹之外，世祖亦遭遇到蒙古帝國內部的權力衝突。他既以中國為重心，更不得不大量引用漢地人才與採行漢法，是以史稱其重漢化，而與行科舉之仁宗並名，另外有重文藝之文宗與順帝等。在這幾個帝王的朝廷，似乎有很樂觀的漢化傾向，但在實質上並不能如此確定。

漢法儒治之於元代而言，帝王有意者，或在其受到儒士努力於漢法之感動力，以及攝取修養、文藝等方面之興趣；另外則有意使儒家思想中有利部份與之結合，如綱常之教等等。一般而言，似乎當政者皆善用雜霸之流，既可解決目前實際政治上的問題，又可收立急之功。在蒙古朝廷而言，其重實用，所望於儒士係在學術能致用，故元初士人皆因有實政表現而得信用。朝廷要用專家之士，如理財、法律等長才，而一般儒士以熟於經典為從政入仕之標準，如此則朝廷只視為儒業宜從事教育之政，或文彩藝術，以及備帝王之顧問等。若有行政才能之士，受重於決策的機會則較高，像王文統與許衡之間，就是很可以參考的例子。

或許在表面上，漢化與儒治無異於暗示士人對朝廷抱有希望的耐心，以及鼓勵其繼續爭取之可能，預期以日增之向心力，來平衡民族間之矛盾。在士人方面而言，他們的努力還是有其正面之價值，尤其在面對統治大權於北亞聯盟的基礎之中，蒙古本土主義與中亞治理的西域法，都並不必然地要屈伏於漢文化之下，若僅憑藉實際政治所需治理的人數，來定漢法儒治之採行的趨勢，恐怕是對元代士人之努力，不免有漠視之嫌。

　　漢法對北亞之排斥，在元初即甚明顯，雖然有民族間之矛盾，但應是以意識形態為主的，因而在政治作風上及帝位糾紛上也牽連在內。政治衝突即在其中演現，不過純粹的權力鬥爭也不能免於其外，士人在其中所受到之迫害，比於衝突之頻繁而言，似乎並不見重。而元代文網不密，故文字獄之類的迫害，幾無所見，比諸金、清則不可同日而語了。

　　對於朝廷或政權之看法，最早之傳統應為天命觀與正統之問題。元代士人論前者為少，論後者較多，因為論正統，無形中都以元係得天命者；有的則不論此，而獨對道統有所論，是以「道」與「勢」分難，而或有其寓意。在論正統之中，大體可分為幾種；一以宋為正統，遼、金為載紀者，其中也有主宋但不言及遼、金者。表現最有特色的，是以朱子綱目之說，尊蜀以正宋。也有以北宋為正，元則繼之，遼、金、南宋等則為絕統之時。一以宋為平等之外國史，而以元繼金，金繼遼為正統。這種不正宋之論，受到大多數士人之反對。而金亡之初，也有金末遺士早倡修史，意以元繼金之正統。這兩大類的說法，大約以甲午年金亡之時，修端的正統論為最早，其中參與討論的士人，則已分出了兩類的雛型。

　　值得注意的是在論正統中，多數士人主朱子綱目之意，以「道」論「勢」，這與有人雖不論正統問題，而論道統以尊朱，似乎在用意上並無差別。在論道統之中，元人所論不出宋人之論，而幾乎又一致推主朱子之承道統，而且元人多擺脫金代盛行的德運之爭，直接論正統之歷史意義，尊朱正宋成為士人所論之重點。這在華北的學術思想源流而言，似乎有轉變之趨勢，原來北學是金人承北宋之源，亦即金學乃因革宋學而成，但宋學中所謂理學的北宋五子，其地位並不如後世所言之高，可能還差於范、歐、蘇、王、司馬等人。他們學問道德可觀，而政事更足為法，是所謂重經世致用之實學，但也深諳佛老之學，故三教論在金代之流行亦有其所自。再就外族政權之統治背景而言，金、元兩代皆不必負擔漢文化傳統包袱，義理高玄之妙仍不如實學之效。由於政治上因素，金人不只對宋學有所評議，更多表現出與南宋之學如朱學的對立立場，這其中自亦不排除金人獨立發展其學術之努力。

　　北學為元初儒士所承，及朱學北傳，其時大義旨要已為朱子門人所反覆釋疏，而能掌握之後，即與北學有共通之基準點。簡言之為重視實學，這與蒙古新朝的實用主義恰能契合，而其日用之常之教，又頗適合一般人群受教之條件，以及外族質樸的本色。在現實政治中，無論如何要受到的限制與阻

礙，如力行漢法之努力，若透過朱學之教，或可收更深遠鞏固之結果，這就是潛移默化之理想，所需之時間也是較長期的。

　　再以士人理想平天下的對象而言，是以普遍性的人間為對象，若進於中國，則中國之，朱學遂成為士人使元代進於中國的準則。尊朱學之表現，以綱目正宋，力倡道統，特意發揮實學等為要項，故後來科舉之制定四書之地位，似是很可能的一種發展。

　　關於元代朱學之盛行，要以下列幾種方式來看，其一為著書本朱子之意，或模仿、闡述等，其二為著書改正不合朱子之意者，其三為文論述朱學、或贊揚朱子等，其四為主持學校或教育者之尊崇朱學，其五為國家考試以朱學為主，其六為刊書、譯書而發揚朱學。不過亦有對獨尊朱學表現不以為然之人，以及修正朱學之處。

　　元人重道統以及士人尚志之傳統，在現實環境中對「道」之實踐問題有所不同，亦是歷代不可避免的「道」、「勢」之間的難題，或隱或仕，是相背而最通常所採取之態度。以「義」、以「時」是理論上士人提出的一致看法，而元代士人在出仕的原因中，約略可以看出有下列幾種：一為現實生活者，二為免除徭役之累者，三為避免民族間之歧視者，四為展抱負、理想者，五為家庭親人之寄望者。至於隱士之造成，元人也有幾種現象：一以出仕之條件或能力不足者，二以朝廷政風與需要不合意者，三以欽慕古之隱逸者，四以道不行、時不用而隱者，五以人生觀即不欲仕者，六以忠於故國之思而隱退者，七以為義而不仕者。又有許多士人在為真隱士而正名，並評論為沽名釣譽而不仕之徒。

　　宋亡於元，就勢而論，是南統於北，就道而論，則北統於南。在隱與仕的討論中，說明了士人對政治之態度，而究其思想來看，值得重視的是其所持之理想，為道之行而仕，或為道之尊而隱，是兩個極尖銳的問題，許衡與劉因成為這問題的代表人物，這個問題原是歷代都不可避免的糾纏，而究其思想之初源，似是易經中所論之「時義」，也是中庸所重之「時中」，在論語裏孔子所言殷之三仁，孟子所論夷、尹等，以及聖之清、聖之任、聖之時等。大體上先秦儒家以士志於道為中心，然「道」可在士之身，而「勢」未必能持之在手，而為士、為君子者，是不可「枉道以從勢」的。就「道」、「勢」之間的難題，以孟子之意，提出孔子的「聖之時」為解決之典範，即仕止久速之時義。

　　對「道」而言，則元人已經提出許衡倡之於上，劉因倡之於下的看法，這種選擇性之問題，若俱為「道」，則或仕而行，或隱而尊，都如朱子所言：「同出於至誠惻怛，故不背乎愛之理，而有以全其心之德」，然則也都同時不免有主觀的價值判斷在內的。

　　不論道行或道尊，兩者間對道的共同基準點仍可以看出，此即孔子「下學而上達」之教。在朱子已能看出思想界之偏，而著意提昇下達之學，而後黃幹、何基、王柏、至元初之趙復、金履祥等也都確能掌握，遂注重德性教養與人倫之關係。至於許衡則更明確地落實在下達之學，以入德之門先於小學，而後繼之以四書，其他如姚樞、劉因、吳澄等莫不如此，是皆首重易知易行而普遍人間的日用之常，即前所言實學的哲學基礎就在於此。就元代士人之學術思想而言，幾乎也盡在下達之學，對於精微義理似不欲作太多的努力了。

徵引書目

壹、史料與古籍部份

1. 丁復，《檜亭集》，9 卷，臺北，臺灣商務印書館（以下省稱臺灣商務），四庫珍本三集。

2. 孔穎達等，《毛詩正義》，40 卷，臺北，東昇出版事業公司（以下省稱東昇），影印十三經注疏本。

3. 孔穎達等，《周易正義》，10 卷，臺北，同前。

4. 孔穎達等，《春秋左傳正義》，60 卷，同前。

5. 孔穎達等，《尚書正義》，20 卷，同前。

6. 方孝孺，《遜志齋集》，24 卷並附錄，臺北，臺灣商務，四部叢刊初編縮本（以下所用初編皆此縮本版）。

7. 元好問，《遺山先生文集》，40 卷，臺北，臺灣商務，國學基本叢書。又參用臺北，成文出版社（以下省稱成文），九金人集本，民國 56 年 8 月，臺一版。

8. 王安石，《王安石全集》，62 卷拾遺 1 卷，臺北，河洛圖書出版社（以下省稱河洛），民國 63 年 10 月，初版。

9. 王惲，《秋澗先生大全文集》，100 卷附錄 1 卷，臺北，臺灣商務，四部叢刊初編。

10. 王士點，《祕書監志》，10 卷，杭州，浙江古籍出版社，元代史料叢刊。

11. 王柏，《魯齋集》，10 卷，臺北，藝文印書館（以下省稱藝文），金華叢書。

12. 王國維，《長春真人西遊記注》，2 卷，臺北，正中書局（以下省稱正中），蒙古史料四種，民國 51 年 9 月，臺初版。

13. 《聖武親征錄校註》，同前。

14. 《蒙韃備錄箋證》，同前。

15. 《黑韃事略箋證》，同前。

16. 王若虛，《滹南集》，45 卷，臺北，成文，九金人集。

17. 王充，《論衡》，30 卷，臺北，世界書局（以下省稱世界），新編諸子集成，民國 67 年 7 月新三版。

18. 王利器，《風俗通義校注》，10 卷並佚文附錄，臺北，明文書局（以下省稱明文），民國 71 年 4 月初版。

19. 司馬光，《資治通鑑》，296 卷，臺北，世界，民國 63 年 3 月，六版。

20. 田況，《儒林公議》，2 卷，臺北，新興書局（以下省稱新興），筆記小說大觀續編。

21. 朱熹，《四書集註》，2 冊，臺北，藝文，民國 45 年 9 月，初版。

22. 宋濂，《宋學士文集》，75 卷，臺北，臺灣商務，四部叢刊初編。

23. 宋濂，《元史》，210 卷，臺北，藝文。

24. 李翀，《日聞錄》，1 卷，臺北，藝文，守山閣叢書。

25. 李百藥，《北齊書》，50 卷，臺北，藝文。

26. 汪克寬，《經禮補逸》，9 卷，臺北，漢京文化公司（以下省稱漢京），通志堂經解。

27. 汪克寬，《環谷集》，8 卷，臺北，臺灣商務，四庫珍本七集。

28. 安熙，《默庵集》，5 卷，臺北，臺灣商務，四庫珍本三集。

29. 佚名，《廟學典禮》，6 卷，臺北，臺灣商務，四庫珍本初集。

30. 佚名，《大元聖政國朝典章》，60 卷附新集不分卷，臺北國立故宮博物院，景印元刊本，民國 65 年 12 月。另參考文海景印沈刻本。

31. 余靖，《武溪集》，20 卷，臺北，臺灣商務，四庫珍本六集。

32. 吳澄，《吳文正集》，100 卷，臺北，臺灣商務，四庫珍本二集。

33. 吳澄，《儀禮逸經傳》，1 卷，臺北，漢京，通志堂經解。

34. 念常，《佛祖通載》，22 卷，臺北，台灣商務，文淵閣四庫全書。

35. 房玄齡等，《晉書》，130 卷，臺北，藝文。

36. 胡祗遹，《紫山大全集》，26 卷，臺北，臺灣商務，四庫珍本四集。

37. 胡炳文，《雲峰集》，10 卷，臺北，臺灣商務，四庫珍本四集。

38. 柳貫，《柳待制文集》，20 卷，臺北，臺灣商務，四部叢刊初編。

39. 耶律楚材，《湛然居士文集》，14 卷，臺北，臺灣商務，國學基本叢書，民國 57 年 12 月，臺一版。

40. 范曄，《後漢書》，130 卷，臺北，藝文。

41. 紀昀，《四庫全書總目》，200 卷，臺北，藝文，民國 63 年 10 月，四版。

42. 袁桷，《清容居士集》，50 卷，臺北，臺灣商務，四部叢刊初編。

43. 馬祖常，《石田文集》，15 卷，臺北，臺灣商務，四庫珍本六集。

44. 馬端臨，《文獻通考》，348 卷，日本，京都，中文出版社，1978 年 6 月。

45. 孫詒讓，《墨子閒詁》，15 卷，臺北，河洛，民國 69 年 8 月，臺影印初版。

46. 真德秀，《西山先生真文忠公文集》，51 卷，臺北，臺灣商務，四部叢刊初編。

47. 貢師泰，《玩齋集》，10 卷拾遺 1 卷，臺北，臺灣商務，四庫珍本三集。

48. 郝經，《陵川集》，39 卷附錄 1 卷，臺北，臺灣商務，四庫珍本四集。

49. 姚燧，《牧菴集》，36 卷，臺北，臺灣商務，四部叢刊初編。

50. 徐夢莘，《三朝北盟會編》，150 卷，臺北，大化書局（以下省稱大化），民國 68 年 1 月，初版。

51. 徐乾學，《尚書正讀》，6 卷，臺北，洪氏出版社（以下省稱洪氏），民國 64 年 3 月，初版。

52. 陸游，《老學庵筆記》，10 卷，臺北，世界，陸放翁全集，民國 52 年 4 月，二版。

53. 陳旅，《安雅堂集》，13 卷，臺北，國立中央圖書館（以下省稱中圖），元代珍本文集彙刊，民國 59 年 3 月，初版。

54. 陳奇猷，《韓非子集釋》，20 卷，臺北，河洛，民國 63 年 9 月，景印再版。

55. 陳櫟，《定宇集》，16 卷別集 1 卷，臺北，臺灣商務，四庫珍本二集。

56. 陳邦瞻，《元史紀事本末》，27 卷，臺北，臺灣商務，萬有文庫薈要，民國 54 年 8 月，臺一版。

57. 柯紹忞，《新元史》，257 卷，臺北，藝文。

58. 陳壽，《三國志》，65 卷，臺北，藝文。

59. 陶宗儀，《輟耕錄》，30 卷，臺北，臺灣商務，叢書集成簡編，民國 55 年 6 月，臺一版。

60. 許有壬，《至正集》，81 卷，臺北，臺灣商務，四庫珍本八集。

61. 許衡，《許魯齋集》，6 卷，臺北，臺灣商務，叢書集成簡編，民國 55 年 3 月，臺一版。

62. 許謙，《白雲集》，4 卷並附錄，臺北，臺灣商務，叢書集成簡編，民國 55 年 6 月，臺一版。

63. 陸九淵，《陸象山全集》，30 卷，臺北，臺灣中華書局（以下省稱臺灣中華），四部備要，民國 55 年 3 月，臺一版。

64. 脫脫等，《遼史》，116 卷，臺北，藝文。

65. 脫脫等，《金史》，135 卷，臺北，藝文。

66. 脫脫等，《宋史》，496 卷，臺北，藝文。

67. 章學誠，《文史通義》，臺北，世界，民國 57 年 11 月，再版，226 頁。

68. 郭慶藩，《莊子集釋》，10 卷，臺北，河洛，民國 63 年 3 月，臺景印一版。

69. 張養浩，《歸田類稿》，22 卷，臺北，臺灣商務，四庫珍本三集。

70. 程端禮，《畏齋集》，6 卷，臺北，中國文化學院（以下省稱文大），四明叢書第一集，民國 53 年 4 月，初版。

71. 程端禮，《程氏家塾讀書分年日程》，3 卷，臺北，臺灣商務，叢書集成簡編，民國 54 年 12 月，臺一版。

72. 程端學，《積齋集》，5 卷，臺北，文大，四明叢書第一集，民國 53 年 4 月，初版。

73. 程頤，《周易程氏傳》，4 卷，臺北，里仁書局，二程集，民國 71 年 3 月。

74. 程鉅夫，《程雪樓文集》，30 卷，臺北，中圖，元代珍本文集彙刊，民國 59 年 3 月，初版。

75. 敖繼公，《儀禮集說》，17 卷，臺北，漢京，通志堂經解。

76. 揭傒斯，《揭文安公全集》，14 卷附補遺，臺北，臺灣商務，四部叢刊初編。

77. 黃潛，《金華黃先生文集》，43 卷，臺北，臺灣商務，四部叢刊初編。

78. 黃瑜，《雙槐歲鈔》，10 卷，臺北，臺灣商務，叢書集成初編。

79. 黃宗羲，《明夷待訪錄》，1 卷，臺北，世界，黎州船山五書，民國 63 年 7 月，三版。

80. 黃宗羲，《宋元學案》，100 卷，臺北，廣文，民國 68 年 4 月，再版。

81. 楊維楨，《東維子集》，31 卷，臺北，臺灣商務，四部叢刊初編。

82. 路振，《乘軺錄》，1 卷，臺北，廣文，契丹交通史料七種，民國 61 年元月，初版。

83. 董仲舒，《春秋繁露》，17 卷，臺北，臺灣商務，四部叢刊初編。

84. 虞集，《道園學古錄》，50 卷，臺北，臺灣商務，國學基本叢書，民國 57 年 12 月，臺一版。

85. 葉適，《水心先生文集》，39 卷，臺北，臺灣商務，四部叢刊初編。

86. 葉子奇，《草木子》，4 卷，北京，中華，元明史料筆記。

87. 趙文，《青山集》，8 卷，臺北，臺灣商務，四庫珍本初集。

88. 趙汸，《東山存稿》，7 卷附錄 1 卷，臺北，臺灣商務，四庫珍本二集。

89. 趙翼，《廿二史劄記》，36 卷，臺北，世界，民國 60 年 4 月，七版。

90. 趙秉文，《閑閑老人滏水文集》，20 卷札記 2 卷附錄 1 卷，臺北，成文，九金人集。

91. 蒲道源，《閒居叢稿》，26 卷，臺北，中圖，元代珍本文集彙刊。

92. 劉敏中，《中庵集》，20 卷，臺北，臺灣商務，四庫珍本三集。

93. 劉岳申，《申齋劉先生文集》，15 卷，臺北，中圖，元代珍本文集彙刊。

94. 劉因，《靜修先生文集》，22 卷，臺北，臺灣商務，四部叢刊初編。

95. 劉鶚，《惟實集》，7 卷，臺北，臺灣商務，四庫珍本四集。

96. 劉祁，《歸潛志》，14 卷，臺北，興中書局，知不足齋叢書，民國 53 年 12 月。

97. 鄧文原，《巴西集》，2 卷，臺北，臺灣商務，四庫珍本三集。

98. 鄭元祐，《僑吳集》，12 卷，臺北，中圖，元代珍本文集彙刊。

99. 黎德靖編，《朱子語類》，140 卷，臺北，漢京，四部善本新刊，民國 69 年 7 月，初版。

100. 歐陽修，《五代史記》，74 卷，臺北，藝文。

101. 歐陽修，《新唐書》，225 卷，同前。

102. 《歐陽修全集》，50 卷，臺北，世界，民國 60 年 4 月再版。

103. 歐陽玄，《圭齋集》，15 卷，臺北，臺灣商務，四部叢刊初編。

104. 薛居正，《舊五代史》，150 卷，臺北，藝文。

105. 戴良，《九靈山房集》，30 卷，臺北，臺灣商務，四部叢刊初編。

106. 魏收，《魏書》，114 卷，臺北，藝文。

107. 魏了翁，《鶴山先生大全文集》，110 卷，臺北，臺灣商務，四部叢刊初編。

108. 蘇轍，《蘇轍集》，84 卷，臺北，河洛，民國 64 年 10 月，臺景印初版。

109. 蘇天爵，《滋溪文稿》，30 卷，臺北，中圖，元代珍本文集彙刊。

110. 蘇天爵，《國朝名臣事略》，15 卷，臺北，學生書局（以下省稱學生），民國 58 年 12 月，初版。

111. 蘇天爵編，《元文類》，70 卷，臺北，臺灣商務，國學基本叢書，民國 57 年 6 月，臺一版。

112. 顧炎武，《日知錄》，32 卷，臺北，臺灣商務，人人文庫，民國 67 年 6 月，臺一版。

113. 權衡，《庚申外史》，2 卷，臺北，藝文，豫章叢書。

貳、參考書籍

一、專　書

（一）中　文

1. 王明蓀，《早期蒙古游牧社會的結構》，臺北，嘉新水泥公司文化基金會，民國 65 年 12 月，155 頁。

2. 王明蓀，《宋遼金史論文稿》，臺北，明文書局，民國 70 年 12 月，初版，190 頁。

3. 札奇斯欽，《蒙古秘史新譯並註釋》，臺北，聯經出版事業公司（以下省稱聯經），民國 68 年 12 月初版，451 頁。

4. 札奇斯欽，《蒙古黃金史譯註》，同前，322 頁。

5. 余英時，《歷史與思想》，同前，民國 65 年 9 月，初版，476 頁。

6. 余英時，《中國知識階層史論》（古代篇），同前，民國 69 年 8 月，初版，372 頁。

7. 李則芬，《元史新講》，臺北，自刊本，民國 67 年 12 月，5 冊。

8. 周一良，《魏晉南北朝史論集》，臺北，坊印本，418 頁。

9. 姜一涵，《元代奎章閣與奎章人物》，臺北，聯經，民國 70 年 4 月，初版，248 頁。

10. 姚從吾，《姚從吾先生全集（五）——遼金元史論文（上）》，臺北，正中書局（以下省稱正中），民國 70 年 7 月，臺初版，454 頁。

11. 姚從吾，《東北史論叢》，同前，上冊，民國 59 年 4 月，臺三版，338 頁，下冊，民國 57 年 4 月，臺二版，401 頁。

12. 柳詒徵，《中國文化史》，同前，民國 67 年 4 月，十二版，3 冊。

13. 韋政通，《中國思想史》，臺北，大林出版社，民國 70 年 11 月，四版，2 冊。

14. 徐復觀，《兩漢思想史》第 2 卷，香港，中文大學，1975 年 9 月，初版，479 頁。

15. 徐復觀，《中國人性論史——先秦篇》，臺北，臺灣商務，民國 68 年 9 月，五版，629 頁。

16. 唐君毅，《中國哲學原論——導論篇》，九龍，新亞研究所，民國 69 年 9 月，五版，612 頁。

17. 唐長孺，《魏晉南北朝史論叢》，臺北，坊印本，450 頁。

18. 孫克寬，《元代漢文化之活動》，臺北，臺灣中華，民國 57 年 9 月，初版，542 頁。

19. 孫克寬，《蒙古漢軍與漢文化研究》，臺中，東海大學，民國 59 年 7 月，再版，199 頁。

20. 孫隆基譯，《儒家思想的實踐》，臺北，臺灣商務，民國 69 年 10 月，初版，438 頁。

21. 張興唐、烏占坤合譯，《蒙古社會制度史》，臺北，中華文化出版事業委員會，民國 46 年 1 月，初版，208 頁。

22. 張星烺譯，《馬可孛羅遊記》，臺北，臺灣商務，民國 61 年 9 月，臺一版，526 頁。

23. 臺灣開明書店編，《二十五史補編》，第 6 冊，臺北，臺灣開明書店，民國 56 年 12 月，臺二版。

24. 島田正郎，《北亞洲法制史》，臺北，文大，民國 53 年 11 月，臺初版，43 頁。

25. 陳榮捷，《朱學論集》，臺北，學生，民國 71 年 4 月，初版，459 頁。

26. 陳垣，《元西域人華化考》，8 卷，臺北，九思出版社，元史研究，民國 66 年 8 月，臺一版。

27. 陳述，《契丹史論證稿》，臺北，鼎文書局（以下省稱鼎文），遼史彙編第 7 冊，民國 62 年 10 月，初版，71 頁。

28. 陶晉生，《女真史論》，臺北，食貨出版社（以下省稱食貨），民國 70 年 4 月，初版，184 頁。

29. 陶晉生，《邊疆史研究集——宋金時期》，臺北，臺灣商務，民國 60 年 6 月，初版，127 頁。

30. 屠寄，《蒙兀兒史記》，160 卷（實存 146 卷），臺北，鼎文，民國 65 年 11 月，初版。

32. 馮承鈞譯，《多桑蒙古史》，臺北，臺灣商務，民國 56 年 10 月，臺三版，2 冊。

33. 黃清連，《元代戶計制度之研究》，臺北，臺灣大學文學院，民國 66 年 2 月，初版，231 頁。

34. 逯耀東，《從平城到洛陽》，臺北，聯經，民國 68 年 3 月，初版，285 頁。

35. 楊培桂，《元代地方政府》，臺北，浩瀚出版社，民國 64 年 6 月，初版，158 頁。

36. 趙令揚，《關於歷代正統問題之爭論》，九龍，學津出版社，1976 年 5 月，初版，172 頁。

37. 蒙思明，《元代社會階級制度》，燕京大學，燕京學報專號，臺北，東方文化書局景印，246 頁。

38. 鄧嗣禹，《中國考試制度史》，臺北，學生，民國 71 年 1 月，四版，457 頁。

39. 劉崇文,《元漢人地位考》,臺北,中國文化學院政治研究所,民國 57 年 6 月,470 頁並附錄。

40. 劉榮焌譯,《蒙古社會制度史》,北京,中國社會科學出版社,1980 年 3 月,一版,438 頁。

41. 錢穆,《朱子新學案》,臺北,自印本,民國 60 年 9 月,初版,5 冊。

42. 錢穆,《兩漢經學今古文平議》,臺北,東大圖書有限公司,67 年 7 月,臺再版,434 頁。

43. 錢穆,《論語新解》,臺北,自印本,民國 67 年 10 月,臺四版,687 頁。

44. 錢穆,《中國通史參考材料》,臺北,東昇,民國 69 年 11 月,初版,616 頁。

45. 韓儒林,《穹廬集》,上海,人民出版社,1982 年 11 月,第一版,479 頁。

46. 蕭啟慶,《西域人與元初政治》,臺北,臺大文史叢刊,民國 55 年 6 月,初版,136 頁。

47. 饒宗頤,《選堂集林——史林》,臺北,明文,民國 71 年 4 月,初版,3 冊。

48. 饒宗頤,《中國史學上之正統論》,臺北,宗青圖書公司(以下省稱宗青),民國 68 年 10 月,初版,384 頁。

49. 顧頡剛,《史林雜識初編》,臺北,坊印本,296 頁。

(二)日 文

1. 田村實造,《中國征服王朝の研究》,日本,京都大學東洋史研究會,昭和 46 年 3 月,3 冊。

2. 羽田亨,《羽田博士史學論文集》,上卷,歷史篇,日本,京都,同朋舍,昭和 50 年 8 月,第二刷,784 頁。

3. 前田直典,《元朝史の研究》,日本,東京,東京大學出版會,1977 年 5 月,第二刷,358 頁。

4. 宮崎市定,《アジア史研究》,第 1 冊,日本,京都,同朋舍,昭和 54 年 5 月,三版,467 頁。

5. 箭內互,《蒙古史研究並附錄》,日本,東京,刀江書院,昭和 41 年 2 月,復刻版,989 頁。

(三)英 文

1. Dardess, John W., *Conquerors and Confucians* 臺北,虹橋書局,民國 63 年 2 月,第一版。

2. Ederhand, Wolfram, *Conquerors and Rulers*,臺北,宗青,民國 67 年 10 月,初版。

3. Fairbank, John K and E.O. Reischauer, *East Asia : The Great Tradition* 臺北,

虹橋，民國 64 年 3 月，第一版。

4. Lattimore, *Owen Inner Asian Frontiers of China*, New York, Beacon Press, 1962.

5. Wright, Arthur F. eds, *The Confucian Persuasion*, Stanford Univ. Press, 1960.

6. Wittfogel, Karl A. and Feng Chia-Sheng, *History of Chinese Society : Liao.* （907-1125）遼史彙編第 10 冊，景印本，臺北，鼎文，民國 62 年 10 月，初版。

二、論　文

（一）中　文

1. 札奇斯欽，〈說舊元史中的達魯花赤〉，臺北，臺大，《文史哲學報》，第 13 期，民國 53 年 12 月，頁 293～441。

2. 札奇斯欽，〈說元史中的札魯忽赤並兼論元初的尚書省〉，臺北，政大，《邊政研究所年報》，第 1 期，民國 59 年 7 月，頁 145～257。

3. 札奇斯欽，〈說元史中的必闍赤並兼論元初的中書令〉，臺北，政大，《邊政研究所年報》，第 2 期，民國 60 年 7 月，頁 19～113。

4. 札奇斯欽，〈說元代的宣政院〉，臺北，中國歷史學會，《史學集刊》，第 3 期，民國 60 年 5 月，頁 39～62。

5. 邢義田，〈漢代的以夷制夷論〉，臺北，臺北，歷史研究所，《史原》，第 5 期，民國 63 年 10 月，頁 9～53。

6. 何淑貞，〈元代學者許謙〉，臺北，《孔孟月刊》，第 14 卷，第 9 期，民國 65 年 5 月，頁 17～21。

7. 何佑森，〈元代書院之地理分布〉，九龍，《新亞學報》，第 2 卷第 1 期，1956 年 6 月，頁 361～408。

8. 李符桐，〈奇渥溫氏之內訌與亂亡之探討〉，臺北，師大，《歷史學報》，第 2 期，民國 63 年 2 月，頁 47～138。

9. 周祖謨，〈宋亡後仕元之儒學教授〉，北平，輔仁大學，《輔仁學誌》，第 14 卷，1、2 合期，民國 35 年 12 月，頁 192～214。

10. 姚從吾，〈金元之際孔元措與衍聖公職位在蒙古新朝的繼續〉，臺北，《中研院史語所集刊》，第 39 期下冊，民國 58 年，頁 189～196。

11. 姚從吾，〈忽必烈平宋以後的南人問題〉，臺北，政大，《邊政研究所年報》，第 1 期，民國 59 年 7 月，頁 1～65。

12. 洪金富，〈元代監察制度的特色〉，臺南，成大，《歷史學報》，第二號，民國 64 年 7 月，頁 219～276。

13. 唐長孺、李涵，〈金元之際漢地七萬戶〉，北京，中華，《文史》，第十一輯，1981 年 3 月，頁 123～150。

14. 孫克寬，〈元代漢軍人物表並序〉，臺北，大陸雜誌，遼金元史研究論集》，頁 137～142。

15. 孫鐵剛，〈「士」字的原義和「士」的職掌〉，臺北，臺大，歷史研究所，《史原》，第 5 期，民國 63 年 10 月，頁 1～8。

16. 袁國藩，〈東平嚴實幕府人物與學初考〉，臺北，《大陸雜誌》，遼金元史研究論集，頁 179～182。

17. 陳芳明，〈宋遼金史的纂修與正統之爭〉，《食貨雜誌》，復刊第 2 卷，第 8 期，民國 61 年 11 月，頁 10～23。

18. 勞延煊，〈元初南方知識份子〉，香港，中文大學，《中國文化研究學報》，第 10 卷，上冊，1979 年 12 月，頁 129～158。

19. 陶希聖，〈元代長江流域以南的暴動〉，上海，《食貨半月刊》，第 3 卷，第 6 期，民國 25 年 2 月，頁 35～44。

20. 陶晉生，〈金代的政治結構〉，臺北，中研院，《史語所集刊》，第四十一本，第四分，民國 58 年 12 月，頁 567～593。

21. 陶晉生，〈金代的政治衝突〉，同前，第四十三本，民國 60 年 10 月，頁 135～161。

22. 陶晉生，〈北宋慶曆改革前後的外交政策〉，同前，第四十七本，第一分，民國 64 年 12 月。

23. 黃清連，〈元初江南的叛亂〉，同前，第四十九本，第一分，民國 67 年，抽印本。

24. 陳得芝、王頲，〈忽必烈與蒙哥的一場鬥爭〉，北京，中華，《元史論叢》，第一輯，1982 年 1 月，頁 47～56。

25. 蕭啟慶，〈忽必烈時代「潛邸舊侶」考〉，臺北，《大陸雜誌》，遼金元史研究論集，頁 268～284。

26. 蕭啟慶，〈元代的儒戶〉，臺北，東方文化，第 16 卷，第 1 期，民國 67 年，頁 151～178。

27. 蕭啟慶，〈北亞遊牧民族南侵各種原因的檢討〉，臺北，常春書坊，《中國通史集論》，民國 69 年 9 月，頁 322～334。

28. 龔道運，〈元儒許衡之朱子學〉，臺北，國立編譯館館刊，第 8 卷，第 2 期，民國 68 年 12 月，頁 195～210。

29. 龔道運，〈元儒郝經之朱子學〉，同前，第 9 卷，第 1 期，民國 69 年 6 月，頁 1～23。

(二) 日 文

1. 愛宕松男，〈李壇の叛亂と其政治意義〉，《東洋史研究》，6 卷 4 號。

2. 愛宕松男，〈遼金宋三史の編纂と北族王朝の立場〉，《文化》，15 卷，4 期。

（三）英　文

1. De Bary, William T. : *The Rise of Neo-Confucianism Orthodoxy in Yuan China,* 打字複印本。

2. Liu, James T.C. : *How Did a Neo-Confucian School Become The State Orthodoxy* , Philosophy East and West, 23:4, Oct, 1973, pp. 483-505.

3. Mote, Frederick W. : *Confucian Emeritism in The Yuan Period* , in The Confucian Persuasion, Stanford Univ. 1960, pp. 202-240.